高等学校劳动经济与劳动关系专业教材

工会：组织与管理

陈天学 编著

中国劳动社会保障出版社

图书在版编目(CIP)数据

工会：组织与管理/陈天学编著. —北京：中国劳动社会保障出版社，2013
高等学校劳动经济与劳动关系专业教材
ISBN 978-7-5167-0374-8

Ⅰ.①工… Ⅱ.①陈… Ⅲ.①工会工作-中国-高等学校-教材 Ⅳ.①D412.6

中国版本图书馆 CIP 数据核字(2013)第 124340 号

中国劳动社会保障出版社出版发行
(北京市惠新东街 1 号　邮政编码：100029)
出 版 人：张梦欣

*

中国铁道出版社印刷厂印刷装订　新华书店经销
787 毫米×1092 毫米　16 开本　19.75 印张　334 千字
2013 年 6 月第 1 版　　2013 年 6 月第 1 次印刷
定价：39.00 元

读者服务部电话：(010) 64929211/64921644/84643933
发行部电话：(010) 64961894
出版社网址：http://www.class.com.cn

前言

第5次国际产业大转移让中国成了“世界工厂”，透支我国廉价劳动力的经济发展方式严重恶化了我国的劳动关系，从山西黑砖窑事件到哈尔滨奴工案，从富士康N连跳到南海本田罢工事件，一次次的中国劳动关系重大事件都显示出中国工会管理工作的滞后性，工会组织管理的缺位与错位在于不能把马克思主义经典著作中的工会理论与西方劳动经济学中的工会理论融会贯通，更重要的是没有务实的理论来定位工会组织来进行劳动关系管理。

《工会：组织与管理》一书以马克思主义思想理论为指导，借鉴西方工会工作内容，利用马克思工会理论为工具，立足于劳动关系的角度来分析工会，结合中国工会成立以来积累的宝贵经验成果构筑工会理论框架，以翔实鲜活的案例来展示从理论到实践应用，大量我国转型期劳动关系案例更能紧贴时代脉搏，解决理论与现实脱节的弊端，具有较强的思想性、理论性、针对性和实用性。

中国工会是由劳动者组成的特殊的社会组织，并扎根于各种各样的企事业单位之中，与企业相互依存，共同发展。《工会：组织与管理》是在中国特色的社会主义现代化建设历史新时期，让我们把握如何在实践科学发展观的指导下，有利于解决工会工作者具体工作中碰到的历史新课题。

全书共有15章，第一编是工会的基础理论，主要是了解国际工会的性质与功能，是掌握工会理论的基础，为发展我国工会理论提供成功经验，帮助我们认清西方工会的缺陷和不足。包括评说工会、了解工会、像理论家一样理解工会组织、像经济学家一样理解工会组织、西方几个具有代表性的国家工会的历史及现状等内容。第二编是对中国工会功能与实践管理的论述，力求解决中国工会本土化问题，为我国工会组织管理作理论和实践指导。包括本土化的工会、工会历史、工会根基、工会的合作伙伴、政府与工会、工会与党、工会自身建设、工会核心工作、工会财务、经济全球化下的工会发展等内容。

本书在结构安排上，尽量避免严肃的条款式叙述，结合理论尽量以简洁明快的知识体系构架与图表进行立体思维式展示，在结构形式上力求图文并茂、活泼生动。

在本书的编著过程中，李波教授在整体构架上进行了更贴近国际前沿模式的设计与规划。王美玲在整理资料和案例过程中进行了更贴近实践的修改与选择，耿梦博、邓光椿、蒋湘娣、罗小妹、张巧玲、王雪琳、王晓慧、谭柳、黄秋雪、胡俊强、孙晖、袁瑾钰、曹琪、付莎等在搜集资料过程中，利用劳动关系专业知识进行了睿智的逻辑处理。中南财经政法大学图书馆的杨小玲老师对本书文字进行了规范严谨的修改。

本书适合大学劳动关系、社会保障、人力资源管理专业及相关经济管理专业师生作为教材使用，也可作为政府相关部门及广大工会工作者学习的培训用书。

由于学识与能力有限，不妥之处在所难免，欢迎读者提出宝贵意见。

编著者

2013 年 2 月 1 日

目录

第一编　工会基础理论

第二编　中国工会理论

第一编 工会基础理论

工会是工业革命后出现在社会中工人的主要组织。自从亚当·斯密在《国富论》中探讨工会以来，工会究竟是一个什么样的组织，不仅引起经济学家、社会学家、工会组织者、企业管理者的激烈讨论，甚至连家庭妇女都参与了对工会组织社会作用的大辩论。尽管辩论了很久，但是人们始终没有形成共识。综合起来说，主要有积极作用与消极作用两种。下面在分析这两面性的基础上介绍关于工会辩论的各家之说。

第一章 评说工会：认识工会组织

对工会组织的认识存在着两面性的争论，一种观点认为工会对社会有着消极的一面，另一种观点认为建立工会组织对社会有积极的作用。其思想根本出发点分别源于一元论和多元论。

一、一元论：工会组织——非法入侵者

一元论认为，组织是一个和谐个体，为了他们的共同目标而存在。在员工与企业目标一致的情况下，没有利益冲突，而工会则被视为组织的非法入侵者。

一元论认为，劳资双方没有根本的利害冲突，是合作伙伴关系，劳动关系的本质是和谐的，即使存在劳资冲突，也只是暂时的异常行为，这些问题与矛盾可以通过内部管理的改善来解决。把工会视作一种垄断力量，会争取比充分竞争状态下更高的工资。而工会的存在扰乱了劳资合作的整体结构，因而是不受欢迎的组织。

从工会的破坏性来说，工会主要关注它所带来的工资支出的大幅度提高，分析因提高工资如何导致企业就业水平和产出的下降，因此，工会损害了经济效

率，改变了收入分配。

管理层对工会提出的工资目标反对得越强烈，工会工资被接受的可能性就越小，当工会要求提高工资时，雇主将被迫减少员工，当工资要求非常高时，一部分工会成员会受益，但其他非会员却要蒙受损失。

尽管工会近百年来一直是经济活动的一部分，是工业社会中工人的主要组织，但一元论认为工会对生产的限制行为会带来一些负面效应，工会的工资效应导致有工会部门的就业损失，而非工会化部门则由于工人转移而引发社会就业的拥挤问题。

一元论思想主要出自古典经济学理论，由于强烈的自由市场主义倾向，一元论提倡充分的自由竞争市场，持有这种观点的企业主们也纷纷抱怨工会使企业运营僵化、工作混乱。一元论的社会评论家也将工会描述成没有同情心、精英主义、官僚以及处于犯罪边缘的社会型组织。

从新古典经济学理论的市场进入——退出机制来看，多元论还是认为工会这样的机构总被视作经济实现最优的障碍。

从经济效益上来看，一元论认为，工会通过三种方式降低了社会效益。

第一，提高工资，造成社会资源配置的错位，降低了企业的就业水平，迫使企业提高资本构成，雇用高质量的工人，这是不利于社会整体发展的。

第二，工会以罢工作为威胁武器，迫使管理方接受工会提高工资的要求，降低了国家的总产出水平。

第三，集体合同中一些对工作任务限制的条款，降低了劳动与资本的生产率。

从收入分配上来说，一元论认为，在工会提高会员工人工资的同时，增加了劳动力市场中的不平等。同时，工会化部门因提高工资被排挤出的工人转移到非工会部门就业，就业竞争降低了非工会化部门的工资水平。因此，工会是以损害非工会化部门工人的利益为代价换取自身组织内会员工人的收入增加。

从社会政治上来说，一元论认为，工会通常以罢工或其他的具有破坏性的相关行为表现出自身组织的力量，而这些行为对生产与社会具有相当大的负面影响。从工会组织内部来说，工会收取会费和门槛费，使工会的高层小集团攫取了工会在劳动力市场中的收益。在政治上，工会在立法活动中，表现出强势的力量，促使政府发布法规，限制竞争，以损害消费者利益为代价加强自身组织的力量。

观点之声：《国际劳工组织章程》的主旨与目标

《国际劳工组织章程》在序言中鲜明地反映了对工人生活境地的关注：工人的工作条件日益不能接受，大量工人遭受剥削，根本不考虑他们的身体、家庭生活和他们的个人发展。《国际劳工组织章程》指出，“现有的劳动条件使大量的工人遭受不公正、苦难和贫困”。序言指出，不公正“造成了如此巨大的不安定，竟使世界和平与和谐遭受危害”。

国际劳工组织致力于从保障底层工人利益来实现世界和平，国际劳工组织在1969年纪念其成立50周年之际，被授予诺贝尔和平奖。

评说：从《国际劳工组织章程》的主旨与目标来看，以自由化市场主导经济运行，劳动者的劳动与生活环境令人担忧，劳动者的社会地位与政治地位如何得到保障？没有一个自己的组织来保护，仅靠劳动者个人力量是难以想象的。

二、多元论：工会组织——合作伙伴

多元论认为，组织是由许多个体所形成的群体，每个个体有其追求的利益、目标和领导方式。多元论认为工会是合法代表员工利益的团体，通过集体协商也就是谈判、让步与妥协的过程来解决冲突。

多元论认为，劳资冲突是劳动关系所固有的特性，但并不是完全不可调整的，可以通过适当的规则网络去控制与解决。其对组织的认识观点是，组织内部有各种不同的利益、不同的目标群体，而各种不同的群体为了自己的目的而相互竞争。政府作为劳动关系中的一个组织，充当国家“公共利益”的公正卫士，保护弱者，遏制强者。工会也是整个社会体系的一个重要组成部分，是劳动者的集体代表，维护处于弱势的劳动者的利益。

多元论认为，整个社会的发展需要多元主体的参与，工会是其中的一分子，一部分人认为工会是工人的集体之声，有益于经济与社会的发展。工会通过集体谈判改善管理方式，工会反映工人们的呼声，向管理方反映工人的要求与建议，为管理方提供生产第一线的信息，有利于管理和提高生产力，工会的一些激励方式提高了工人士气，促进了生产效率。工会学家强调，工会除了为会员提高工资之外，还为劳动者提供了劳动保护等非货币形式的服务，避免了管理方的单方面意向。即使一些管理人员也承认工会在他们工作中所起的积极作用。

从经济效益上来讲，多元论认为工会有助于提高生产力。

第一，利用集体之声让管理方改善了工作条件，降低了工人的辞职率，进而降低了雇主的招聘与培训成本，维持了正常的工作秩序，有助于提高生产力。

第二，工人与管理方在企业中长期共存，加强了企业对特殊技术员工的培训，树立了长远的人力资源投资意识，有助于提高生产力。

从收入分配上来说，多元论也积极地认为工会的决策代表了大多数人的利益，而且工会的决定都是在大多数人同意的情况下作出的，具有民主性。实际上，工会并不是总以提高工资来强化自己的地位和作用，出于组织观念与组织稳定的考虑，工会会员也愿意采用一些差距较小的收入分配方案。工会的存在也减少了管理方的独断专行，实际上抵制了管理人员凭个人好恶制定劳动政策的机会。

从社会政治上来看，多元论把工会视作一个民主化的组织，工会的组织活动是国家政治活动的一个组成部分。在政治领域内，工会是全体劳动者的代表，工会通过政治行动让政府立法，这些法律将使包括非工会工人在内的所有劳动者同等受益。工会不仅是工会会员的集体之声，在社会政治上，一定程度上也是社会弱者之声。

对工会两面性的认识见表1—1。

表1—1　对工会两面性的认识

	一元论	多元论
组织观点	组织是一个和谐的个体，为了他们的共同目标而存在	组织是由许多个体所形成的群体，每个个体有其追求的利益、目标和领导方式
主要思想	工会被视为组织的非法入侵者，具有破坏性，不受欢迎	工会是合法代表员工利益的团体，通过集体协商也就是谈判、让步与妥协的过程来解决冲突
经济效益	提高工资，造成社会资源配置的错位，降低了企业的就业水平 罢工不仅降低了国家的总产出水平，而且带来经济破坏 集体合同中的一些条款降低了生产率	利用集体之声让管理方改善了工作条件，有助于提高生产力 工人与管理方合作的一面，让管理方树立了人力资源投资意识，利于劳资双方，有助于提高生产力
收入分配	增加了劳动力市场中的不平等 降低了非工会化部门的工资水平 以损害非工会化部门工人的利益为代价换取自身组织内会员工人的收入增加	不是总以提高工资来强化自己的地位和作用 减少了管理方的独断专行

续表

	一元论	多元论
社会政治	破坏性的罢工 强制政府立法 以损害消费者利益为代价加强自身组织的力量	国家政治活动的一个组成部分 在一定程度上也是社会弱者之声

三、工会理论评说：发展与学派

在发达市场经济国家，工会已有200多年历史。从时间范围上讲，西方国家对工会理论的研究从19世纪中下叶就出现了，至今已形成多种流派。[①] 下面以工会发展的两个阶段来评说各学派的工会的发展历程与研究方法。

西方工会理论在第二次世界大战前和第二次世界大战后有着显著区别，因此，以第二次世界大战结束为分界，将西方工会理论划分为早期工会理论和当代工会理论。

美国著名的经济学家和社会学家约翰·T. 邓洛普在1958年出版的《产业关系体系》一书可以作为一个标志，该书在西方国家经常被看做是早期工会理论与当代工会理论的分水岭。

早期研究工会问题的主要有马克思主义派、社会主义派和多元论派（见表1—2）。马克思主义派的代表人物为马克思（德）、恩格斯（德）、列宁（俄），社会主义派的代表人物为拉萨尔（德）、苏维尔（法）、韦伯夫妇（英）和柯尔（英），多元论派的代表人物为约翰·R. 康芒斯（美）和塞立格·波尔曼（美）。

表1—2　　早期研究工会的学派

	学派	代表人物	共同点
早期研究工会的三大学派	马克思主义派	马克思（德）、恩格斯（德）、列宁（俄）	工会理论基本上都是围绕劳资关系展开的
	社会主义派	拉萨尔（德）、苏维尔（法）、韦伯夫妇（英）和柯尔（英）	
	多元论派	约翰·R. 康芒斯（美）、塞立格·波尔曼（美）	

① 佘云霞，赵炜．西方工会理论概述．当代世界与社会主义（季刊），1997（4）

西方早期工会理论最大的特点在于这三派的工会理论基本上都是围绕劳资关系展开的，即将工会放在劳资关系中进行研究。

早期西方工会理论以劳资关系为出发点的主要原因在于：这一时期，西方市场经济国家的经济发展经历了从自由竞争向垄断过渡的阶段，由于工人阶级生活水平低下，各国的劳工立法不完善及雇主对工人阶级的残酷剥削，所以这个时期劳资双方之间的矛盾非常尖锐，这种状况对国家经济的发展、社会的稳定有着较大的影响。

当代西方工会理论的研究流派主要有多元论派（后期）、英国社会主义派、单一派、激进派和合作主义派（见表1—3）。多元论派的代表人物为邓洛普、阿兰·弗兰德斯（英）、H. 克莱格（英），英国社会主义派的代表人物为海曼、埃里奥特和伍德，单一派的代表人物为法恩（英）、皮姆洛特（英），激进派的代表人物为戈尔·索普（英），合作主义派的代表人物为C. 克劳查（英）。

表1—3　　当代西方研究工会的学派

	学派	代表人物	共同点
当代西方研究工会的五大学派	多元论派（后期）	邓洛普、阿兰·弗兰德斯（英）、H. 克莱格（英）	将工会置于产业关系的体系中来加以研究
	社会主义派	海曼、埃里奥特、伍德	
	单一派	法恩（英）、皮姆洛特（英）	
	激进派	戈尔·索普（英）	
	合作主义派	C. 克劳查（英）	

当代西方工会理论的流派与早期工会理论最大的区别是：这些流派多是从产业关系的角度，或是说将工会置于产业关系的体系中来加以研究的。

当代西方工会理论以产业关系为出发点的原因在于：首先，虽然产业关系学作为一门独立的学科是第二次世界大战以后的事，但它已历经百余年的发展充实（最早可追溯到1897年韦伯夫妇出版的《工业民主》一书），第二次世界大战后更是获得了空前的发展。其次，产业关系理论最大的一个特点在于它本身是一门独立的、研究范围广阔的、且与其他学科有交叉性特点的学科，该学科中的许多问题同时也是工会理论要研究的问题。最后，产业关系理论中最为中心的理论是劳资关系理论，而劳资关系也是西方工会理论所关注的一个主要问题。

虽然第二次世界大战后研究西方工会理论的各流派主要是从产业关系的角度来研究的，但各流派对于产业关系中的劳、资、政三方各应处于什么样的地位的看法不同，三方中谁处于主导地位，谁处于从属地位，各派观点针锋相对。

多元论派的代表人物邓洛普认为，工会与资方和政府处于相同的地位，也就是说，三方在产业关系中发挥同等重要的作用。这种看法是前所未有的。以往的西方学者一向都把工会放在从属的地位，因此，邓洛普的工会理论深受西方各国工人和工会的欢迎，并被西方国家绝大多数工会所接受，成为西方资本主义社会中占主导地位的工会理论。

单一派则从管理方（主要是资方）的角度看工会，把工会放在从属地位上。该派最大的特点，是以劳资双方不应有利害冲突为前提，得出了管理特权天然合理、雇员应该绝对服从管理者的结论。此观点被称为“管理者的看法”，在西方管理层中十分流行，并成为反工会、反集体谈判的理论依据。

合作主义派将政府的作用放在主导地位。合作主义派出现于20世纪60—70年代的英国。合作主义派强调三方当中以国家利益为重，工会被放在从属地位上。

20世纪70—80年代以来，世界经济形势发生了多方面的变化。与此同时，新保守主义经济学成为西方国家政府奉行的官方经济学。新保守主义的一些理论和政策也成为官方的政策。打击工人阶级及工会是新保守主义的基本原则之一。其具体做法就是宣扬“自然失业率”理论，宣扬消灭非常危险的垄断组织——工会，并向工人阶级、工会及工人运动的重要历史成果发动了全面攻势，目的是以牺牲广大工人的利益为代价，换取经济的增长和资本利益的增加。此外，新保守主义还对工会进行了多方面批判。在新保守主义的打击下，西方工会运动在80—90年代普遍处于低潮，西方工会继续面临高失业率、紧缩政策及经济全球化带来的压力。这些都对西方工会提出了挑战。为了探索摆脱困境的出路，自90年代以来，欧洲一些学者和工会提出了各种各样的改革主张。其中最著名的“超越集体主义的工会运动”和“战略工联主义”的主张，反映了西方工会理论越来越重视理论与实践相结合。

四、为什么有人为工会组织投票

对工会批判最极致的经济学家当属获得1974年诺贝尔经济学奖的弗雷德里希·奥古斯特·哈耶克。

作为自由主义者的哈耶克对工会主义给予了尖锐的批评。他认为，在20世纪，工会已由一个非法的组织变成了一个独一无二的、不再适用一般法律规则的特权机构。工会不再是工人为“结社自由”的权利而斗争了，而是开始经常使用强制手段，胁迫不情愿的工人入会，把非会员排除在就业岗位之外，逼迫企业只雇用工会会员，设立罢工纠察线，为强迫其他方面接受工会政策而举行的派生性罢工和联合抵制，等等。工会越来越不把自己看作是一个追求合法目标的、需要与其他享有同等权利的竞争性团体相互制衡的团体，而把自己看作是一个出于公众利益把所有劳工完全彻底地组织起来的特殊团体。

“劳联—产联”合并图标

为什么还会有那么多工人愿意加入工会组织呢？

与哈耶克对于工会评价的尖酸刻薄相比，另一位诺贝尔经济学奖得主、著名经济学家凯恩斯对于工会就相对比较宽容。凯恩斯关于工会的中庸理论反对通过降低工资来实现充分就业，凯恩斯的观点在一定程度上认同了工会在工人工资谈判中的地位和作用。

亨利·黑兹利特关于工会是否能真正提高工人工资的观点认为，工会并不是起不到任何有益、合理的作用。工会所能起到的核心作用就是改善自身领域的工作条件，并确保工会会员所提供的劳务能够得到实际的市场价格。工会可以在一些行业通过订立标准，帮助劳工提高专业技能，并且可以通过有关措施来保护会员的健康和福利水平。此外，由于在劳务市场当中，工人谈判能力往往相对较弱，并且如果一旦判断错误，工人方面付出的代价要远高于雇主方面，他们害怕失去工作，他们要吃饭，他们的家人也要靠他们吃饭，因此他们在谈判中更容易低头，可能会接受实际工资比市场工资低的工作。如果工人联合起来成立工会去跟雇主谈判，劳工方面的谈判能力会大大加强。

2008 年诺贝尔经济学奖得主保罗·克鲁格曼研究发现，20 世纪 70 年代至今，美国的科技水平和资本的规模都大幅提高，但是普通工人并没有收获技术进步的果实，反之与二三十年前相比，普通工人必须更辛勤地工作才能过上体面的生活。这正验证了马克思提出的工人阶级相对贫困在增加的问题。

工人的命运在一定程度上要仰仗于工会的力量。从美国、英国等工会组织发展历程与工会运动中的工会主体表现来考察，工会组织自身经历了从经济组织到政治组织的过程，基本过程为：工会萌芽（带有浓厚的行会气息）—企业工会—职业工会—产业工会—全国工会—国际性工会。从西方工会的兴衰史来看，不管是在鼎盛期还是衰退期，工会对工人权益的保护是显而易见的，只不过在不同时期发挥的作用大小不同而已。

工会是劳动者对自由、平等、安全等需求的反映，在产业革命后雇主与雇员之间形成契约关系后，出现了庞大的产业“工薪”阶层，劳动与资本的对立，工资和利润的直接对抗，决定了工人阶级必然要开展经济利益的斗争，采取集体谈判、游行示威、罢工乃至武装革命的手段，从经济斗争转化到政治斗争。工会运动经历了从“饭碗问题的运动”（自发阶段）到“同资本家和保护资本家集团利益的政府的斗争”（自为阶段）的历程。

这么多工人愿意用脚投工会组织一票的原因主要有以下几个：

（1）工会可以控制厂商的劳动，为避免罢工带来的损失，厂商愿意支付高工资与高福利。

（2）作为代表集体话语权的机构，可以直接与厂商交涉。

（3）工会协调劳动者与企业之间的利益冲突，工会可以把工人的意见和建议向雇主反映，是工人与雇主之间信息交流的一个媒介，充当工人集体呼声的机制。

（4）工人群体中年长的工人较多，他们对养老金和有关保险项目更感兴趣。

（5）工会对工资外收入“附加福利”的影响，包括政府的公共项目如社会保险、失业补助、职工补助以及各种各样的私人的非法定项目，包括私人养老保险、医疗保险、带薪休假、病假等。

（6）工会通常会降低工人的辞职率，延长受雇期。

小资料：工人加入工会的几种需要

• 伦理调节的需要

工会被认为是一个伦理代理机构，其目的是帮助工人“在工厂中实现或发挥自己个人最大的潜能，就正如教堂和公立学校在自己的地区和政治活动中发挥自己的作用一样”，依此观点，工人加入工会可以完全控制工作场所的运作，在工作场所能获得公平与正义。

• 社会革命的需要

工人阶级靠单纯的和简单的工会运动不能推翻剥削阶级的统治，更不能建立社会主义制度。工人阶级只能在工会的帮助下组织起来，推翻不劳而获的资产阶级。

• 心理环境的需要

随着工业革命的发展造成工作机会缺乏和工作岗位减少，工会可以代表工人们进行反抗和斗争。从心理环境来说，工人们需要工会替自己去抗争。

• 经济福利的需要

工会的能力就在于实现工人经济回报的最大化，工会和雇主的集体谈判是实现工人在经济和保障上获得最大化的最有效途径。最大化福利的需要，致使工人加入工会。

• 社会制度的需要

工会在社会结构中有自己的一席之地，它的社会作用要胜过它所能起到的经济作用。工人可以通过工会改善在工作场所和社会中的自由程度。

开放专栏

“五一国际劳动节”的由来

18 世纪末，美国和欧洲等许多国家逐步由资本主义发展到帝国主义阶段，为了刺激经济的高速发展，榨取更多的剩余价值，以维护这个高速运转的资本主义机器，资本家不断采取增加劳动时间和劳动强度的办法来残酷地剥削工人。在美国，工人们每天要劳动 14～16 个小时，有的甚至长达 18 个小时，但工资却很低。

工人们知道，要争取生存的条件，就只有团结起来，通过罢工运动与资本家作斗争。工人们提出的罢工口号，就是要求实行八小时工作制（见图 1—2）。

争取八小时工作制

1877 年，美国历史上第一次全国罢工开始了。工人阶级走向街头游行示威，向政府提出改善劳动与生活条件，要求缩短工时，实行八小时工作制。罢工不久，队伍日渐扩大，工会会员人数激增，各地工人也纷纷参加了罢工运动。

在工人运动的强大压力下，美国国会虽然被迫制定了八小时工作制的法律，但是，狠毒的资本家根本不予理睬，这项法律只不过是一纸空文，工人们仍然生活在水深火热之中，备受资本家的折磨。忍无可忍的工人们决定将这场争取生存权利的斗争推向一个新的高潮，准备举行更大规模的罢工运动。

1884 年 10 月，美国和加拿大的八个国际性和全国性工人团体，在美国芝加哥举行了一个集会，决定于 1886 年 5 月 1 日举行总罢工，迫使资本家实施八小时工作制。这一天终于来到了。5 月 1 日，美国 2 万多个企业的 35 万名工人停工上街，举行了声势浩大的示威游行，各种肤色、各个工种的工人一齐进行总罢工。仅芝加哥一个城市，就有 4.5 万名工人涌上街头。这样，美国的主要工业部门处于瘫痪状态。

5 月 3 日芝加哥政府出动警察进行镇压，开枪打死两人，事态扩大，5 月 4 日罢工工人在干草市场广场举行抗议，由于不明身份者向警察投掷炸弹，最终警察开枪，先后共有 4 名工人、7 名警察死亡，史称“干草市场暴乱”（Haymarket Riot）或“干草市场屠杀”（Haymarket Massacre）。在随后的宣判中有 8 名无政府主义者以谋杀罪被起诉，4 名无政府主义者被绞死，1 名在牢中自杀。

为纪念这次伟大的工人运动及抗议随后的宣判，在世界范围内举行了工人的抗议活动。这些活动成为“国际劳动节”的前身。

为纪念这次伟大的工人运动，1889 年 7 月第二国际宣布将每年的 5 月 1 日定为国际劳动节。这一决定立即得到世界各国工人的积极响应。1890 年 5 月 1 日，欧美各国的工人阶级率先走向街头，举行盛大的示威游行与集会，争取合法权益。从此，每逢这一天世界各国的劳动人民都要集会、游行，以示庆祝，并实行公众放假。

新中国成立以后，中央人民政府政务院于 1949 年 12 月将 5 月 1 日定为法定的劳动节，全国放假一天。每年的这一天，举国欢庆，人们换上节日的盛装，兴高采烈地聚集在公园、剧院、广场，参加各种庆祝集会或文体娱乐活动，并对有突出贡献的劳动者进行表彰。

延伸思考

1. 从经济理论学者来说，偏向一元论的学者较多，从管理上来说，偏向多元论的管理者较多。在发达工业化市场经济国家，工会存在的理由是什么？

2. 工会理论发展两阶段时期内，早期工会理论与当代工会理论学派和观点有哪些？

3. 为什么会有那么多的工人选择加入工会组织？

深度阅读

[1] [美] 理查德·B. 弗里曼，詹姆斯·L. 梅多夫. 工会是做什么的：美国的经验 [M]. 陈耀波，译. 北京：北京大学出版社，2011

[2] [美] 哈里·C. 卡茨，托马斯·A. 科钱，亚历山大·J. 科尔文. 集体谈判与产业关系概论 [M]. 李丽林，吴清军，译. 大连：东北财经大学出版社，2010

[3] 常凯. 劳动关系学 [M]. 北京：中国劳动社会保障出版社，2005

第二章　了解工会：工会是干什么的

工会的活动涉及经济、社会、政治、法律等方面的问题，那么工会的内涵究竟是什么？工会是怎样组织起来的？工会的职能是什么？工会的组织结构是怎样的？工会在政治上的地位是怎样的？工会与政党之间又有什么样的联系？本章在回答以上问题的基础上，对西方工会组织由盛至衰的原因进行分析，进一步理解为什么西方要进行工会复兴运动。

一、什么是工会组织

在工会发展与工人运动的历史长河中，工会因其特定的组织和工作形式被赋予了不同的含义。

最经典并最经常被引用的工会定义是西德尼·韦伯与比特丽斯·韦伯所论述的，韦伯夫妇1894年在《英国工会运动史》[①] 一书中对工会给出这样的定义："工会是由工人组成的旨在维护并改善其工作条件的连续性社会政治组织。"

《牛津法律大辞典》[②] 对工会的定义为：工会是"现代工业条件下雇佣工人自我保护的社团"。

马克思主义者强调工会的社会政治作用。恩格斯对工会的性质是这样进行论述的，"通过工会使工人阶级作为一个阶级组织起来，而这是非常重要的一点，因为这是无产阶级的真正的阶级组织"。列宁对工会也有精辟的论述，工会是"无产阶级范围内的最广泛的组织"。毛泽东同列宁一样，认为工会"是工人阶级的群众组织，我们要吸收一切雇佣劳动者，包括进步的、中间的、落后的都加入工会，只有极少数的反动分子除外"。[③]

---

① Sidney Webb, and Beatrice Webb, The History of British Trade Unionism, Second Edition, London, Longmans Green and Co. 1920. 65—67

② 牛津法律大辞典. 北京：光明日报出版社，1988：889

③ 引自新华社1949年8月24日社论《把全国工人阶级组织起来》

从工会的各种定义来看，关于工会组织的一般要义有：

1. 政治性与社会性

工会的政治性体现在它是一个阶级的组织，工会应当是工人阶级的组织，工会既不是超阶级的组织，也不是任何其他阶级的组织，而是真正的工人阶级的组织。

工会的阶级性主要表现在组织成分、代表的利益主体、政治取向上。具体来说，在组织成分上，其成员必须属于工人阶级范围内，像农民等其他劳动者就不是工会成员所属对象。在代表利益主体上，工会是为工人的利益进行维权，这个利益代表有劳动有偿性的工资和与雇主之间的隶属性等特征。在政治取向性上，工人阶级的政党通常成为工会的合作伙伴，协同工人阶级政党的路线、方针和政策，实现工人阶级的利益目标。

工会的社会性主要表现为群众性与自愿性。工会是一种广泛的工人阶级群众性组织，几乎包括工人阶级全体成员。工会是工人自愿结合的组织，入会与退会都没有什么限制，实行“入会自愿，退会自由”。

2. 首要职能与基本手段

工会的首要职能在于为会员谋求工资、劳动条件、就业、安全卫生等经济职能。因为工会是会员权益的维护团体，工会的基本目的就是要改善工人的劳动条件与生活条件。工会除了要发挥首要的经济职能外，还要帮助工人实现民主政治职能与社会整合职能。

从工会定义可知，工会是以集体谈判作为谋取雇员利益的基本手段。集体谈判可以制约劳资双方的力量，是冲突转化的有效渠道。工会利用集体谈判的手段可以有效处理劳资双方的矛盾，避免弱势工人的利益损失。

二、组建合法工会：工会承认

早期，工会在很多国家，相当长的一段时间内属于非法组织，当局对成立非法组织工会处以酷刑，甚至有的处以死刑，尽管如此，还是存在各种工会，并逐步获得政治权利，从而导致工会组织合法化。

英国 1871 年颁布了世界上第一部《工会法》，正式承认工会的合法地位，彻底结束了禁止结社的历史，并承认工会有代表雇员与雇主谈判并签订集体协议的权利。1876 年，又通过了《工会法修正案》，进一步承认工会为合法组织。

美国 1933 年通过的《国家产业复兴法》（简称 NIRA）第 7 条 A 款明确提出，雇员有自我组织起来的权利。1935 年通过的《国家劳工关系法案》（简称

NLRA，也称瓦格纳法案）明确地空导弹集体谈判，赋予了雇员组织工会的权利，为工会选举确立了标准。

工会只有合法化后才能作为集体谈判单位来为工人争取利益。工会只有在合法化后才能确保雇主的承认，才具有代表工人的资格。

通常可以通过自愿承认与法定承认两种途径获得承认。自愿承认是指工会与雇主在自愿协商的基础上达成承认共识，法定承认是由国家立法规定工会的承认。

法定承认有“自动路线”和“投票路线”两种方式。“自动路线”是指谈判单位中已经有多数雇员为工会会员，则工会可以自动获得承认。“投票路线”是指雇员进行正式选举投票，工会在获得多数雇员支持后才能被承认。

工会向雇主提出承认请求经常遭到拒绝，为了解决这个问题，各国一般通过立法规定工会的承认程序。

英国的工会在吸收到足够的会员后，直接通过产业行动就能获得雇主的承认。美国的工会必须通过申请、选举、授权才能获得政府与雇主的承认。

观点之声：日本的集体退会与分裂

在同雇佣者的关系上，工会是站在与雇佣者对等的立场上，是以为所属会员谋求保护、改善劳动条件、提高经济地位为主要目的而设立的团体或联合体，它是自主、民主的组织。并且组织的运营本着多数决定原则，人们期待这一原则能很好地发挥作用。会员间即使有不同意见，也决不能使团体机能失灵的僵持状态发生。但是，工会同其他社团（例如商法上的各种公司和同学会等无权利能力社团）相比，更容易引起成员间致命的、互不相容的对立状态，导致团体作为统一体的机能完全受阻害，随之出现团体分解现象。工会的历史在某种意义上可以说是离合集散的历史，即分裂与合并的历史。

分裂可以理解为，从一个工会产生与其不具有同一性的两个工会，旧工会不复存在，与单纯的集体退会不同，分裂是在由于工会内部的对立抗争，旧工会的存在乃至运营事实上已不可能的状态下，相当多数的会员集体退会，其结果，旧工会同残留者集团之间丧失了作为社团的同一性这种情况。①

① 名古屋地判昭和（判决）42・22“劳民”18・6・1278

为什么工会的分裂与合并如此反复，只不过是因为工会运动具有对政治运动易起化学变化的性质的一方面而已。并且不同政治路线集团之间没有相互讨论和说服的机会。也就是说，成员间的同质性丧失，多数决定原则也不起作用了。

可以说，工会的分裂是其运动的自转中心、是不可避免的，法律、工会的规约都没有关于分裂的任何规定，从而围绕着如何解释这种分裂现象就发生了争论。要保持团体的统一性，成员间的同质性是不可或缺的。在工会这个团体中，最基本的要求莫过于成员的团结，这个同质性当然是更高层次的。因此，这一同质性遭到破坏之时，工会存在的基础就丧失了。

资料来源：［日］相马达雄，王丽华. 论日本工会组织诸问题. 中外法学，1996（3）：35-36

三、捋清工会组织：类型划分

工会类型与工会的组织结构是分不开的，各种结构层次的工会中相互依存、各有隶属、互有责任与义务的有机统一形成工会不同的类型。

因工会结构在工会运动发展过程中受到过多种因素的影响，所以工会的分类问题较为复杂。

（一）静态分类

1. 按发展历程分类

按 19 世纪到 21 世纪工会的发展历程作为划分依据，有助于我们理解具有 200 多年历史的工会的起源与发展。此类划分方法主要有三个时期，如图 2—1 所示。

（1）职业工会时期（18 世纪 90 年代至 20 世纪 30 年代）

职业工会（occupational union）是以职业技能为基础，把具有某种特殊技能，从事某种特殊职业的雇员组织起来保护其利益的工会。职业工会的成员具有横向分布的特征，许多行业都拥有职业工会会员。职业工会主要有最早的同行工会组织、半技术与非技术工人工会组织、白领工会组织。

（2）行业工会时期（20 世纪 30—50 年代）

行业工会（industrial union）以某一行业为基础组织工人来保护其利益，不考虑会员的技能与职业。与职业工会相反，行业工会会员呈纵向分布特征，同一行业各阶层的工人形成共同利益。行业工会一般包括吸收同一行业所有雇员的垄断性工会与没能吸收同行全部雇员的非垄断性工会。

（3）总工会时期（20 世纪 50 年代至今）

总工会（general union）既不考虑行业，也不考虑职业，招募会员时几乎不加任何限制，主要是把职业工会或行业工会进行合并，形成一个包含各种类型雇员的工会组织。

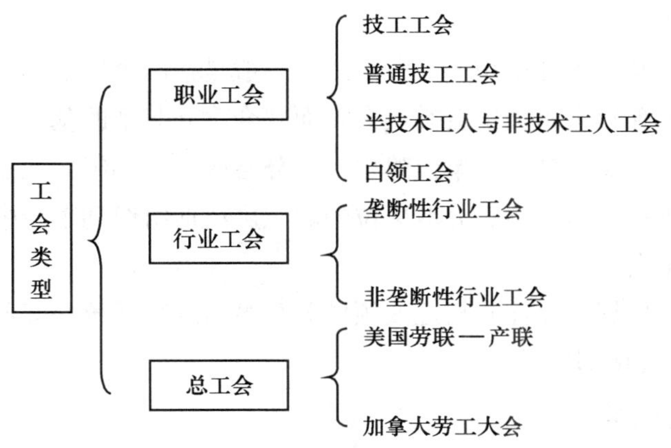

图 2—1 按发展时期划分工会类型

2. **按行政范围分类**

（1）地方工会

地方工会以地方行政区域作为划分原则，主要是由某一工厂或某一地理区域各种职业、产业与企业的雇员组织起来的工会组织。

（2）全国性工会

全国性工会是最有力的工会组织，包括行业、技能或政府机构的劳工。

3. **按工会的职能分类**

根据工会经济职能、民主职能、整合职能、社会民主职能、阶级革命职能的不同组合，依据各工会在行使各项职能时着重点的差异，可以将工会分为工联工会、福利工会、政治工会三类。

（1）工联工会

工联工会以工联主义为主导思想，联合工人为争取提高工资、缩短工时以及改善劳动条件与资方进行集体谈判，为会员谋求经济利益。

（2）福利工会

福利工会在关心会员经济利益的同时，还为雇员的劳权而努力，注重雇员更广泛的社会、经济和政治地位。

（3）政治工会

政治工会主张通过政治联盟或法律制度来维护雇员的利益，通过政治斗争和政治参与达到维护会员的目的。

4. 按工会的组合方式分类

（1）联合工会

联合工会是基层工会组织的一种形式，一般是指两个以上单位由于各自会员人数少，不能单独建立基层工会委员会，而联合建立起来的基层工会委员会。其基层工会委员会下属可各自以单位建立工会分会或工会小组。通过联合工会的组织形式，有利于把众多小型、分散单位的职工广泛地组织到工会中来。

（2）系统工会

系统工会是根据工作性质相近或领导关系隶属的某系统、某部门组建并经上级工会批准的工会组织。

（二）动态分类

1. 依据工会会员募集模式划分

人们用"开放""封闭"两个概念来反映工会与职业或行业进入控制之间的关系，以及工会会员募集模式的变化。

（1）开放式工会

开放式工会对会员没有限制，只有当在集体谈判中为会员赢得利益后才让会员尽其义务。开放式工会不仅不对他人进入本职业或行业进行控制，而且有一种向扩展化、统一化发展的力量，依靠会员数量方面的优势来谈判的力量。

（2）封闭式工会

封闭式工会具有限制他人进入本职业或行业的能力，保持一种排他性的向狭隘主义、部门主义方向发展的会员募集方式，并且对吸收其控制领域之外的其他人的兴趣很低。

（3）代理工会

代理工会在为非工会会员服务时，只有在收取一定费用后才与其谈判及签合同。

2. 依据会员环境划分

此分类根据工会生存的环境来决定，从各国工会发展来看，主要有两种环境，一种是保护性环境，工会在这种环境中保持被承认的地位；另一种是竞争性环境，一个工会需要同其他也被承认的工会争夺会员。

3. 依据工会态度划分

从工会对待募集会员所持的态度来说，主要有两种工会态度：一种为积极态度，工会在其现有的会员市场上有意识地扩张，并且向新的会员市场扩展；另一种为消极态度，工会不把扩展会员人数作为工会工作的重点。

（三）多重工会的存在

多重工会主要体现在集体谈判时，在集体谈判结构中有一个以上的工会存在。

多重工会主要有两种类型：一种是在一个组织或行业中，每一类雇员都成立自己唯一的一个工会，各类工会都独自成为一个谈判单位；另一种是在一个组织或行业中，对每一类雇员来说，都有一个工会为争取他们参加而展开竞争，但所有的各类工会只构成一个谈判单位。

多重工会的优点可以让工会开阔眼界，用更开阔的眼光来关注他们成员的利益。缺点是容易引起工会冲突，使集体谈判趋于复杂化。

四、五分法的工会行为

工会的行为方式由工会的战略决定，工会战略决策因素如图 2—2 所示。国家制度与企业制度、劳动关系制度与组织文化制度、整个劳动力市场的运行机制、国家政治与经济环境都直接影响工会战略的制定。工会的战略决定工会面对这些环境与制度时的行为，工会将顺势而为，理性地选择自己的行为方式。

在工会战略的主导下，工会的行为着重点各有不同，就工会的行为方式和主要工作内容来看，可以划分成不同的种类，其中韦伯根据工会在政治与经济中的工作内容把工会行为分成五类，被称为“韦伯五分法”。

1. 互保互助（mutual insurance & aid）

工会通过互保互助的方式向会员提供医疗、教育、娱乐、住房等福利，其经费主要来源于会费积累。工会为了吸收更多的新会员，不仅为会员提供上述福利，有时也会为生活境地不好的非会员提供此类福利。互保互助，让工人（包括会员与非会员）享受到工会的福利，凝聚了人心，增强了自己的实力（包括吸引成员人数与会费增加），有利于工会在集体谈判中向雇主施加压力。

2. 集体谈判（collective bargaining）

集体谈判是工会的主要行为方式，是工会与雇主交涉、协商、确定薪酬、福利、工时、工作条件等相关活动，是工会为会员争取经济利益的最直接的方式。

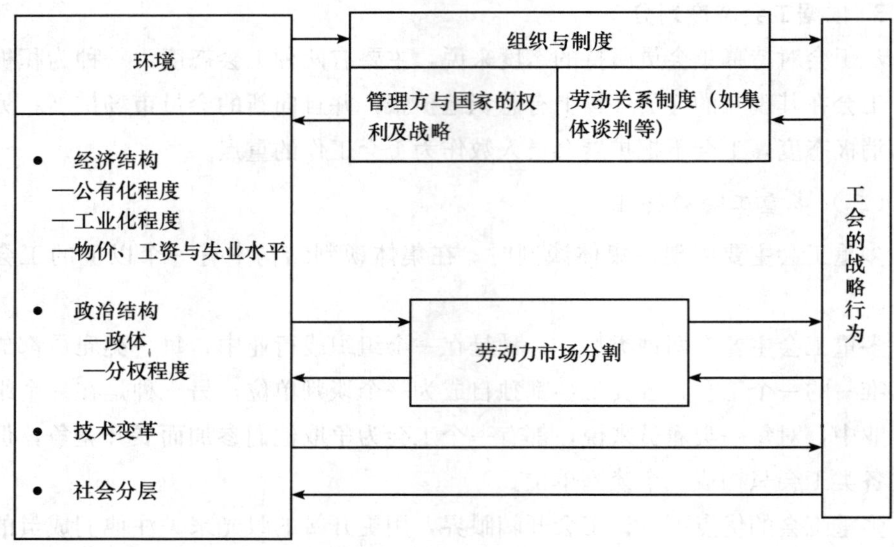

图 2—2　工会战略决策因素

通过集体行动，可以有效抑制雇主一些不合理的、侵犯劳动者利益的行为发生，为劳动者争取平等的地位、必要的劳动条件和基本的生活保障等一些合法权益。

3. **劳动立法**（labor lawmaking）

工会通过立法建议、监督法律执行等方式来维护工人的利益。为了促进立法，工会领导会积极游说议会，努力在劳动法案中增加有利于劳方的条款。立法后，工会还会派遣代表负责监督法律的执行情况。

4. **产业行动**（industrial action）

产业行动是在互保互助与集体谈判没有取得理想目标时，工会进行罢工、罢市以及一些非法的强制战术为工人争取权益。工会一般致力于集体谈判来保护工人权益，希望通过劳资双方合作来避免劳资冲突，只有在集体谈判处于弱势或不成功时，工会才会动用产业行动。

5. **政治行动**（political activity）

工会的政治行动通常是向政府与立法机关施压，建立政党或加入代表工人利益的政党来体现自己的政治角色。工会的政治行动既保护了会员权益，也保护了工人阶级的整体利益。

小资料：美国工会的起源

美国工人运动最早的一次记录，可以追溯到1619年。当时，在弗吉尼亚的詹姆斯顿，磨玻璃工场的工人为抗议否认他们的选举权而罢工。

在反对英国殖民统治的斗争中，工人作出了很大贡献。美国独立战争期间，一个著名的组织——“自由之子”，就是在1765年由机修工、手工业工人和其他工人组成的。

当时，工人只是临时联合在一起来保护他们的利益，并没有建立工会组织。工人只是为了求生存而开展反对通货膨胀、要求增加工资、缩短工时、改善劳动条件的斗争。

18世纪后期，出现了一些互助团体，属于慈善性质，成员既包括工人，也包括雇主。目的是对其成员的各种疾病和死亡提供救济。在纽约、费城、波士顿等大城市，几乎每一个重要行业都有一个这样的组织。许多互助团体有会议室和俱乐部，并对会员的举止有严格的规定。这些互助团体也关心工人的就业问题。它们在加强工人团结方面起了很好的作用，也为成立工会奠定了基础。

工会首先是在手工业工人中间出现的。1794年在费城建立的鞋匠联合会，被认为是美国的第一个工会。它的成员是由雇工鞋匠组成的。这个工会持续存在了12年之久。到19世纪初，其他行业的熟练工匠和技工也都以鞋匠为榜样，不仅在纽约和费城，而且在波士顿、巴尔的摩、奥尔巴尼、华盛顿、匹兹堡和纽奥林斯等城市，纷纷建立起自己的工会组织。

这些工会具有以下几个特点：第一，工会是工人自己的组织，与互助团体不同，没有雇主参加。第二，当时的工会是手工业工人即熟练的工匠和技工的组织，1820年前工厂工人还没有组织工会。第三，建立的是行业工会，即鞋匠、裁缝、制帽工、手织机织布工、石工、印刷工、轮机工、建筑工等分别建立的工会，当时还没有产业工会。第四，当时的工会订有严格的规章制度和纪律，入会的工人必须保守工会活动的秘密，发誓遵守共同制定的工资级别标准，帮助会员优先于其他工人获得职业；会员要缴纳入会费，大约50美分；缴纳会费，每月6～10美分；会员必须参加定期的会议，无故缺席要罚款；会员如果经常喝醉，有严重的伤风败俗行为，或在工会的屋子里骂其他会员，都可能被开除；等等。

这些工会成立以后，为维护工人阶级的利益进行了各种形式的斗争。

资料来源：美国工会的起源．中国工运学院学报，1988-04-30，有改动

五、四方位确立工会地位

1. 政治地位

从工会的发展和当今工会的现状来看，工会的政治地位主要是通过与政党的结盟实现的。

在工会与政党合作过程中，党是工会的政治臂膀，工会是党的选举臂膀。工会通过与政党的合作，保持在组织、人事及纲领上的相似性。工会同政党的结盟，不仅提高了自己的政治地位，而且为广大工人群众争得了利益。

在政治上工会主要经历了第二次世界大战后的政党与工会联合，20 世纪 90 年代政党与工会距离拉开，苏联、东欧由政党的绝对领导转向独立，重新调整与政党关系的趋势四个阶段。

2. 经济地位

工会的经济地位是指工会在经济关系中所处的位置。工会的经济地位主要体现在工会的身份以及工会在劳动关系中的作用上。工会为了维护自身的经济地位，就要通过保护劳动力，以集体谈判、三方协商、劳动立法直至罢工斗争等手段，争取提高大多数工人的生活水平与改善他们的劳动条件。

3. 法律地位

工会的法律地位是指在国家法律制度中对工会组织的认可与工会权力的认可。在法律地位上的体现主要为组织工会和代表职工的权利、集体谈判的权利、参与权（企业管理，在议会、政府立法上的建议权）、罢工权等。

工会的法律地位是通过工会长期努力与艰苦斗争的结果。组织工会大都经历了法律完全禁止、相对禁止到完全承认的三个阶段。工会不断在立法、执法中与雇主以及政府努力争取，工会的权力在法律上越来越具有较强的地位。

4. 社会地位

工会在社会地位上主要根据政府的态度来衡量，在自由竞争时期国家政府采取的是自由放任的政策，在垄断时期国家政府采取的是建设性干预，第二次世界大战后，三方协商机制开始建立，苏联、东欧剧变后，建设性的反对派开始对工会起作用。

美国“三权分立”制度制约工会的漫画

六、工会削弱的诠释

第二次世界大战结束后的30年是发达资本主义经济体工会的“黄金时代”。1950年有1/3～2/3的工人是工会会员，工会有可观的政治影响力且是保持经济持续增长的重要社会伙伴。虽然大规模生产部门以外许多工人被排斥在劳资协议商定的高工资和稳定就业的合同之外，但工会运用其第二次世界大战后获得的影响力促使通过社会福利立法给全社会带来福祉。

20世纪70年代的经济震荡破坏了第二次世界大战后的劳资协议，出现了两种类型的资本主义劳动关系。“协调型市场经济体”（如德国、奥地利、比利时、荷兰、北欧各国和日本等）仍旧确认工会的重要性，其劳动关系的特点是集中协调工资谈判，工作现场劳资关系相对和谐，工会就劳工问题在工厂、经济部门和全国各级都有话语权并形成有活力的机制。“自由市场经济体”（如英国、美国、澳大利亚、新西兰和以色列等）没有这种集中协调工资谈判和社会伙伴关系的体制，其劳动关系的特点是劳动力市场“去监管化”、工资谈判“分散化”、扩大经理特权从而削弱了工会的作用。

自由市场经济体的工会在过去25年中急剧削弱的重要标志是会员率下降。

关于西方工会组织力量在逐渐走下坡路的状况，许多学者提出了相应的理论解释，其观点主要有：

1. 结构变化假说

一般结构变化假说认为，劳动力和经济结构在许多方面都变得不利于工会。

传统的非工会部门的就业诸如白领工作，服务、适合女性的工作，小企业的工作，非全日制工作以及南方州的工作始终增长较快。

工会工资差异在 20 世纪 70 年代有所上升。工会化的厂商在可能的条件下转向非工会的生产方式。由于工资较低，非工会厂商扩大其产量和就业量。

当然也有不同观点：

这些学者认为具有相同结构变化的其他国家工会人数并没有下降。工会已经有能力使过去传统上非工会工人加入工会。

2. 管理层反对的假说

管理层反对的假说认为，20 世纪 70 年代工会工资优势增强导致厂商更加强烈地反对工会。厂商可能会雇用长期的罢工抑制者，非法解雇亲工会的工人，雇用一定数量的、非法的反工会成员。

3. 替代假说

替代假说认为，政府和雇主现在提供了以前由工会提供的服务。政府现在提供的某些服务如工人的补助和健康、安全法等曾是以前工会所提供的。某些厂商试图通过投诉程序和为工人与管理层之间提供“双向”对话渠道等方法防止工会化。增加工人参与、提供资历保护、支付有吸引力的工资和小额优惠等。

4. 混合因素假说

弗里曼（Freeman）认为原因是综合引起的，但各成分各不相同。他认为工会化减弱是由以下变化引起的：结构变化占 40%，管理层反对增加占 40%，工会组织下降占 20%。克路格（Krueger）认为，几乎所有最近工会化的下降都可以归结为非工会会员对工会需求的下降。

七、党派林立的工会组织

工会组织一般都与某个政党有密切的联系，各政党的活动直接影响工会组织的发展，各种党派与工会组织的结合，形成了党派林立的工会组织。党派林立的工会组织，大体上可以分为两类，第一类是世界上极少数国家里统一的工会运动，第二类是出现在世界上的各国多元化工会。其中按派别之分主要有四类。

1. 共产党领导或主要受共产党影响的工会

主要包括西欧的意大利总工会、法国总工会、西班牙工人委员会、葡萄牙总工会等，南亚的全印工大、印度工会中心等。

2. 社会民主主义倾向的工会

主要包括联邦德国的德国工联，英国职工大会，日本的总评、同盟，澳大利亚工会理事会等。

3. 具有基督教民主主义倾向的工会

包括西欧、拉美和亚洲一些国家的工会。

4. 民族主义倾向的工会

第三世界的绝大多数工会基本上属于此类。

具体说来，各国工会与政党的关系各有特色。

1. 工会—政党密切型

在英国历史上，工党与职工大会关系密切，工党是由社会主义组织及工会共同组成的，大部分党员都是工会会员，工会是工党的集体参加者，工会—政党密切型在理论、纲领和政策上接近，在共同社会活动中有密切的合作关系。

在德国历史上，工会与党派之间的关系更为繁杂多样。社会民主党与德国最大的工会组织（德国工会联合会）关系密切，德国基督教民主联盟与德国公务员关系密切，社会民主党与德国员工工会关系密切。

2. 工会—政党中立型

第二次世界大战后，工会希望不依附任何政党，实行“独立”的原则，在政治上实行“党派政治中立”。

在日本的工会发展历史上，社会党长期控制“总评”（日本工会组织），民社党长期支持“同盟”（日本工会组织），1989 年在日本成立了“全日本工会总联合会”，这个组织不再以任何直接形式支持特定政党，与四个政党（社民党、公民党、民社党、社民联）之间保持着协调合作关系，希望成为对四个政党有重要影响力的政治力量。

在英国，1992 年成立的英国职工大会力图在政治上建立与资方和保守党政府之间的伙伴关系，而不是像以往着眼于工党上台执政，争取实现“社会伙伴的关系”。

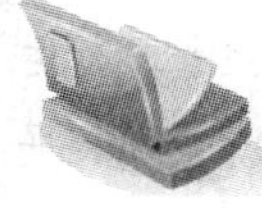

开放专栏

美国工会工运历程

尽管美国工会一向标榜自己的“无党派色彩”，但是，它们自己也十分清楚地知道，在美国这个与资本主义市场经济相适应的议会制民主国家里，许多涉及劳动者利益的法律都是要经议会通过的。工会为了自己所代表的那一部分劳动者的利益，就需要一定的政党在议会中充当其代言人。

第二次世界大战后，美国的资产阶级政党为了调和阶级矛盾，稳定国家政治，促进经济发展，不得不对工人阶级采取一些调和让步政策。在这种历史条件下，作为代表和维护工人利益的社会群众团体，工会与一定的政党发生这样或那样的联系是必然的。美国的劳联—产联与民主党的那种既相互独立又相互依赖的特殊的伙伴关系，恰恰正是两者之间政治利益的一种妥协和默契。这种伙伴关系导致并形成了劳联—产联与民主党在政治上相互依靠、经济上相互支持的关系。1992年克林顿当选总统，就是劳联—产联与民主党精诚合作的产物。

美国有大大小小各自独立的工会组织数百个。各个工会组织彼此之间相互独立、相互竞争。在同一个企业里，往往有数个工会组织并存，出现了若干个工会组织相互争夺会员的局面。为了避免这个矛盾，美国法律明确规定，在同一个企业里只能允许一个“有代表性”的工会代表所有工会的全体会员同雇主进行集体谈判。哪一个工会组织能够具有这种代表权，是由企业里所有工会的全体会员投票公决产生的。如果该企业里的几个工会都没有获得半数以上的支持票，那么就不能产生出一个“有代表性”的工会去与雇主进行集体谈判。这种工会组织的多元化和分散性，给美国工会运动带来了很大的负面影响，在一定程度上制约了工会在整体上维护工人权益作用的有效发挥，也给雇主造成了分裂工会、分裂工人队伍的可乘之机。

在维护工人利益的斗争过程中，美国工会也越来越意识到这种组织上的多元化和活动的分散性对工人运动和工会运动的危害和影响，从而越来越重视工会组织的重组与联合，纷纷走上重组和联合的道路。美国最大的工会组织劳联—产联就是由“劳联”和“产联”这两大工会顺应这种斗争需要而走向联合道路的。

美国是一个崇尚法制的国家，社会的、公众的行为都是靠法律加以规范和约束的。这个社会注重增强工会对立法的影响力，成为社会发展对工会提出的一个客观要求。第二次世界大战后，美国工会在工人运动和工会运动中开始注重对国家立法的影响力和参与力。争取和保证工会在立法上的参与权，成为美国工人运动进入发展新阶段的一个重要特点和标志，显示着美国工人运动和工会运动水平有了很大程度的提高。

第二次世界大战后50年来，经过长期的立法参与，美国工会已经成为国家社会的一支主要政治力量，它们通过组织控制的一部分选票，选举代表到联邦、州和地方政府担任议员和官员直接参加国家立法，还通过院外活动等方式向国会和议会议员施加影响，通过有利于劳工特别是有关职业保护、最低工资、劳工法改革、公平就业机会、社会保险、安全保险、环境保护等方面的立法，使国家和地方立法更有利于劳工的利益。为了积极参与国家立法，劳联—产联专门成立了起草国家劳动关系法修正案的专门委员会。老布什任总统期间，劳联—产联还针对政府大幅度削减失业补助金额和取消对失业工人实行补助金的失业补充法令的做法到处游说，迫使布什政府签署了延长失业工人补助金的法令。

美国政府也十分重视同工会的密切联系。总统和议会除了与劳联—产联上层领导人接触之外，还要高频率地同工会会员对话，听取工会的意见，重视通过有利于劳工的行动和立法来缓解劳资矛盾，稳定社会。

经过工人运动的长期斗争和工会的长期争取，目前，美国的劳动立法已经逐渐形成了一个由劳动标准立法和社会保障立法两大体系组成的比较完整的法律体系。它从宏观到微观，从原则到条规，从劳动就业、工资报酬、劳动标准、劳动条件到最低工资保障、失业保障、工伤保障都有相应的法律加以规范。

20 世纪 80 年代以来，随着经济全球化的进程和技术革命、知识经济的兴起，特别是信息技术和电子计算机技术的广泛应用及第三产业的迅速扩张，美国传统的生产方式、产业结构和劳动关系逐渐被打破，工人阶级内部结构随之发生了深刻变化，传统产业的工人逐渐走向分散，向新产业、新技术领域，向中小私营企业转移，向白领阶层和非全日制岗位转移。

到 20 世纪末，美国的这种产业结构的大调整、工人阶级内部结构的大变化和产业工人的大转移，本应引起美国工会的极大重视，顺应这种调整、转移和变化，及时调整工作思路和布局，把工作重心转移到新兴产业、新兴领域、新兴岗位上来。而恰恰在这个关键时期，美国工会运动的传统性和保守性弱点，使美国工会没有及时采取调整性措施，从而导致工会会员的大量流失，工人会员率从六七十年代的 30%下降到 90 年代中后期的 15%～17%，工会的组织作用和维护作用也受到了严峻的挑战和削弱，工会的地位、影响和吸引力大大下降，成为 90 年代美国工会十分头痛的突出问题。

资料来源：工会博览，2003-07，有改动

延伸思考

1. 从工会发展历程来看可以分为三个时期，以此为根据可以把工会划分为哪三种工会？其特征是什么？

2. 工会行为方式“韦伯五分法”的内容是什么？

3. 对西方工会走向衰弱原因的解释有哪些？你对此有什么样的观点？

深度阅读

［1］常凯. 劳动关系学［M］. 北京：中国劳动社会保障出版社，2005

［2］程延园. 劳动关系学（第1版）［M］. 北京：中国人民大学出版社，2002

［3］［美］哈里·C. 卡茨，托马斯·A. 科钱，亚历山大·J. 科尔文. 集体谈判与产业关系概论［M］. 李丽林，吴清军，译. 大连：东北财经大学出版社，2010

第三章　深入工会：像理论家一样理解工会组织

从第一章可以了解工会在社会中的功能导致对工会的不同看法，从工会理论发展两个阶段对工会有了全面的认识。本章将从不同角度来理解工会及工会运动这一社会现象，因为工会有其经济、社会、政治和心理等多方面的诉求，就有不同的人试图解释工会的来源，有部分人试图就工会的行为加以理论性阐述，有一些人试图评述工会的思想意识，还有一些人试图解释工会及其行为的后果。不同学派对工会的理解差异性很大，主要是因为他们代表着不同的利益群体，因此导致立场与观点的不同。下面从工会产生和存在价值的角度来理解工会。

一、激进工会：马克思主义观的工会理论

18 世纪后期，亚当·斯密在《国富论》中讨论了工会及工会运动的理论，卡尔·马克思在 70 多年后提出了一种不同于斯密观点的劳工运动理论。马克思以劳动价值论与剩余价值论作为两大基本理论支柱，论证了资本主义劳资关系雇佣本质、剥削内涵和劳资对抗，劳资之间存在不可调和的阶级利益冲突，马克思主义的核心思想是阶级斗争与资本主义灭亡的必然性。马克思、恩格斯是在参加和指导了工人运动的基础上形成的工会理论。

恩格斯在《英国工人阶级状况》一书中较为详细地论述了工会产生的历程。恩格斯认为，在资本主义制度下，“工人无论是个人或是整个阶级都不能像人一样地生活、感觉和思想……工人只有仇恨资产阶级和反抗资产阶级，才能获得人的尊严。”①

马克思、恩格斯以历史唯物主义作为理论基础，从一定的历史条件出发，并不是把工会的存在和工会的职能看成是一种孤立的社会现象，而是从社会的整个体系出发来认识工会及工会职能，从经济基础与上层建筑的矛盾关系中寻找工会

---

①　马克思恩格斯全集（第 2 卷）[M]．北京：人民出版社，1957：500

与工会职能的深层次原因，以辩证的态度与方法来分析工会的必要性与局限性，并把工会未来的前景纳入对共产主义发展图景的思考。

激进主义代表

马克思恩格斯工会理论的论述是以他们的阶级理论为基本分析框架的，在对工会的目的、作用、手段的论述中马克思恩格斯都鲜明地突出了他们的阶级态度。

列宁曾这样评述：“马克思一生中抨击得最多的是小资产阶级民主派的幻想和资产阶级的民主制度。马克思讥笑得最厉害的是关于自由平等的空话，因为这些空话掩盖了工人饿死的自由，掩盖了出卖劳动力的人和好像是在自由市场上自由平等地购买工人劳动等的资产者的平等。马克思在他所有经济学著作中都阐明了这点。”①

工会必须接受工人阶级政党的领导，是马克思主义工会理论核心观点之一。认为这是实现工人阶级解放事业的基本条件。只有马克思主义与工人运动相结合产生的工人阶级政党，才能把握社会发展的客观规律，提出工人阶级实现其历史使命的理论，制定工人阶级解放的纲领和路线，引导工会运动走上自觉斗争的正确道路。

正如列宁指出的那样，“除了通过工会同工人阶级政党的协同动作，无产阶级在世界上任何地方从来没有也不可能有别的发展道路”。②

马克思主义工会理论不仅提出了要维护工人无产阶级的利益，而且为无产阶级提出了要实现人类解放、实现人的自由全面发展这一革命性奋斗目标。

马克思针对工联主义对工人队伍的影响，提出向工人阶级灌输社会主义思想，并提出组织工会不仅要为当前经济利益而斗争，而且要为工人阶级的政治解放而奋斗。只有解放全人类，才能解放自己，并使各国的工人运动纳入了共产主义的轨道。

马克思主义工会理论的代表人物除了马克思、恩格斯、列宁以外，比较有影响力的还有激进社会主义者拉萨尔、苏维尔等。

---

① 《列宁全集》（第 2 版）（第 36 卷）［M］．北京：人民出版社，1985：第 178-194

② 《列宁选集》（第 4 卷）［M］．北京：人民出版社，1965：179

观点之声　工会的应有职能

马克思、恩格斯生活的时代大部分处于资本主义早期，工会已经产生。他们目睹了资本主义制度下劳动者悲惨的生活景况，对工人的生产与生活有着深刻了解。

马克思、恩格斯时代的工会都公开宣称要竭力保护各个工人不受资产阶级的横行霸道和冷酷待遇之害。恩格斯根据当时情况把这个时代的工会职能归纳为三点。“它们的目的是：规定工资，作为一个力量，集体和雇主进行谈判，按雇主所获利润的多少来调整工资，在适当的时候提高工资，并使每一种职业的工资保持同一水平。因此，这些工会总是向资本家力争一个大家都得遵守的工资标准，谁拒绝接受这种工资标准，就向他宣布罢工。其次，工会还竭力用限制招收学徒的方法来维持资本家对工人的需求，从而使工资保持在一定的水平上；它们尽可能地竭力反对厂主靠采用新的机器和工具等欺诈手段来降低工资的企图。最后，它们还用金钱来帮助失业工人。”

资料来源：马克思恩格斯全集（第 2 卷）[M]. 北京：人民出版社，1957

二、民主工会：正统多元学派的工会理论

民主工会的核心理念是产业民主。产业民主的思想来自以韦伯夫妇为代表的费边主义者，韦伯夫妇除著书立说外，还积极投身于工会运动和社会改革。

韦伯夫妇是第一次尝试对工会进行分析和科学研究的代表人物，如图 3—2 所示。他们发现，工会并没有像马克思预言的那样成为社会激烈变革的承担者。工会并没有抛弃资本主义制度，而是主要进行各种旨在改善工人们日常工作条件的活动。

正统多元学派认为，雇员与雇主之间既有矛盾之处，又有共同结合点。两者矛盾之处是可以通过一定方式化解的。

具体说来，他们认为雇员对公平和公正待遇的关心，同管理方对经济效率和组织效率的关心是相互冲突的。同时也认为，这种冲突仅仅限于诸如收入和工作保障等这些具体问题，而且“这些具体利益上的冲突，是可以通过双方之间存在的共同的、根本的利益加以解决的”。

相对于雇主，雇员个人往往要面对劳动力市场的“机会稀缺”——能够选择

正统多元学派的代表

的工作种类少，如果辞职，就很难再有选择机会——所以，在劳动力市场上雇员大都处于相对不利的地位。

工会可以利用集体谈判制度来弥补这种不平衡，使雇员能够与雇主处于平等地位，并形成“工业民主”的氛围。“工业民主”不仅可以维护雇员的利益，确保更广泛的公平，而且对于鼓舞员工士气、降低流动率、提高生产效率具有重要意义。工会提高效率的措施所产生的经济效益，足以抵消高工资、高福利给雇主带来的成本。

韦伯夫妇在其著作《产业民主》中曾指出，如果不组建工会，工人个人不管是向雇主申请工作，还是接受或拒绝雇主提供的工作，都不可能与他的同伴们进行协商和交流；也不可能过多地考虑自己所处的危险境地和不利状况。工人个人只能在自己与雇主讨价还价之后向雇主出卖自己的劳动力。而一旦工人组织在一起，派代表就整体利益与雇主进行谈判时，情况就会立即发生变化。雇主不可能像对待个体工人那样应对自如，他必须慎重地对待工人们的集体组织行为。

在正统多元学派看来，工会是弱势群体的组织形式，工会的核心工作是以集中的、产业层次上的集体谈判。工会可以用罢工作为后备武器促进谈判，雇主不应当有任何偏见对罢工工人采取替代行为。

正统多元学派的多元性体现在有别于一元论把工会看成“侵扰性”的组织，正统多元学派把工会看成是一种表达存在的阶层利益要求的高度组织化和连续性的一种形式。

工会在产业层面上的集体谈判有相当强的旗帜作用，对产业所覆盖的范围都可以起着示范作用，比工厂委员会在企业层面上更能发挥作用，工会谈判的示范作用在提高会员利益的同时也提高了非会员的利益，非会员工会不但享受到了工会的好处，而且还不需要缴纳会费或要求他们必须加入工会。

民主工会理论认为工会与管理方还是过于对立，而且工会的覆盖面具有局限性，以及工会在工人参与权方面还需要加大工作力度。

产业民主工会理论在对工会的纯经济性和纯政治性加以批判的基础上强调了工会的社会伙伴角色和社会整合功能。

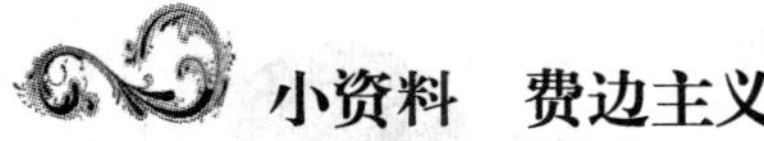

小资料　费边主义

“费边主义”是社会主义的一种，全称是“费边社会主义”，与马克思主义相对立。马克思主义主张用激进的暴力革命实现社会主义，而费边主义则主张用温和的非暴力改良实现社会主义。所以，可以说“费边主义”是一种具有软弱性和妥协性的社会主义思想，不可能推翻资本主义而彻底地建立社会主义。

19世纪后期，流行于英国的费边主义是英国费边社（Fabian Society）的思想体系和机会主义路线。1884年一部分知识分子创立了费边社，该社成员认为社会改革应循序渐进，故以公元前3世纪古罗马一位因主张等待时机、避免决战的战略而著名的将军费边的名字命名社名。其学说故称为“费边社会主义”（Fabian Socialism），简称“费边主义”（Fabianism）。

费边社的主要代表人物有乔治·萧伯纳和韦伯夫妇，其成员几乎全是知识分子。代表作有《费边宣言》（1884年）、《费边社纲领》（1889年），1889年出版的《费边论丛》一书为费边社会主义奠定了基础。费边社会主义的主要观点是：鼓吹阶级合作、社会和平，反对无产阶级革命和无产阶级专政；主张通过民主选举建立地方自治市政机关，逐步掌握煤气、电力、自来水等公共事业所有权，运用温和渐进的方法和一点一滴的改良，实现社会主义。

恩格斯指出，费边社会主义这些形形色色的资产阶级社会主义者的主要目的“就是使资产者皈依社会主义，从而用和平和立宪的办法来实行社会主义”（《马克思恩格斯全集》第37卷第351页）。

费边社会主义属于现在的社会民主主义思想体系。费边社会主义者帮助成立了英国工党，费边社也一直是英国工党的理论库。至今，费边社会主义者仍然活跃在英国的政治舞台上。

资料来源：百度百科，内容有整理

三、垄断工会：新古典经济学的工会理论

新古典主义学派也被称为新保守主义学派或新自由学派。新古典主义继承了古典经济学的立场，共同的主张是支持自由市场经济，个人理性选择。新古典经

济学把劳动力市场看成是劳资双方的自由选择的结果，工会是劳动力市场运行的必然结果，但工会对劳动力市场造成的影响是消极的，工会的作用降低了自由市场资源配置的效率。

古典主义学派的代表

新古典主义学派的思想源自亚当·斯密的经济自由思想，主张政治中立，不随便干预经济活动，使每个人得按照自己的意志，自由地进行其经济活动，如此才能有效率，工会对工资的要求破坏了市场自由决定的均衡工资，所以工会带来了市场的低效率。

工会组织利用自己的垄断力量能够提高工资，但由于工资率的提高导致工会部门的就业率降低，非工会部门的就业竞争加剧，这种非自由性的劳动力市场流动对整个社会来说是一种经济损失。

新古典主义学派认为，工会的集体谈判只会对经济和社会起负面作用，从长远来看，集体谈判的成果对就业条件和内容并不会有什么积极影响。

新古典主义学派认为，在微观上，工会导致工资差别的加大，降低了就业的增长率，也导致工会化企业的利润率下降。在宏观上，工会运动所带来的成本上升与管理的僵化使得资本外流，导致投资机会、就业机会及社会福利水平降低。

新古典主义学派认为，应当制定合理的劳动法减小工会的权力，或者通过法律手段让工会难以组织起来。

新古典主义学派的工会理论代表了当今经济学领域对工会的基本观点，这些思想不仅影响发达国家劳工政策的制定，而且在很大程度上对发展中国家也有非常大的影响。

四、二元工会：自由改革学派的工会理论

自由改革主义学派积极主张变革，对社会问题的认识具有一种批判意识。

自由改革主义学派的代表人物主要由凯恩斯主义学派的经济学家组成，包括希克斯、萨缪尔森和奥肯等，因此这一学派的观点强调政府和工会对劳动力市场的干预，加强法律法规的制定和“强势”工会的建立。

自由改革主义学派利用“结构不公平”理论来认识工会的作用。该理论认为经济部门是一种“核心”和“边缘”两个部门的格局。“核心”部门是指规模较大、资本密集且在市场上居于主导地位的厂商；而“边缘”部门则是规模较小、劳动密集且处于竞争性更强的市场上的厂商。

自由改革主义学派认为，核心部门由于经济实力强，更能消化和转移附加成本，并且在核心部门工作的雇员具有更多的关系力量，所以，与边缘部门相比，核心部门的工会能够为雇员争取到更多的劳动待遇。而边缘部门的工作岗位相对“不稳定”，甚至是临时性、非全日制的，容易受到裁员政策的影响，工会发挥作用的空间较小。

自由改革主义学派的“结构不公平”理论强调工会的社会作用，对工会的集体谈判作用持积极态度，工会的力量可以促进改革。该学派主张强势工会政策，认为工会应该比以前更加关注更为广泛的社会问题和事务。

但他们也认为工会难以战胜拥有强大权力的资方，就无法为其成员提供切实有效的保护，甚至在工会受到严重影响时，也无法有效地保全自己。例如，当雇主对工资福利的支出和绩效水平的提高不满时，采取关闭工厂等手段，或者纷纷向海外人工成本较低的地区转移而导致工会作用失灵。

自由改革主义学派的代表

自由改革主义学派同时认为工会还有许多缺陷，认为在当前体系下，那些在边缘部门工作的工人罢工力量很小，管理方迫于市场竞争压力也不可能作出实质性让步，他们最需要工会帮助，但恰恰在边缘部门，工会却又是最没有发挥作用的。

自由改革主义学派认为，工会应当减少与管理方之间的尖锐对立，这样工会才能为其成员争取更多的利益。

五、契约工会：制度经济学学派的工会理论

19 世纪末 20 世纪初，在美国以 J·R. 康芒斯、T. 凡勃伦、W.C. 米切尔等为代表，形成了制度经济学派别。

制度经济学派的经济学家基本上都重视对非市场因素的分析，强调非市场因素是影响社会经济生活的主要因素。他们认为，个人首先是一种“社会人”和“组织人”，而不是“经济人”。作为一种社会存在，除了物质经济利益以外，人还追求安全、自尊、情感、社会地位等社会性的需要。所以，工人在经济社会中是一个社会的人，其社会组织性需要之一的表现就是加入工会。

特别是历史制度学派采用的分析单位一般多是如工会、政党，以及产业团体等集结层面上的行动主体。以个体利益和社会网络的存在为前提，因为企业为了

组织生产，管理者需要和工会、股东等搞好关系，所以工会与管理者有一定的合作基础。

制度经济学派的代表

康芒斯把工会看成工业社会的一种基本经济制度。康芒斯认为集体行动的基本原则在于对自由放任的个体行为加以或多或少的限制。[①] 当工会作为一项经济制度的代表就工资和有关雇佣问题与雇主进行谈判时，便可以将其界定为"双边集体行为"，也就是我们所说的集体谈判。

相对于没有工会的经济组织来说，工会组织实质上对雇主权力的分割，原本由雇主单方面决定的劳动标准和规章制度，被工会的集体谈判制度所取代。

康芒斯契约理论不只是包含工人与雇主签订的劳动合同，而且包含雇主与雇员之间的心理契约。康芒斯认为这份契约并不是固定不变的，而是一种无时无刻不断进行默示更新的契约，劳动者在工作时，持续处在生产与协商的过程中，两者是无法分开的。在契约的存续过程中，单个工人没有能力与雇主抗衡，工人加入工会的组织需要感就出现了。

制度经济学派中的赛立格·波尔曼将工会行为和工人们的心理态度以及用来保护雇主们利益的法律和政治制度的自然性联系在一起，把工会制度看成是双层保护伞，在保护雇员利益的同时，也保护了雇主的利益。

六、分权工会：人力资源管理学派的工会理论

管理主义学派多由组织行为学者和人力资源管理专家组成。人力资源管理学派是从管理者的主导地位来制定战略方向的。

人力资源管理学派把工会看成是威胁自己的一种有生力量，甚至是产生破坏性影响的一种组织力量，所以应尽量避免建立工会，但现实中既然工会已经存在，那么管理者应当与工会之间建立一种合作关系。

综合人力资源管理学派的观点看来，人力资源管理学派把工会看做是工厂管理权力的分割者。他们认为工会主义已经过时，只有那些愿意与管理方合作的工

---

① John R. Commons, "Institutional Economics" American Economic Review, vol. 21 (1931)

会才有可能在未来生存。

在解释工人为什么要加入工会的原因上，管理主义学派认为，工人加入工会的一个主要原因在于，他们对雇主对待他们的方式感到不满，其根本想法是没有从雇主那里感到组织的公平，并且认为工会可以改善他们的现状，从他们那里以求他们所相信的公平因素。那么怎样解决工人通过加入工会寻求公平的问题，管理学派认为关键在于管理，如果管理人员将工人视为有价值的人力资源，工人就会感到没有必要寻求一个外部代表。

西奥多·舒尔茨

人力资源管理学派的代表

人力资源管理学派认为，管理者可以从管理上下工夫，通过管理方式的改进来提高工人的满意度，以此来降低或阻止工人对工会的需求，如果管理者做法得当，人力资源管理部门可以替代工会的职能。

人力资源管理学派不注重劳资之间的矛盾冲突，他们认为雇员与企业之间的利益是一致的，劳资之间存在冲突的原因在于，雇员认为自己始终处于被管理的从属地位，管理与服从的关系是雇员产生不满的主要根源。而这些是能通过管理方式来进行化解的，如果通过工会组织来解决这个矛盾，那么势必会加剧劳资双方矛盾，相反，管理者可以制定恰当的管理政策来化解工作中存在的问题。

人力资源管理学派主张采用新的、更加弹性化的工作组织形式，运用现代化的科学方法，对员工进行合理的培训、组织和调配，使人力、物力保持最佳比例，同时对人的思想、心理和行为进行恰当的诱导、控制和协调，充分发挥人的主观能动性，使人尽其才，事得其人，人事相宜。更强调员工与管理者之间的相互信任与合作关系，希望通过加强员工对企业的忠诚度来缓和劳资关系，并认为工会只有以一种得到更多认同的“伙伴角色”来取代传统的“对立角色”，这样管理者既发挥了自己能代替工会的能力，工会也可以相得益彰。

开放专栏

“矿工天使”——琼斯母亲

琼斯母亲是美国劳工运动最具说服力和形象最鲜明的领袖。她虽然已去世60多年了，但她的名字至今仍与美国文化息息相关，同名的《琼斯母亲》杂志以她“为死去的人们祈祷，为活着的人努力奋斗”这一口号，成为20世纪最著名和最振奋人心的杂志。

玛丽·哈里斯·琼斯是美国20世纪工会组织运动的开路先锋，然而，很少有人知道她的真名，即使她自己也很少使用这个名字，她就是著名的琼斯妈妈，而在劳工运动的另一方，她被他们称为“美国最危险的妇女”。

1867年，她37岁时，一个星期之内，她的丈夫和4个幼小的孩子都被流行性黄热病夺去了生命。4年后，芝加哥的一场大火再次夺走了她的一切，也彻底改变了她的人生。她开始参加劳工运动。

琼斯母亲为那些芝加哥富人缝衣服的时候，已深刻认识到社会的不公。她说：“为那些住在豪华房子里的地主和男爵缝衣时，我从明镜般的玻璃窗望出去，那些失业的、颤抖的、饥饿的穷人在冰天雪地里行走，与生活在明媚灯光下的富人形成多么鲜明的对比啊，这对比深深地刺痛了我的心。”

芝加哥大火后的两三年里，她居无定所，在全国各地游走，“哪里有斗争我就在哪里!”她被工人们称为“矿工天使”。1891年，她成为“联合煤矿工人协会”的组织者。1905年“世界工业劳工”组织创建，琼斯母亲是这一组织27位创立者中唯一的女性。

无论在何时或何地出现劳工问题，玛丽·琼斯似乎总能够站出来。她经常和煤矿工人在一起，煤矿工人称她为“妈妈”，于是她开始使用“琼斯妈妈”这个称呼。有时，她又被人叫做“矿工天使”。

她小小的个子和祖母般亲切的外表后面，是一颗火一样炽热的心。每当她踏上讲台，她就成为极有号召力的演说者。她可以令听众泪如雨下，或者发出爆炸似的笑声。

美国煤矿主要在宾夕法尼亚州、俄亥俄州、印第安纳州、西维吉尼亚州和科罗拉多州。在1840年，美国有7 000多煤矿工人，每年他们从地下开采200万吨煤炭，而到1900年，煤矿工人增长到近70万人，每年煤炭开采量高达3.5亿吨。每年有数千煤矿工人死于煤矿事故。煤矿工人的收入很低，通常居住在由矿主兴建和管理的小镇上。根据这种制度，煤矿公司向煤矿工人支付工资，而煤矿工人又将所得工资交还给煤矿公司以支付房租和购买所需的商品。

矿工想组织起来采取强硬的措施来反对矿主，有时甚至想采取暴力手段。琼斯妈妈认为工会是煤矿工人和其他工人为了改善他们的生活和生产条件的最佳方式，她反对童工和不安全的工作场所。她曾经说：“让我们为死亡和为生活而拼命祈祷吧。”她组建了早期的一个工会，这个工会叫“劳工勇士”（knights of labor)。

她还作为社会党的发言人在各地考察好几年，但在最后，她发现，相对于喜欢她的党和她的支持者，她更喜欢社会主义理论。琼斯妈妈领导多次抗议活动，推进工会事业。她的许多抗议活动涉及妇女和儿童的权利。

琼斯妈妈

1900年她领导了宾夕法尼亚矿工妻子的游行活动，3年后，她又领导了一次儿童向西奥多·罗斯福总统在纽约的家游行的活动，以抗议使用童工。1913年，琼斯夫人因为在西维吉尼亚州的“Paint Creek-Cabin Creek”罢工运动中被捕，与其他抗争者一起的罪名是有企图谋杀行为，但当时引起很大的纷乱，琼斯夫人已经高龄83岁，而逮捕行动又有欠公正，因此琼斯夫人很快就被释放了。随后美国参议院针对此案展开了一连串有效的调查。另一次琼斯夫人被捕的记录则是在科罗拉多州，当时她正在组织煤矿矿工起来进行劳工抗争运动，这次她在监狱中待得比较久，出狱之后，成功领导了名为“勒得罗大屠杀”（Ludlow Massacre）的罢工运动。勒得罗大屠杀是美国劳工史上最血淋淋的社会运动之一，共有约12 000名矿工参与。今日科罗拉多城的勒得罗镇是赫赫有名的鬼镇。

1924年，94岁高龄的琼斯夫人又上了法庭，这次她所面对的控告有诽谤、叛乱等。1925年，查尔斯·A. 阿尔伯特（《芝加哥论坛报》出版者）打败了这位劳工女家长，并获赔美金35万元。

1925年年初，琼斯夫人在友人家中被企图破门而入的恶棍攻击，在简短的打斗中，一个攻击者逃之夭夭，剩下的全负伤，受伤的攻击者之一，54岁的凯斯·盖吉（Keith Gagne）随后死亡。由于他的头部明显被琼斯夫人的著名黑马靴伤害，琼斯夫人随后也遭到逮捕。但当攻击者供出他们是被某个著名的地方商业人士所指使之后，她很快被释放了。

琼斯妈妈在庆祝她一百岁生日后去世，她在美国劳工史上的地位是无可争辩的，她进入全国妇女名人堂和美国劳工部劳工名人堂。

资料来源：百科词典，百度百科，内容有整理

延伸思考

1. 马克思主义工会理论的积极意义是什么？
2. 正统多元学派关于工会的理论观点有哪些？
3. 新古典经济学的工会理论与马克思主义激进工会理论的冲突主要在哪里？
4. 简述自由改革主义学派的工会理论。
5. 制度经济学学派是怎样论述工会的？
6. 从管理者的角度怎样看待工会组织？

深度阅读

[1] 常凯. 劳动关系学 [M]. 北京：中国劳动社会保障出版社，2005

[2] 程延园. 劳动关系学（第 3 版） [M]. 北京：中国人民大学出版社，2011

[3] 贝弗里·J. 西尔弗. 劳工的力量：1870 年以来的工人运动与全球化 [M]. 张璐，刘建洲，译. 北京：社会科学文献出版社，2012

第四章　剖析工会：像经济学家一样理解工会组织

工会组织是市场经济中的一个重要组织，工会的行为对市场经济有着非常大的影响。工会自身力量的大小主要由替工人的维权能力来判定，其直接结果体现就是工人加入工会的欲望强弱，衡量指标以工会组织数与工会会员人数来说明。工会在维权时采取的行为与手段直接影响着劳动力市场的变化，本章除利用经济学的方法来考察工会力量的需求与供给外，更多的是以经济学方法分析工会组织对劳动力需求与供给的控制，以及工会行为，如集体谈判、罢工行为等在经济上的反映。

一、工会力量的决定：需求与供给

（一）需求与供给的基本模型

工会在市场经济中，同经济体一样也面临着竞争，市场经济中的多元化工会会受到外部经济、政治、社会环境的影响，同时多元化工会中的生存与发展也受各个工会组织之间竞争的影响。

工会生存的主要力量是参会的工人，工人对工会的需求由各种因素决定，最重要的因素还是工会提供的服务。

工人有成为工会会员的需求，从需求方来说，会员需求是工会会员“价格”（主要为会费）的反比例函数。这一价格不仅包含经济成本会费，而且包含工人个人预期加入工会所占的时间成本。在其他条件相同的情况下，“价格”越高，想加入工会的工人人数就越少。如图 4—1 中需求曲线 D 所示。

工会需要为工人维权及谋取利益的开支费用，从供给方来说，工会要代表工人参加集体谈判和组织工人各种活动，而且工会组织也需要一定的耗费来维持自身。因此，在其他条件相同的情况下，工会愿意提供服务的市场供给，就是工会会员“价格”（主要为会费）的正比例函数。如图 4—1 中供给曲线 S 所示。

需求曲线 D 与供给曲线 S 的交点 E 是工会会员的均衡百分比 U 和工会服务

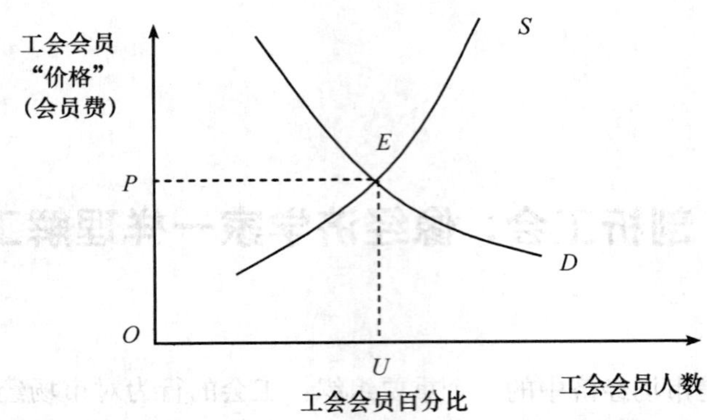

图 4—1　工会会员的需求与供给模型

的均衡价格 P。

如何确定需求曲线 D 与供给曲线 S 的交点 E？如果其他条件相同，引起需求曲线 D 与供给曲线 S 向右移动的任何因素都能提高工会化水平。

一定时间内的工会化水平变化可以用需求曲线 D 与供给曲线 S 的左右移动来进行解释。

在需求方面，个人参加工会的需求和他成为会员所得的净利益的预期成正相关关系。例如，如果工人认为工会能为他们争取的工资收入越高，加入工会的欲望就越强，需求曲线 D 就越往右移，那么，工会化水平就越高。

在供给方面，工会提供服务的优劣与其赢得选票的难度，即达到工会目标（例如，争取更高工资和更优的福利待遇）的难度成负相关关系。

（二）工会化水平的其他影响因素

需求方面影响工人的因素很多，如工人对加入工会的期望、社会公众对工会的看法、政府制定有关工会组织的法律等，都有可能增加或者减少工人对工会的需求，使需求曲线向左或向右移动，表现出工会化水平的提高或降低。

供给方面影响工会的因素也很多，如政府对工会的法律、产业结构的变化、就业结构的变化等，都有可能增加或者减少工会对工人的服务供给，使供给曲线向左或向右移动，表现出工会化水平的提高或降低。

工会化水平与行业、职业、性别、种族、年龄以及地域有关，概括起来看，影响工会化水平的宏观因素为：

1. 法律制度

劳动立法是决定工会发展水平的重要因素。1935 年的美国拉迪亚法案与瓦格纳法案对工会的支持大大促进了工会化进度，我国《工会法》对外资企业与私营企业入会的要求也将提高我国的工会化水平。

2. 产业结构

传统产业结构中的产业工人要求加入工会的愿望较高，随着时代的发展和第三产业的兴起，导致工会化程度降低。因为第三产业的高工资弹性让工会在不引起就业大量减少的条件下提高工人工资的能力受到限制，这样，第三产业加入工会得到的利益就较少，从而降低工会会员的数量。

3. 就业结构

传统产业工人特别是年龄大的工人更关注社会保障等就业标准，年轻人不太强调工作的长期性，更关注灵活的工作方式，这种年龄结构降低了工会化程度。特别是女性就业的发展与非正规就业的特性，加大了工会化的难度。

4. 雇主抵制强度

雇主能够且经常运用合法与非法的手段反对工会化。比如沃尔玛就有不加入工会的家规，在我国建立公司工会也是因为在强烈抵制后发现中国工会特有的有利于发挥他们经营优势时才组建工会。

5. 替代行为

政府及雇主提供某些只有通过工会才能有的服务、利益，如实行社会保险、作业安全及提高工资待遇等。此外，还实行提高民主化管理等策略来分化工会与会员的关系，从而降低工人参加工会的欲望。

（三）工人选择工会的目的：效用增加

据美国劳工部的统计资料显示，与非工会工人相比，工会会员平均收入要高。其原因通常被认为是工会可以通过罢工来控制对厂商劳动力的供给，厂商为了避免罢工损失会以较高的工资为代价谈判。但工人加入工会的问题不仅仅是提高工资的问题。

工会在募集会员时，往往会许诺较高的工资，但提高工资是有代价的，提高工资常与就业量的下降相联系。

工人为什么要加入工会，从个人效用最大化的角度来看，只有加入工会后给工人带来的效用大于不加入工会时工人获得的效用，工人就会选择加入工会。

工人会从长期利益来看待参加工会的问题，当工会提高工资会降低整个社会的就业量时，虽然小时工资提高了，但其他就业时间可能会下降甚至被解雇。虽然作为个体参加工会不一定会遭到解雇，但整个劳动力市场中的劳动者（包括工会会员与非工会会员）的就业就不稳定了，所以，工人在高工资与高就业风险的预期比较中，只有在总效用提高的基础上工人才会选择加入工会。

工人选择工会的目的可以用图 4.2 来作具体分析。未加入工会时工人的预算线为 TA，工人效用最大化的均衡点为 P，工作时间为 H。工会提高工资导致工人预算线上升到 TB。在企业成本不变的情况下，企业将缩短工作时间，如果工作时间减少到 H_2，工人的效用 U 下降到 U_0，他会选择不加入工会。如果工作时间减少到 H_1，则工人的效用水平由 U 提高到 U_1，这时，工会会选择加入工会。

工人考虑加入工会的目的还有以下情况，他们认为集体的力量远大于个体力量，因而在谈判中可以获得更大的利益，有的是抱着“搭便车”的心理。

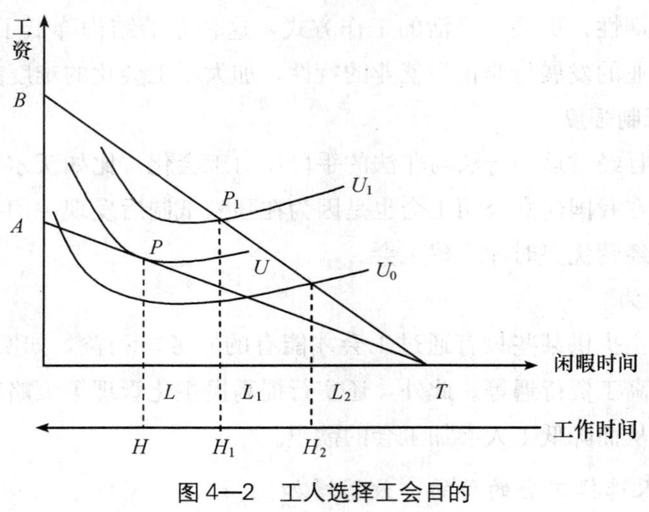

图 4—2　工人选择工会目的

二、劳动力市场中的工会：经济与福利

（一）工会对劳动力市场的影响：经济角度的分析

1. 控制劳动供给量

工会可以通过封闭企业和优先雇佣、最长工时立法、拒绝新会员加入、职业资格许可、强制退休等方法来限制劳动力供给。

（1）通过谈判提高工资

在自由劳动力市场中，均衡工资是由供给与需求双方相互作用形成的，劳动力在职业、企业与部门之间的流动与配置由市场主导，工会通过自身组织的力量来进行影响，主要通过谈判提高工资。

工会对均衡劳动力市场的影响如图 4—3 所示。

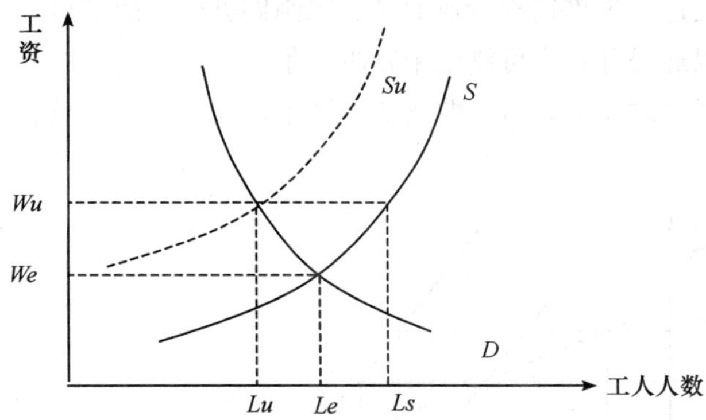

图 4—3　工会对均衡劳动力市场的影响

如果工会通过集体谈判将工资提升到 *Wu*，高于均衡工资 *We*。此时就业水平下降，将出现 *LeLu* 的劳动力剩余。在工资是 *Wu* 时，愿意工作的人为 *Ls*。由于工资刚性的原因，将继续存在劳动力剩余。

（2）直接限制劳动力供给

工会通过优先雇佣、提高入会标准、控制会员人数等各种措施来严格控制劳动力的供给。

强势工会对劳动力供给的绝对控制如图 4—4 所示。

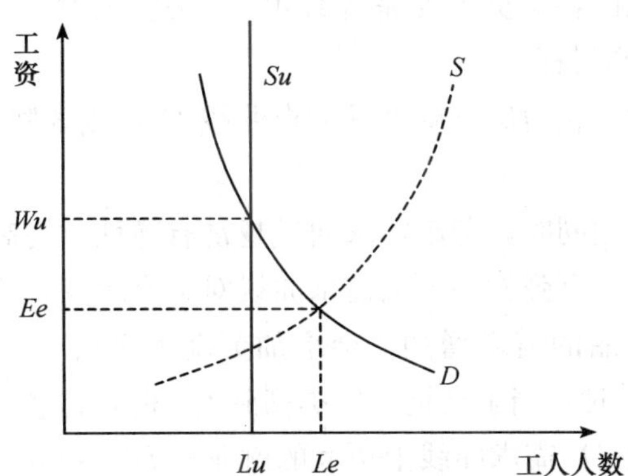

图 4—4　强势工会对劳动力供给的绝对控制

在直接限制措施下，劳动力供给水平就形成垂直的 *Su*，此时工资的增减并不会影响供给，供给劳动力为工会控制下的 *Lu*，结果造成雇主无法像自由市场调控下找到剩余劳动力，处于 *LeLu* 的劳动者加入工会愿望强烈。

2. 控制劳动需求量

工会可以通过宣传推销本行业商品、限制同类商品的进口来增加劳动者的派生需求，还可以通过开业许可制度来减少竞争。

工会主要通过改变劳动需求曲线的弹性来控制劳动需求量。劳动力需求弹性如图 4—5 所示。

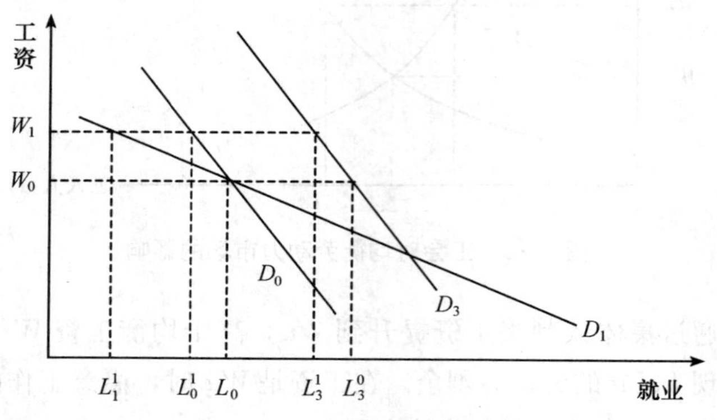

图 4—5 不同需求弹性下就业量变化图

图 4—5 中有两条不同弹性的需求曲线，其中 D_3 曲线弹性大于 D_0 曲线弹性，市场均衡时，弹性不同的两条需求曲线都处于均衡工资 W_0，就业水平 L_0。

（1）如果工会试图将会员工资提高到 W_1，当遇到弹性大的需求曲线 D_1，需要降低到 L_1^1 才能达到目标。

（2）如果遇到的是相对缺乏弹性的需求曲线 D_0，则要降低到 L_0^1 的就业水平才能达到目标。

结论：其他条件相同时，劳动需求曲线越富有弹性，提高工资带来的就业量就越大。也就是说，富有弹性的劳动需求曲线对工会改变就业量的影响力越大。

（3）如果最终产品的需求增加，会增加劳动力进行生产，需求曲线发生外移。当 D_0 外移到 D_3 时，当工会把工资提高到 W_1 时，但就业量仍在增加，只不过增加到 L_3^1，而不是 D_0 需求曲线上更大的就业量 L_1^0。也就是说，工会只是减慢了就业增长率，但就业总量仍在增加。

在其他条件相同的情况下，工资增长一定时，劳动需求曲线向外移动得越快，就业量减少就越小；相反，劳动需求曲线向内移动得越快，就业量减少就越大。

结论：在劳动需求曲线缺乏弹性但在迅速增长的产业部门，工会提高会员工资的能力较大；相反，在需求曲线富有弹性但劳动需求曲线向内移动的产业部门，工会提高其会员工资的能力就较小。

工会主要根据希克斯—马歇尔定律的工资弹性对劳动力需求影响进行操作。希克斯—马歇尔劳动力需求四大定律为：

（1）在生产函数上，劳动投入与其他生产要素之间可替代性越大，劳动力需求弹性越大。

（2）产品需求弹性越大，劳动力需求弹性越大。

（3）其他生产要素的供给弹性越大，劳动力需求弹性越大。

（4）劳动力成本在生产总成本中所占的比重越大，劳动力需求弹性越大。

工会的具体做法有：

（1）增加商品需求

工会可以通过商品广告和政治游说来施加影响，达到不能直接控制商品需求的目的。

工会通过政治游说与增加工会商品和劳动力需求的有效性，通过各种方式劝导消费者认准“工会标签”，支持政府增加购买商品的立法与制度，在立法提案中不仅可以改变工会商品需求，而且可以改变最终产品的需求，例如，提案建议在进口的汽车中至少应包含一定比例的工会零配件。

（2）提高劳动生产率

工会可以通过劳动管理中“质量圈”与“联合决策”来实现生产中的内部沟通，通过强调工作组合与利益激励来提高劳动生产率。

（3）影响替代资源价格

当劳动与其他资源为总替代时，工会可以通过提高相关投入的相对价格，以相对较低的劳动力价格赢得竞争，从而增加自己的劳动力需求。

工会的吸引力

工会还可以通过支持政府降低与劳动要素互补的资源的价格，互补资源价格的降低会出现巨大的产出来增加劳动力的需求。

（4）对科技对劳动力的挤出效应谈判

由于技术变化与工艺流程等能够造成对劳动力的替代效应，随着计算机技术的飞速发展，自动化程度越来越高，工会不得不通过谈判的方式来增加劳动力需求。

（二）工会对非工会会员的影响：效应分析

工会化可能带来较高的工资优势，在度量工会与非工会纯工资差异的问题上，会因为非工会工资水平的影响出现偏差。因为工会对非工会工人工资的影响形式可能是多种多样的，工会的综合影响是很难用一种方式来确定的，其中影响方式主要有以下几种效应：

1. 溢出效应

由于被排斥的工会工人服务于劳动力市场而导致非工会工资水平下降。即工会化部门由于提高工资导致失业，而这些被排斥的工人“溢出”进入非工会部门，从而导致非工会部门工资下降。这一效应会说明实得数据高估了工会谈判对工资水平的影响。

2. 威胁效应

在工会不断发展过程中，必然向非工会部门寻求发展，非工会部门雇主担心工人加入工会将影响他们的管理成本，而提高工资收买雇员，减少雇员加入工会的可能性。这种工会活动引起工会与非工会工资差距的威胁，导致非工会会员工资增加。这一效应也会使实得数据高估工会谈判对工资水平的影响。

3. 产品效应

由于工会力量导致工资上升引起产品价格上涨，产品竞争与消费需求导致工会产品转向价格相对较低的非工会产品，最终非工会会员工资上升。

4. 优秀工人效应

工会活动带来的高工资会吸引大量劳动者供给，使企业能够筛选到能力最强、生产率高、不需过多监督的高素质劳动者，而这些优秀的劳动者本来就应当得到较高的工资，这样导致工会化部门的劳动力的素质比非工会部门高。

5. 等待失业效应

溢出效应引起的失业工人并非一定要到非工会部门寻找工作。由于工会化部门因退休、死亡和离职等原因会产生岗位空缺，岗位空缺将引起两种可能：一是如果失业工人期望在工会部门能找到工作，将不会流入非工会部门；另外，岗位空缺就使非工会工人能在工会部门找到工作，他们会转移到工会部门。两种情况促使工人拒绝到工资较低的非工会部门工作，造成工会部门中的等待性失业。

（三）工会对社会资源的影响：规范化角度的分析

1. 福利方面的影响

工会除了在工资与就业上的影响外，还影响劳动者获得非货币的东西，如工时、福利、劳动标准等。有关研究表明，工会在福利费用方面的影响力比工资方面的影响力更大一些。

2. 管理效率方面的影响

有人认为工会具有积极作用，也有人认为工会具有消极作用。积极作用是工会会促使管理方调整生产方式，向管理层提供关于劳动者偏好的信息，工会作为劳动者的代理人与管理层交流，提高管理层的决策效率和质量，提高生产率。消极作用是工会不仅对工资进行谈判，还与管理部门就工作条件与管理制度进行谈判，管理层在制定政策、措施，执行管理职能时会受到来自工会的压力。

3. 集体呼声

工会协调劳动者与企业之间的利益冲突，工会可以把工人的意见和建议向雇主反映，是工人与雇主之间信息交流的一个媒介，反映工人集体呼声。马歇尔、米勒等经济学家认为，工会作为工人集体之声的影响是积极的，有益于经济的发展。

4. 社会公平性影响

工会的标准工资率政策减少了部门工人间的收入不平等，对非工会工人的工资水平起示范作用。工会工资的决定是在大多数人同意的情况下作出的，工会寻求同工同酬，抵制管理人员个人偏好来确定工资，有利于促进收入分配公平。

三、工会目标：战略选择

（一）单一目标

当工会追求单一目标时，它是追求利润最大化，要么是追求工资最大化，要么是追求就业量最大化。

工会要想提高工资，必然要付出减少就业量的代价。

就业量与工资互为代价如图 4—6 所示。

把劳动力看作工会生产的产品，那么有工会的边际成本曲线就是劳动力供给曲线 MC_L，雇主对劳动力的需求曲线是边际产品价值曲线 VMP，由工会平均收益曲线（即工会提供的劳动力，表现为劳动力需求曲线）得出工会的边际收益曲线 MR_L。

下面分别从追求自身利润最大化、追求工资最大化、追求就业量最大化三种

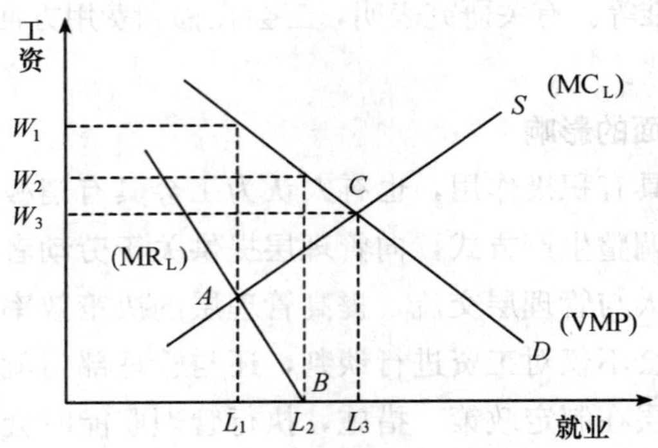

图 4—6 就业量与工资互为代价

情况来进行分析：

1. 追求自身利润最大化

工会边际成本与边际收益的均衡点 A，对应的就业量为 L_1，工资为 W_1，工资率最高。

2. 追求工资总额最大化

追求工资总额最大化，也就是工会追求总收益最大化，要达到总收益最大化的条件是边际收益等于零，即边际收益为零时，边际收益曲线 MR_L 与横轴相交于 B，对应的就业量为 L_2，工资为 W_2，工资既不是最高，也不是最低。

3. 追求就业量最大化

只有在自由竞争的劳动力市场上就业量可以达到最大化，要想追求就业量最大化，决定就业量与工资的应当是 B 点，也就是劳动力供给曲线与劳动力需求曲线的交点 B，相对应的就业量为 L_3，工资为 W_3，工资率最低。

结论：从就业数量 $L_3>L_2>L_1$ 来看，相对应的工资是 $W_3<W_2<W_1$，从而得出高就业要以降低工资为代价，同理，高工资要以降低就业为代价，鱼与熊掌不可兼得。

（二）双重目标

双重目标即是工会实现包含工资与就业量两个变量的效用函数，工会效用可用无差异曲线来表示，每条无差异曲线上是不同就业量与工资的组合，代表工会获得相同的效用水平。简而言之，每条无差异效用曲线代表了工会对工资与就业两者进行组合的目标点的集合，无差异曲线的高低代表了工会追求工资与就业组合的双重目标的高低。

强势工会的效用选择如图 4—7 所示。

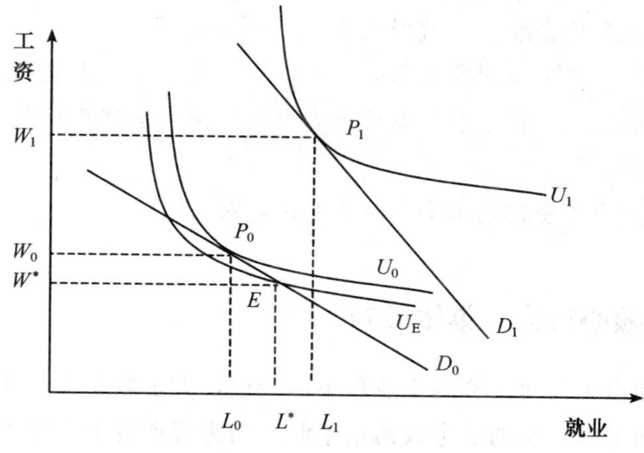

图 4—7　强势工会的效用选择

工会要想达到工资与就业量的效用最大化，必须考虑与企业的利润最大化一致，这就需要通过谈判来决定最终的均衡点。

在充分竞争条件下，效用最大化点为点 E，相对应的就业量为 L^*，工资为 W^*，U_E为充分竞争时工会的效用曲线，很明显，经过 E 点的效用曲线 U_E一定低于效用曲线 U_0（工会谈判后获得的效用曲线）。

工会通常会在谈判的情况下获得效用最大化点 P_0，在要求企业减少到一定就业量 L_0 的情况下获得高于市场均衡工资的工资 W_0，谈判得到的双目标效用曲线为 U_0，高于充分竞争时的效用曲线 U_E，谈判后的双重目标效用大于充分竞争条件下的效用。

当劳动需求曲线缺乏弹性时，如图中的 D_1，工会将追求更高的效用点 P_1，得到更高的效用水平 U_1，相对应的就业量为 L_1，工资为 W_1，工会有更强的力量为工人获得利益。

小资料：西方工会对世界贸易组织的态度

西方工会认为市场机制存在严重不足，在国内必须通过政府干预进行调控，确保就业和社会保障机制；在国际上，世界贸易组织等应重视促进国际公平。他们认为，目前重点要消除劳动倾销带来的不公平贸易，必须在世界贸易组织中有工人权利的条款，也称社会条款，据此对违反工人权利者进行制裁。他们的理由是，允许一个国家特别是发展中国家进行劳动力倾销，不但会影响发达国家工人的就业，而且长此以往也会引起发展中国家的动荡，对世界的社会公正雪上加霜。

资料来源：中华全国总工会. 中国工运，2002（2）

四、工会核心行为：集体谈判

我们已经知道工会对工资与就业量不可兼得，大多数工会只能通过集体谈判来决定工资，而把就业量的决定权留给企业。因为劳动者个人都不具备同雇主进行谈判的实力，工会代表劳动者的集体谈判就成为劳动关系的核心。

基于劳资关系是一种共生关系，劳资双方必须高度相互依赖，因此，必须进行谈判。

（一）谈判力

雷尔·凯姆伯林用谈判力（bargaining power）来衡量对方同意你的条件的能力。

工会的谈判力（union's bargaining power，简称 UBP）是指管理层同意工会的条件或要求的意愿。

$$\text{工会谈判力（UBP）}=\frac{\text{资方预期不同意工会条件的代价（MCD）}}{\text{资方预期同意工会条件的代价（MCA）}}$$

资方（管理层）不同意的代价（management's cost of disagreeing，简称 MCD）是指当拒绝工会的工资要求后估计可能造成的利润损失。这种代价取决于罢工发生的可能性以及预期罢工的长度。

资方同意的代价（management's cost of agreeing，简称 MCA）是指当接受工会的工资要求后估计的利润损失。

如果管理层认为同意比不同意代价更高（UBP＜1），他们就会选择不同意并拒绝工会的条件；如果 UBP＞1，情况就相反。

资方谈判力（management's bargaining power，简称 MBP）是指工会同意资方的条件或要求的意愿。

$$\text{工会谈判力（MBP）}=\frac{\text{工会预期不同意资方条件的代价（UCD）}}{\text{工会预期同意资方条件的代价（UCA）}}$$

工会不同意的代价（union's cost of disagreeing，简称 UCD）是指拒绝资方

的工资要求后估计可能造成的工资收入的损失。

工会同意的代价（union's cost of agreeing，简称 UCA）是指如果接受资方的工资要求估计可能带来的工资收入的损失。

如果工会意识到同意比不同意代价更大（MBP<1），工会就会选择不同意并拒绝资方的条件；如果 MBP>1，情况则相反。

（二）谈判底线与谈判区间

在谈判准备阶段，谈判双方应当设立各自的底线，除此以外，还应当设立可以令双方都能满意的、达成交易的空间或范围。

当双方底线重叠时，也就意味着双方存在一个正向的谈判区间。这个区间会随着谈判桌上信息的交换而双方会进行调整，或者会因为其他因素影响谈判而形成双方对底线的调整。

具有正向谈判的区间如图 4—8 所示。

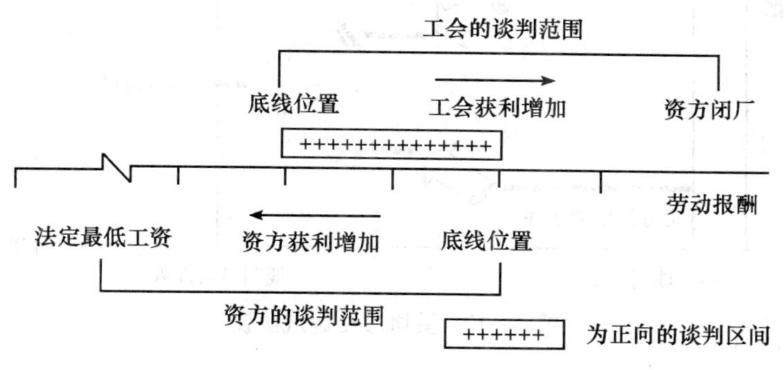

图 4—8　具有正向谈判的区间

当双方底线不重叠时，那么双方的谈判区间就是负向的。同理，这个区间也会随着谈判桌上信息的交换而双方会进行调整，或者会因为其他因素影响了谈判而导致双方改变各自的底线。

具有负向谈判的区间如图 4—9 所示。

（三）谈判路径

集体谈判中工会与资方都在寻找一种双方可以达成协议的途径，在尽可能维持自己要求条件的前提下，妥协与让步是集体谈判中一个非常关键的要素。妥协与让步也有一定的技巧，一些老练且谨慎的谈判者就像机警的玩牌老手，并不急于亮底牌。当然妥协与让步只是一种策略，不是单纯为让步而让步，必须根据形势来考虑自己的最大获益。

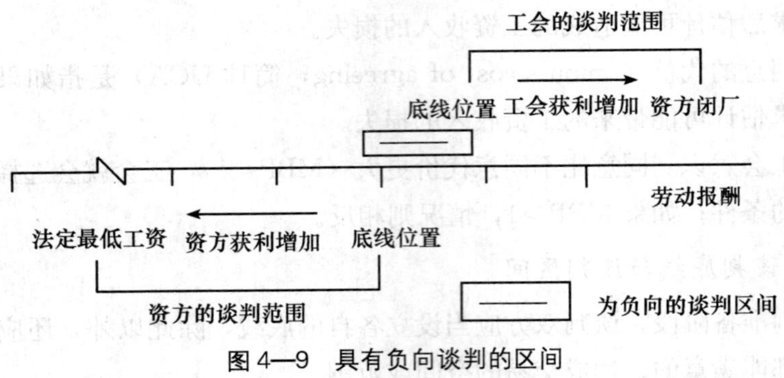

图 4—9　具有负向谈判的区间

双方均作出了让步与妥协，双方在谈判设定的最后期限前达成协议，如图4—10 所示。

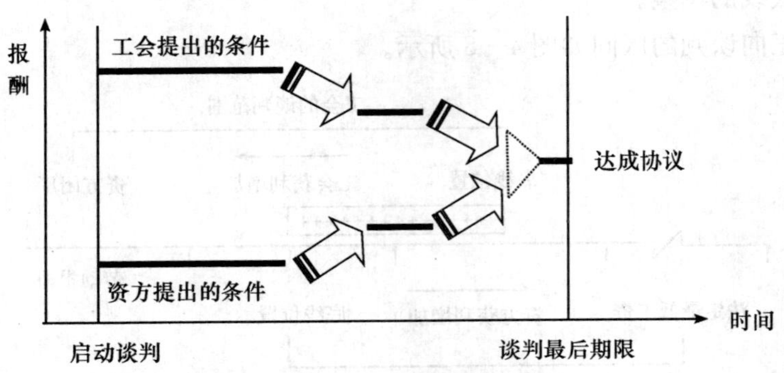

图 4—10　妥协最终达成协议

双方虽然都作出了让步与妥协，但谈判双方出现僵局，在谈判设定的最终谈判期限到了，双方仍未达成协议，离对方的最后要求与条件还存在距离。

妥协最终未达成协议如图 4—11 所示。

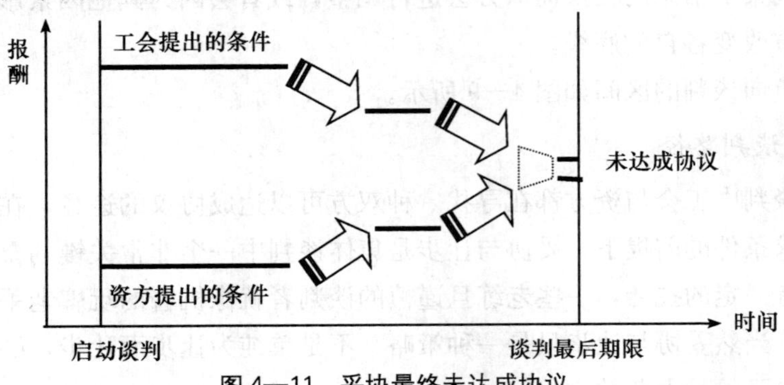

图 4—11　妥协最终未达成协议

观点之声：工会密度与谈判

艾宾豪斯、威塞研究发现，工会密度、谈判覆盖率以及谈判协作相互之间的关系对理解谈判协作与宏观经济绩效之间的关系极为重要。他们发现具有较高谈判协同度的国家往往具有较高的工会密度和谈判覆盖率，在正式谈判组织比较少，且正式谈判协议只覆盖到少数劳动者的国家，非正式协作将会发挥积极作用。

五、工会的后备武器：组织罢工

工会一般是把罢工作为集体谈判的一种后备武器，工会主要是以罢工威胁来迫使资方让步，罢工威胁的目的就是增强工会的谈判实力。

罢工通常是集体谈判破裂的结果，罢工的代价对双方都是有害的，都会给双方带来损失，对工会也是一样，罢工是劳资双方都不愿看到的。所以，罢工通常是工会在集体谈判期间采用的一种谈判辅助活动。

即使集体谈判陷入僵局甚至谈判破裂，工会组织工人的罢工行动也有严格限制。一是要经过谈判单位内部会员的投票表决。二是只有在调解或仲裁无效时法律才允许工会组织罢工。三是不得危及社会公众的利益。四是工会只能在集体谈判期间组织罢工，一旦集体谈判后签订集体合同，在合同履行期间，严禁罢工。

虽然工会组织的罢工行为不是集体谈判的帕累托最优，应尽量避免罢工，但是在双方互不让步不能达成协议的情况下，双方就失去了合作的条件，罢工就成为唯一的解决方案。

希克斯认为，由于集体谈判中双方博弈的信息不充分，要彻底根除罢工现象是不可能的，他提出了一个预期罢工时间长度的模型，人们把它称为希克斯集体谈判让步模型，如图 4—12 所示。

希克斯集体谈判让步模型中 W_0 是在没有工会提出谈判的情况下资方提供的工资水平。为了避免罢工，双方会因预期罢工带来的成本而进行博弈，雇主让步曲线 C 上的任何一点，表示雇主面对预期的罢工时间长度愿意支付的最高工资水平，工会抵制曲线 U 表示工会在预期罢工时间长度愿意接受的工资水平。

开始阶段因为罢工造成经济损失，工会会因成本增加而提高要求，资方会因罢工遭受损失增加成本会降低要求。随着对罢工时间长度的预期延长，雇主让步

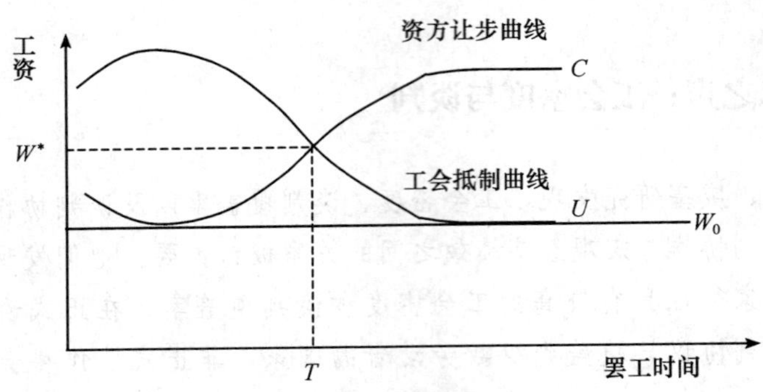

图 4—12　希克斯集体谈判让步模型

曲线 C 会上升，让步妥协对工会的要求，曲线 C 最终会变得平滑，这意味着雇主提高工资有一个最高限度。随着对罢工时间长度的预期延长，工会抵制曲线 U 将下降，让步妥协对资方的要求，曲线 U 最终将趋于平滑。这就是说，罢工有最长的时间限度，超过这一限度，工会将屈服于资方提供的工资水平。

从理论上讲，为了不发生罢工遭受的损失，双方将在罢工发生之前的 W^* 点达成协议。但是实际上这种假设是不容易实现的，谈判双方均有隐藏自己真实条件并误导对方的动机。所以，W^* 点是一个双方博弈达成协议的理论点。

罢工对集体谈判来说，可以对雇主产生威胁，如果双方不合作，罢工就可能成为唯一的纳什均衡。如果双方合作，就不会真正发生，罢工行为是可以避免的。

开放专栏

西方工会促进就业

面对严峻的就业问题，西方工会参与促进就业、维护工人劳动就业权益的方式日益从单项走向多项。

一是从源头上参与制定促进就业政策。例如，英国的执政党工党每年召开三次“国家政策咨询论坛”，工会都派代表参加。

二是灵活对待工作的非规范化。20 世纪 90 年代起，灵活就业的发展要求工会有更明智的反应，所以，工会逐渐接受这种现实，并制定各种各样的措施来应对。一方面工会在资方的谈判中更加重视加入保护就业岗位的内容，另一方面工会积极吸收非全日制工、季节工、零工及个体经营者入会，扩大工会的影响。

三是自我约束工资增长，保护就业岗位。20 世纪 90 年代以来，为了确保工人的长远就业利益，西方工会调整战略思路，许多全国性的工会与政府、雇主组织达成包括约束工资增长等内容的全国性协议。例如，意大利三大工会早在 1994 年就同政府达成了约束工资的协议：三方签署了一个为期 4 年的全国性调节劳动关系的合同，规定工资增长率控制在估计的通货率以下，并根据实际情况每年调整一次。

四是赞成“分享工作制”，缓解就业压力。西方工会大力支持采用以缩短工时、提前退休为主要内容的“分享工作制”。20 世纪 90 年代，意大利工会提出了“减少工作时间，大家都会有工作”的口号。荷兰实施“分享工作制”已经 20 年，失业率急剧降低，成为各国促进就业改革的最佳范本。

五是采取多元化的工时模式，稳定现有就业岗位。面对日益激烈的全球竞争，西方工会与资方开始探讨采取新的工时模式，以增强企业的生存能力，达到保有并增加就业岗位、增强经济竞争力的目的。以德国为例，20 世纪 90 年代以来，为了减少工时缩短造成企业生产成本上升的不利影响，德国劳资双方共同创立了多种多样的工时模式。例如，戴姆勒—奔驰集团公司所属的拉斯塔特甲类厂实行工人三周内工作 13 天，同时再加入夜班和周六班。大众汽车公司则首创了终生劳动时间模式。

除了上述做法，西方工会在“丹麦模式”中也发挥着作用。“丹麦模式”是指丹麦促进就业一种比较有效的做法。面对全球化对丹麦就业市场造成的巨大压力，丹麦政府开始实施一种比较灵活的就业政策，在劳动力市场上形成了高度“弹性保障”的“丹麦模式”。

资料来源：北京市总工会．工会博览．2007

延伸思考

1. 影响工人加入工会组织的原因有哪些？
2. 工会一般通过哪些方式控制劳动力供给来体现自己的功能？
3. 工会控制劳动力需求的路径有哪些？
4. 工会行为对非工会会员将产生什么样的效应？
5. 集体谈判中最常用的两个策略是什么？
6. 集体谈判中的罢工威胁对谈判有怎样的影响？

深度阅读

[1] [英] 大卫·桑普斯福特，[英] 泽弗里斯·桑纳托斯. 劳动经济学前沿问题 [M]. 北京：中国税务出版社，2000

[2] [美] 理查德·B. 弗里曼. 劳动经济学 [M]. 北京：商务印书馆，1987

[3] [美] C. A. 摩尔根. 劳动经济学 [M]. 北京：中国工人出版社，1984

[4] [美] 伊兰伯格，史密斯. 现代劳动经济学 [M]. 北京：中国人民大学出版社，1999

[5] 赵履宽，等. 劳动经济学 [M]. 北京：中国劳动出版社，1998

[6] 宁光杰. 劳动经济学 [M]. 北京：经济管理出版社，2007

[7] Lloyd G. Reynolds ed. Labor Economics & Labor Relations. Premtice Hall，1991

[8] Neil W. Chamberlain. A General Theory of Economics Process. New York. Harper and Row，Publishers，1955

第五章　发达国家工会：西方国家工会的历史及现状

西方是工会的发源地，是资本主义经济的温床，在资本主义经济发展到一定程度时，资本主义早期恐怖的资本积累就露出了它难以令人忍受的一面，各种残酷压迫工人的做法，激起了工人们与社会有识之士的抵抗与质疑。于是劳资双方的斗争正式揭开了序幕。伴随着早期工人的反抗，工会成立了！这一被现在社会认为是资本主义调和器的产物一经产生，就如大潮般汹涌而起，在资本主义世界掀起了斗争与革命的狂潮，其中马克思的科学社会主义理论指导在工会成长中起到了不可忽视的作用。工会从一点点做起，逐渐成为代表社会广大工人群众的社会组织。本章将介绍西方工会模式，深入探究工会发展历史，了解西方各国工会知识。

一、英国工会

作为西方世界的老资本主义强国，英国的劳资关系在几个世纪内都是世界的风向标，众多有关劳动关系的理论在英国层出不穷，百家争鸣，如果说美国是现在劳动关系发展的前沿，那么英国就是劳动关系这本书深沉浑厚的封底。进入现代世界，劳资关系在结束了自由集体谈判，迈向法团主义时，工会组织在为劳动者谋福利的道路上更是脚踏实地，不敢松懈，这样，才造就了现在英国稳定的劳动关系与较高的福利水平。下面简要介绍一下英国的工会组织，学习这一现代文明的社会创举。

英国工会大事记

1349 年，英国第一部劳工立法《劳工法》出台

1563 年，《学徒法》出台，禁止劳工结社以求加薪

1799—1800 年，《联合法》出台，明确规定工会属于非法组织

1824 年，议会废除《联合法》

1825 年，《废除联合法修正案》对工人活动进行限制

1829 年，第一个全国性纺织工人联合会成立

1833 年，《工厂法》出台，改善工人部分雇佣条件

1836—1858 年，宪章运动

1851 年，混合机器工人协会成立

1859 年，《工人干扰法案》恢复工会部分权力

1867 年，《主仆法》解除刑法对单个工人活动的限制，并使部分工人获得选举权

1868 年，全国职工代表大会成立

1881 年，部分工人联合自由党左翼人士建立民主同盟

1883 年，费边社成立

1893 年，苏格兰工党和布雷德福劳工联合会组成独立工党

1906 年，工会、费边社、独立工党、民主联盟组成工党

1924 年，工党第一次成为执政党

1926 年，全国大罢工和长达 9 个月的矿工罢工

1927 年，《劳资纠纷与工会法》将任何威胁政府为目的的罢工视为非法

1940 年，《就业条件与国家仲裁法令》将罢工视为非法

1951 年，1367 号法令出台，废除 1927 年法令，恢复罢工合法性

1962 年，全国经济发展委员会成立

1973 年，工党与工会签订契约，以改善工人待遇为条件换取工会对工党的执政支持

1978—1979 年，“不满的冬天”大罢工

1984—1985 年，矿工大罢工

1997 年，工党获胜，制定最低工资标准，加入《社会宪章》

2004 年，《劳资关系法》扩大最低工资标准实施范围

（一）英国工会发展史

对英国工会的研究要从劳资关系谈起。英国劳资关系研究要追溯到 18 世纪英国古典经济学家亚当·斯密，他在《国富论》一书中从经济角度对英国早期劳工运动进行了解释。1860 年，卡尔·马克思以阶级分析的方法，分析了社会化大生产迅猛发展、工人阶级迅速形成和工会力量不断增大的背景下的阶级结构和阶级矛盾。使工会的出现与发展成为社会的共识，并且直到第二次世界大战结束前，工会的性质和组织一直是劳资关系研究的核心。

1. 自由谈判的萌芽时期

在中世纪，英国存在一些帮工工会，但并不是一种永久性团体，雇主与帮工利益并未完全分开与对立化，雇主与雇工基本在同一等级，彼此是师徒关系，而不是阶级关系。

资本主义萌芽为工会的出现创造了条件。当生产与经营权泾渭分明时，老板与员工截然分开，社会上又大量存在永久性劳工时，工会才有生存的土壤。17世纪后期，劳动者自发组织的群众性组织——工会，应运而生。产业工人是工业革命的产物，起先由于人数较少，后来又接受《联合法》压制，尚未能形成强大的阶级组织。所以，英国最初有组织的工人运动主要局限于手工工人范围内。

后来，随着产业革命的深入发展，产业工人走向联合条件已经具备，工人的自信与力量与日俱增，改善生产环境与提高工薪报酬的呼声日益高涨。在资本主义发展的前期阶段，英国所有地区的工资水平都由地方行政长官确定。这种缺乏灵活性的工资体制因不能适应工业革命与自由思想的需求，最终在1813年遭到废弃，工人组织与雇主之间开始通过工会进行集体谈判与协商，决定工资和就业条件。

2. 工会权利得到法律认可

出于对工会力量的恐惧，政府劳工立法矛头转向工会。1799—1800年的《联合法》规定工会属于非法组织。然而该法并未能阻止工会的蓬勃发展。1824年，在休谟等人的努力下，议会通过《废除联合法法案》搬掉了阻碍工会发展的拦路石。废除《联合法》后，英国工会如雨后春笋般大量出现，罢工也随之而来，统治阶级不得不出台《废除联合法修正案》，对工人联合行动进行限制。

尽管如此，英国工会还是蓬勃发展起来。蓬勃发展起来的工会给雇主阶层带来巨大的压力，政府也不得不出台相应法案来缓解社会危机。1833年《工厂法》出台，工人及工会权利得到重视。1871年，皇家委员会出台《工会法》，解决工会在民法中法律地位的问题，确认工会基金受法律保护，该法成为后来工会立法的基础。1875年，新的《雇主和雇工法》出台，规定了在劳资纠纷中，工人和雇主处于平等地位，并规定工人违反契约不再受到刑事监禁。工人阶级围绕立法进行了50年的斗争，工会及集体自由协商终于在刑法上得到了承认。但工会得到法律的完全承认道路依旧漫长。

3. 自由谈判的终结与法团主义谈判方式的建立

1945年，与工会有着密切关系的工党赢得大选，上台执政，开始致力于福利国家的建设，劳资关系在经过几年的稳定时期后，终于在保守党介入集体谈判并打破延续几个世纪的自由放任主义劳资关系传统时结束了，一种新的劳资关系处理机制——法团主义机制，进入应用。

法团主义，根据《布莱克威尔政治学百科全书》的定义，一种特殊的社会—政治过程，在这个过程中，数量是有限的、代表种种职能利益的垄断组织与国家机构就公共政策的产出进行讨价还价。为换取有利的政策，利益组织的领导人应允通过提供其成员的合作来实施政策。具体到英国，就是雇主联合会、工会和政府之间成立的三方协商，以调节不同利益群体的需求。

由于工会的抵制，政府的介入在20世纪60年代走走停停，并伴随着小型罢工的上升，物价的上涨，工资水平持续增长拉动劳动力成本不断上升，英国的国际竞争力日益下降。随后，各届政府开始实施法团主义，导致劳资矛盾不断激化，70年代英国国内因为劳资关系的恶化而陷入乱局，不仅工党的权威受到损害，英国的国际竞争力也进一步下滑。到了90年代，原本固若金汤的工会和工党关系也走到普通伙伴的阶段。法团主义的系列政策若得到工会的同意还能继续实施；如果遭到工会的反对，这个政策往往无疾而终。

如今英国工会力量十分强大，在众多领域，工会能行使威胁整个社会的权利。现在的英国，与其说是老牌的资本主义强国，不如说是随时都可以进入社会主义的市民国家。

（二）现代社会英国工会的特点

在整个20世纪80年代，英国劳资关系格局发生了根本性变化，工会和工会运动步入低潮。其具体特点如下：

一是工会规模缩小。

二是罢工运动进入低潮。

三是工会维权方式由激进转为温和，集体谈判作用减小。

罢工目标由增加工资和福利待遇转为保障就业、缩短工时和对失业人员进行技能培训等较低层次的要求。

集体谈判：1984—1990年，英国制造业部门蓝领工人工资增长取决于集体谈判的比例从79%下降至70%，白领工人从59%下降至50%；私营服务业中，蓝领工人从53%下降至42%，白领工人从40%下降至38%。

四是工会的基本形态由行业工会为主转向以产业工会和综合性工会为主。

英国工会最初全是行业工会，这常常会造成同一部门或企业的工人无法形成集体的力量与雇主抗争。20世纪80年代后期，工会寻求通过合并整合力量扩大影响。如 1989 年成立的英国总工会，其会员遍及每一个经济部门。

五是对工党的影响制约力减小。

通过工党发展个人党员和推行一人一票制后，工会与工党的关系有了新的定位——“伙伴关系”。即对工会的合理要求要一如既往地维护，对其不合理的要求和错误的做法给予明确的拒绝与批评。虽然二者始终保持合作关系，但是工会对工党政策的影响力、制约力大大下降，有时候会受到工党的制约。

二、美国工会

今天，当我们用异样的目光审视西方国家此起彼伏的工人运动时，当全球最大的商业零售寡头沃尔玛对企业建立工会说“不”时，当中国企业家走出国门遭遇工运而找不到丝毫感觉时，耳边仿佛再次响起“咱们工人有力量”那首曾经激励过整整一代人为之奋斗的歌声，尽管重新拾起的记忆里仿佛平添一丝苦涩。

美国作为现在世界上唯一的超级大国、是世界第一经济强国，其劳动关系及工会发展也走在世界的前列。虽然美国劳动关系和谐程度比不上北欧和德、英两国，甚至不如亚洲新秀——新加坡，但是，美国工会悠久历史和美国经济发展中工会发挥巨大作用是不可忽视的。

美国工会大事记如图 5—1 所示。

1964 年，国际工人协会成立后的 100 年，美国总统约翰逊在其第一部民权法签字仪式上宣称，“今天的这部法案，如果没有工人和工会的长期努力，是不可想象的”。正因为工人阶级靠“自己的事情自己去争取”那种坚韧不拔的精神，工会能够在权力与资本结合的缝隙中顽强地存在下来，使社会在一种不自觉的状态下潜移默化出一个工会力量共识，工会力量的震慑作用是使雇主在劳工问题上，至少在表面上变得谨小慎微起来。

（一）美国工会发展史

毋庸置疑，美国拥有世界上数量最庞大的中产阶级，而这样一个庞大的阶级所带给美国的是巨大的经济内需和相对稳定的社会环境，而形成这样一个强大的中产阶级，从美国的历史上来看，工会的作用功不可没。有数据表明，美国中产阶级的主要成分并非企业主或高级知识分子，而是大量工薪阶层，尤其是一大批未受过高等教育的蓝领工薪阶层，而这一社会现状的形成与美国历史上数次工会运动密切相关。探究美国工会发展史，对于如何建设符合中国国情的工会组织不无裨益，那就让我们拨开历史的烟云，从头说起。一百多年前的美国，其蓬勃发

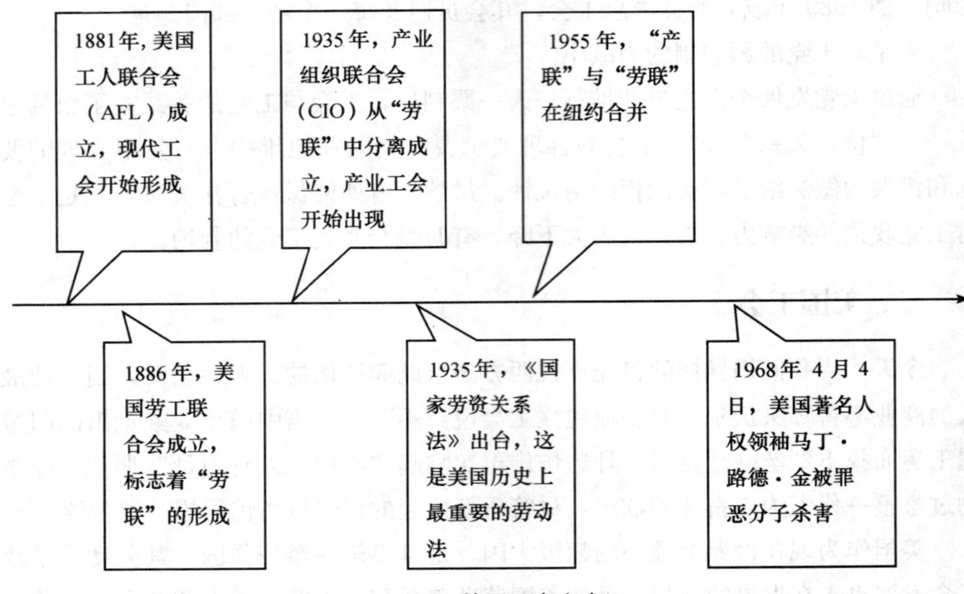

图5—1　美国工会大事记

展的工会运动一度成为世界工人运动的先驱，今天众所周知的五一国际劳动节，便是纪念美国工人为争取八小时工作制而触发的芝加哥1886年5月1日的“草市血案”。美国早期的工会组织，为争取工人的经济利益和社会福利，发起了一系列游行、示威活动。但是，这些早期的运动大都以失败告终。

经济萧条下的美国人民生活状况漫画

直到20世纪大萧条的爆发，工会运动出现了转机。

由于大萧条的爆发造成了严重的社会危机，如何给工人阶级以保障，稳定社会秩序，成为当时美国总统罗斯福一个亟待解决的问题。为缓解紧张的劳资关系，稳定日渐动荡的社会秩序，美国政府想到了工会组织。1932 年，罗斯福总统通过法案，废除了工人不许加入工会的“黄色（劳工）合同”，而从 1933 年到 1936 年这短短 3 年时间内，美国工会人数增加了 3 倍之多，而工会运动的成效也逐步凸显出来，工人工资得以大幅提高、福利逐步改善，国民产值中的“劳动产出”相对资本产值的比重明显增加。当时的一组数据足以说明问题，20 世纪 30 年代，美国女工在“血汗工厂”的纺纱厂里，每天工作 16～17 个小时，但每周只能拿到 4 美元工资，而且可能因为迟到而被罚掉不少，而任何形式的抗议都会导致员工被解雇，至于克扣工资更是司空见惯。但在那些有工会组织的工厂中，同样的工作，待遇却是“血汗工厂”的 3～4 倍，克扣工资与随意裁员现象少之又少。有工会组织的美国产业工人的周工资从 17.63 美元上升到 21.37 美元，而周工作时间却从 54.4 小时下降到 48.8 小时。这使得美国的工会组织得以蓬勃发展，尤其是在各类型的制造业企业中。

而第二次世界大战爆发后，美国大发战争财。随着战争的结束，美国劳动力的短缺现象明显，这使美国工会的话语权进一步加强。随着冷战的爆发，资本主义阵营与社会主义阵营的意识形态冲突与政治社会体制冲突日益尖锐，而美国工会组织的劳联—产联几乎成为国际共运组织口诛笔伐的一大对象，在社会主义国家看来，美国的工会组织麻痹了美国工人的革命意识，缓和了资本主义国家存在的尖锐劳资矛盾，这自然也使得美国工会得到美国政府的鼎力支持，得以进一步发展。在工会组织的推动下，美国产业工人的工资持续上升，这使大批蓝领工人加入到中产阶级的行列，在一定程度上消除了“无产阶级革命”的威胁，同时也带来了内需的逐步扩大，促进了国内经济的繁荣，形成了一种良性循环和劳资双赢的局面。

但随着美国社会、经济的发展，由于工会运动所带来的高工资、高福利，客观上也造成了美国社会的依赖性和懒惰性，以及经济竞争力的下降和税收负担的加重。高工资、高福利政策的不可持续性逐步显现。

经过近 30 年的黄金发展期，进入 20 世纪 80 年代之后，美国工会运动开始受到政治和经济上的双重打击，其力量和作用开始逐步下降。尤其是在苏联解体、东欧剧变之后，工会运动更是失去了意识形态上的重要作用，这使得工会成为保守势力和共和党不遗余力打击的对象。与此同时，新闻媒体频繁曝光工会组织与黑社会的种种瓜葛，在很大程度上也破坏了工会组织的社会形象。但美国工会组织走向衰落更深层次的原因还是与经济全球化和美国社会的后工业化有关，由于工人依靠工会所获得的高薪，很快使得他们在全球化的竞争中丧失了竞争力，大量制造业开始向海外流失。根据美联储统计，美国 GDP 和国民收入中劳工份额的下降已经十分明显，在 20 世纪 50—70 年代，美国 GDP 中劳动份额的比重稳定在 65%左右，而近年来下降到不足 60%，而国民收入中的劳动工资份额，则从 1970 年的历史峰值 58%下降到近年来的 50%以下。与此同时，随着美国产业结构开始由制造业向服务业转变，导致大量低工资、低福利、无工会的服务性质小企业的出现，加剧了工会力量的衰落和分化。而美国工人阶级结构的改变，也并未引起美国工会的足够重视。现实情况表明，美国工人阶级的结构正在发生深刻变化，在工人阶级中越来越壮大的是从世界各地蜂拥而来的移民，而面对这一逐渐庞大的集体，美国工会并未采取积极吸纳的态度，对这一大批弱势群体的关怀远不及美国本土工人。

2008 年金融危机爆发之后，当美国传统制造业的主要基石——福特、通用和克莱斯勒三大汽车公司面对难以为继的局面，不得不低声下气地接受美国政府高达 500 亿美元的救援计划的时候，整个美国政府、商界和媒体都把导致美国汽车业霸主地位的塌陷，甚至整个制造业的塌陷都归咎于“费用浩大”的工资和福利，而导致这一切的原因就是工会组织力量过于强大。美国的工会组织，被许多美国媒体认为是阻碍经济发展的一个重要原因。

（二）现代社会的美国工会特点

1. 工会的力量——选票

在资本主义世界，工会力量的发展，通过与政党结合才在政治上获得了一定的地位。为了争取更有利于工人的立法，工会在资本社会中顽强生存，争取某个政党作为自己在议会中“维权”的代表，以实现社会公平与正义。因此，工会在一定程度上走向了政治舞台，并通过政党施政来实现自己的斗争目标。

但正如人们所看到的那样，在现代民主国家，游行、示威、罢工——这些从街头发出的声音，在大多数时间里并非能够撼动政客的脑袋。其实，政客们真正惧怕的还是制度，现代民主制度和工人阶级的“组织性”，使工人手里的那张选票“含金量”大大提高了。

选票，尤其是选票的“组织性”，使政治家对工人利益不敢掉以轻心的选票，使立法者不敢罔顾工人的声音而自行其是。西方的政治固然是选票决定屁股，接下来还有屁股决定大脑，大脑还要为选票服务，为选民们的下注负责，这就是现代民主政治制度的游戏规则。例如，希拉里撮合国会山上的议员成功阻挠了阿联酋迪拜港口公司获取美国港口运营权的计划，这其中多数带头反对的议员都曾拜过美国国际港口工会的山头。

2. 选票的方向

在美国，工会成员的大多数一直是民主党的忠实票友，也是民主党的票仓，美国工会能直接或间接影响的选民高达 3 000 万人。在一个或因几千张选票就有可能决定总统宝座归属的国家，面对全国遍布着基层组织的工会，并拥有经验丰富的“职业说客”和选举期挨家挨户的“敲门”战术，谁敢小觑工会力量，2004 年的总统大选，仅劳联—产联工会助选的“软钱”就烧掉一亿多美元。民主党的铁杆票友劳联—产联主席约翰·斯韦尼打出的口号是：“现在到了团结起来支持一个人、一个领袖和一个候选人的时候了。”虽然工会支持的民主党总统候选人克里最终并没有赢得这届大选。

众所周知的一个事实是：西方民主下的选票政治已经成为全球贸易摩擦不断升级和多发的一个主要原因。反对自由贸易最积极的就是这班先富起来的群体。美国劳联—产联组织曾联合 26 家纺织、钢铁公司组成“中国货币联盟”，向美国政府提供了一份长达几百页的文件，要求美国政府根据国内贸易法 301 条款对中国进行调查，并实施制裁。

西方人的幽默在于，任何试图将“剥削”外包到其他国家的企业，都被视为西方工人阶级的“敌人”。中国劳工的薪酬与西方工人相比犹似“牙缝中的肉末”，他们也要毫不怜悯地吞掉。比如，西方一些大公司近年来或只因躲避工会这样简单的原因，而将工作外包到亚洲那些拿工会做花瓶的国家，这原本是资本的本质所决定的，但西方人却不这样认为。

具有讽刺意味的是，西方工会组织能够上得了台面的“理论”是，资本对西方工人的剥削由于成本高，资本家榨取的剩余价值相对来说就少；相反，全球化使资本往往流动到更容易获得剩余价值的贫穷国家，方便资本利用当地有其名无其实的工会组织更多地榨取工人血汗。他们举出的例证是，美国纺织工人 1 小时工资能拿到二三十美元，而亚洲诸国同样的工作在生产条件十分恶劣的情况下，理论上应得的十几美分还经常被七折八扣。这就是说，西方的工人们似乎更愿意让资本留在国内接受剥削。换言之，争夺“被剥削权”俨然成为现代西方工人运动的一部分。

小资料：美国工会的领头羊——劳联

美国劳工联合会，简称“劳联”，是美国熟练工人的行业工会联合组织，成立于1886年。产联，全称“美国产业工会联合会”，是美国按产业原则建立的工会组织。1935年它从劳联内部分裂出来，由半熟练工人和非熟练工人组成。第二次世界大战后，垄断资产阶级慑于工会力量的壮大，在杜鲁门执政时开始加强对工会组织的管制，促使美国有组织的工人认识到自身团结和统一的必要，1950年7月，劳联和产联开始谈判合并问题。1955年12月5日，召开了第一次劳联和产联大会，宣布成立美国劳工联合会—产业工会联合会（即劳联—产联），正式实现合并。乔治·米尼当选为劳联—产联主席。

20世纪70年代末，美国共有185个工会，其中120个隶属于劳联—产联，其余为独立工会。总计会员约2 000万人，占工人总数的20%左右。

“劳联—产联”成立后，为争取工人的利益，它们积极寻找能在议会中代表自己的政党，以期在劳动立法上争取更多的利益。这样，美国工会开始踏上政治舞台。

“劳联”之前的工会走在了创立工人政党的前线。1870年，美国劳工联盟创立第一个全国性的劳工党——劳工改革党，提出金融改革纲领，1872年瓦解。1878年，一些工会领导人与农民组织联盟，建立全国绿背—劳工党，赞同绿背纸币党人的纲领，得到劳动骑士团的支持。19世纪80年代初解体。1876年成立社会劳工党，从而形成美国社会主义运动的中心，19世纪末衰落。1901年，美国社会党代之而起。1919年遂衰。同年，美国共产主义劳工党和美国共产党诞生。1921年两党合并，称为美国共产党。

资料来源：百度百科

观点之声：沃尔玛的“全球惯例”：绝不建工会

在很多情况下，西方工会也并不总是那么要风得风，要雨得雨。按照美国的法律，只有51%以上的非管理人员雇员秘密投票同意，才能够组织工会。在投票之前，雇主有权用各种合法的方式去劝说雇员投票反对成立工会。也正因为如此，美国企业主花在阻止工会成立上的钱每年高达几十亿美元。工会组织对全球最大零售商沃尔玛的无奈颇具代表性。

“不建工会是我们的全球惯例”，这是一个在全球拥有160万雇员的沃尔玛另一个“金字招牌”。工会出什么牌都行，在我的地盘上就得按我的规矩来。这就是沃尔玛。即便是在工会势力强大的北美，沃尔玛也不为之所动：位于得克萨斯州的一家沃尔玛车间的工人通过表决欲加入工会，但不久就都丢掉了饭碗；沃尔玛在加拿大的一家商场刚刚取得成立工会资格，沃尔玛很快作出关闭这家分店的决定，理由是业绩不好。不过，最近有消息传出，美国一工会组织正与世界其他工会组织协商，迫使沃尔玛在工会面前就范。

沃尔玛发表的一份声明称：“在美国，我们完全有理由相信工会这种形式对沃尔玛是不合适的。当然，任何员工都有权选择是否加入工会，但所有人都自动放弃了。”如何放弃，诺布尔在沃尔玛的一个轮胎和润滑油车间工作，与其一起工作的有17名青年工人。他们聚在一起讨论的话题不外乎工资低、福利差、不给上保险等。“我想唯一能让他们听到声音的办法就是成立工会。”诺布尔像“地下党”般地说服了其中的8个同事申请成立工会。在美国行业工会的帮助下他们终于争取到了表决是否组建工会的机会。

然而沃尔玛总部很快派来几个劳工专家。这些受雇于沃尔玛的劳工专家们称，工会看中的不过是你们交纳的会费，他们能给你们涨工资吗，能给你们上保险吗，一句话，工会的目的是整垮沃尔玛使你们最终丢掉饭碗。结果是两名大学生愤而辞职，几个为生计所迫的单身母亲不敢出声，公司又“及时”炒掉了一名工会支持者，并从其他部门转了6人到这个车间，最终以17票反对、1票赞成结束了这场被公司高层称之为的“乱局”。

开放专栏

聚焦美国工会

当代美国社会热点聚焦在美国梦的号召下不断在社会中挣扎、搏斗。然而，理想和现实之间总是存在着激烈的冲突、矛盾。在这些美国人争论颇多的问题上，表现出美国式的理想主义和现实主义。劳工主义就是一个非常典型的例子。工人阶级成为工业化的主力军，从过去劳工的代言人成为和其他利益集团一样的政治团体之一。美国劳工几经坎坷，终于放弃了暴力革命，寄希望于美国梦的实现。但是劳工还是认识到组织起来的力量更大些，20 世纪目睹了美国劳工史上最血腥的画面。两次世界大战的爆发，使美国劳工获得前所未有的好处，劳资冲突也随之缓和。随着工业社会的来临，美国的社会结构发生根本性的革命，最明显的是白领阶层（即中产阶级）成为社会的绝大多数。

20 世纪 50 年代开始，传统意义上的劳工成为社会的少数就业人群，工会的影响日趋衰弱。美国工会会员人数在该世纪初仅占劳工总数的 5%以下，经过半个世纪的发展，工会的吸引力日长，到 70 年代初达到劳工总数的 23%。80 年代以后，劳工的影响日渐消退，工会会员占全部劳工总数的比例从 70 年代末的 25%下降到 90 年代的 17%左右。

美国工会的弱点：劳工几乎都是移民和移民的后裔。

美国劳工最大的特点同时也是其最大的一个弱点：缺乏共性。

纵观美国劳工历史的全过程，他们普遍寄希望于通过和平、合法的非暴力手段改善自己的生活水平和谋求社会地位的提高。19 世纪末 20 世纪初，在一些机械化程度较高的工厂，由于工作变得枯燥乏味、死气沉沉，工人们日益感到不满。工人阶级由于存在地理、世界观、组织观念、抗议方式、种族以及肤色上存有差别而四分五裂。各个工会团体不是团结起来，而是互相争斗、互相排斥。无产阶级的力量显得特别薄弱。比如在排华问题上，1882 年第一个排华法案的通过很大原因是由于美国工会组织的排华暴行屡见不鲜。美国第一任劳联主席塞缪尔·刚柏斯的每次演讲中，排华都是最重要的一部分内容。

劳工组织对外来少数民族怀有如此深的偏见，它们怎么可能形成强有力的战斗力呢？早期的劳工斗争，美国的劳工组织是在工业化的过程中建立并发展起来的。工业化最关键的时刻也是美国劳工斗争最激烈的时候。由于美国劳工一直寄希望于美国梦，他们对工会的态度一直十分冷漠。“人人是自己的主人，人人是自己的雇主”，是对他们心态最贴切的描述。所以在美国工业化的整个 19 世纪，美国的工会力量一直十分弱小，参加工会的人寥寥无几。

1881 年成立的美国劳工联合会是一个影响较大的劳工团体。早期劳工斗争常常是自发的，而且充满血腥味。劳资双方甚至有时动用了武力。劳联仅是代表行业的工会联合体，它认为，只有熟练工人才能成功组织起来。因此，非熟练工人、妇女、黑人、其他少数种族的劳工等大部分工人被排斥在劳联的大门外。政府和资本家对劳工组织的敌意和镇压，以及劳工组织内部的不团结和劳工复杂的种族成分，美国劳工的斗争收获不大。

三、德国工会

（一）德国工会发展史

1. 萌芽时期（1848—1892年）

工会组织是工业社会发展的产物，1848年德国印刷业工人建立了德国第一个工人组织。早期工人组织建立在雇工组织传统和行会制度的基础上，其组织成员主要是手工业工人。

在长期而艰苦的斗争实践中，工人们发现集体行动能够更好地维护自身利益，从而纷纷结成各种利益团体。1863年费迪南德·拉萨勒（Ferdi-nand Las-salle）建立了全德工人联合会（Allge-meiner Deutcher Arberterverein，简称ADAV），并发展为具有社会民主性质的政党组织；荷西·杜克工人联合会（Hirsch-Dunkersche Gew-erkvereine）组建了自由发展党（Liberal ProgressPar-ty）；基督教工人联合会（Christian Trade U-nion）组建了教会中心党（Catholic Center Party）。

随着工人组织的大量出现，德国社会逐渐形成了工会组织发展的两大方向。

（1）ADAV的拉萨勒及其继承者

ADAV的拉萨勒及其继承者认为，工人组织的主要任务是通过政治运动确立工人的社会主导地位。

（2）社会民主工人党贝北和里贝克

社会民主工人党（Soziale Demokratiche Arbeiter's Partei，简称SDAP）奥古斯特·贝北（AugustBebel）和威赫姆·里贝克（Wilhelm Liebknecht）认为，工人组织是社会民主制度的组成部分，其主要任务是推动社会变革，以实现工人活动的自我管理。

两种发展观念不断融合，推动各种工人组织逐渐集中。

1875年在哥塔（Gotha）举行了工人组织联席会议，以SDAP的基本纲领作为所有工会组织的共同原则，主张“工人组织的活动远离政治”。1871年德意志帝国建立之后，经济危机频频爆发，工人运动空前高涨。1873年帝国政府颁布法案，迫使工人组织的社会民主运动转入地下。但工人组织在斗争中结成更紧密的组织，1889年的罢工运动失败之后，许多工人组织呼吁建立全国性的跨行业工人组织，这成为现代工会运动的基础。

1890年11月，在柏林举行的工人组织联席会议上，多数工会组织同意组成德国工人组织的统一联盟（荷西·杜克工人联合会和基督教工人联合会除外），其基本职责是：（1）维护工人的基本权利；（2）广泛开展宣传活动；（3）组织罢工；（4）召集统一联盟的成员组织；（5）制订统一联盟的组织计划。

以此为基础，统一联盟使成员组织之间的联系更加紧密，也标志着德国历史上第一次出现了具有严格章程和行动规则的工会联盟。

2. 初步发展时期（1892—1919 年）

1892 年 3 月，德国工人组织统一联盟在半城（Halberstadt）召开第一次代表大会，讨论工人运动的未来发展方向，提出建立全国性的核心联合组合（Zentralverbande），从而进行更好的资金管理和组织协作，推动社会保障计划。

随后，各种工人组织迅速结成了紧密的“卡特尔”组织，核心联合组织计划也扩展到各个领域，几乎所有的工会成员组织都建立了罢工基金、旅游基金、疾病和死亡受益计划、辞退补偿计划、地方性劳动服务基金。

随着核心联合组织计划的推广，工会组织的机构运作效率和社会影响显著提高。以工会力量为基础的社会民主党（Social Democratish Partei Deutschland，简称 SPD）广泛参与了对外政策、阶级斗争等政治问题的讨论，在“集体合同”和“工业化步骤”方面维护了工人群体的利益。

特别是 1916 年通过的《预备服务法案》（Auxiliary Service Law），强调了工会权利：（1）雇员人数在 50 人以上的企业必须建立工人委员会；（2）设置调解委员会；（3）赋予工会在战争时期代表所有工人进行谈判的权利。

随着第一次世界大战形势的发展，德国工会的权利受到越来越多的限制，核心联合组织也减少了大规模的集体罢工计划，以免激化社会矛盾和动摇政权。工会成员也逐渐分化为两大派别：社会民主主义者和共产主义者。

社会民主主义者是工会中的多数派，他们接受了政治停战协议，希望通过“国民社会”（national community）的民主机制，推动德国社会的体制改革。

共产主义者积极推动工人组织的阶级斗争，组织了许多大规模的工人运动。

3. 调整时期（1919—1945 年）

第一次世界大战末期，德国建立了魏玛共和国，实行民主政治机制。1919 年，德国工会组织齐聚纽伦堡，建立了全德工人联盟（All－gemeiner Deutscher Gewerkschafts Bund，简称 ADGB），其政治代言人是社会民主党。ADGB 宣称自己的职责不是“仅仅代表工会会员的职业利益”，而是希望“成为无产阶级的中心力量，领导社会主义斗争走向胜利”。

在魏玛共和国初期，ADGB 坚持集会自由和 8 小时工作制。但到 1923 年，

ADGB 被迫调整策略，工人的每周工作时间增加到 50.4 小时；州政府也有权参与劳动仲裁。1924 年以后，德国的政治经济形势逐渐稳定，ADGB 积极参与德国社会政治活动，特别是推动了社会保障制度的不断完善，将法定失业保险引入社会保障体系。

1930 年前后，欧洲陷入前所未有的经济大萧条。1930 年德国失业者高达 440 万人，以社会民主党为主的联合政府试图提高失业保险贡献率，但遭到了右翼德国人民党（Deutsche Volks Partei）的强烈反对，结果导致米勒政府的垮台。随后的卡宾（Cabinet）政府采取强干预措施，抛弃了自由的集体合同谈判，政府直接规定工资标准和工作条款。

随着德国社会矛盾日益尖锐，魏玛共和国的社会力量逐渐分化，以工会团体为主的左翼力量支持希特勒领导的纳粹党，使之赢得了 1930 年国会选举胜利。1933 年 1 月 30 日，希特勒被选举为总理；1933 年 3 月 23 日，国会投票通过了《授权法案》(Enabling Act)，为希特勒政府建立独裁统治创造了政治条件。1933 年 4 月，ADGB 试图脱离社会民主党而组建非政治性组织，但遭到了希特勒政府的无情镇压，1933 年 5 月 2 日，ADGB 总部大楼被占领，部分工会成员被杀，其余被关押或流放。

在反思第三帝国统治影响的基础上，许多工会成员重新考虑德国工会的组织建设问题，提出建立具有政治独立性和中立性的工会组织，将德国工会的组织基础扩大到所有的社会民主人士、基督教成员、共产主义者。

4. 重构时期（1945—1989 年）

第二次世界大战结束之后，1946 年原民主德国建立了自由德国工会联盟(Freier Deutcher Gewerkschafts Bund，简称 FDGB)，1948 年年初原联邦德国恢复了工会组织的社会地位。

冷战形势使两大组织的发展方向逐渐背离：原民主德国的 FDGB 逐渐成为德国社会团结党（Sozialistische Einbeits Partei Deutchland）的政治工具；原联邦德国的工会组织则建立了统一联盟，即现代德国工会（Deutcher Gewerkschafts Bund，简称 DGB)。

在汉斯·布克勒（Hans Buckler）的倡导下，DGB 确立了德国工会的基本纲领：（1）共同决定社会经济事务；（2）将重要工业企业转变为公众所有制；(3) 集中决策的国家经济计划；(4) 社会公正。这些基本设想实际上成为“社会市场经济模式”的思想基础，逐渐形成民主性质的社会基础。

在这种思想的影响下，基督教民主联盟（Christ Demokratishe Union，简称

CDU）提出了“杜塞尔多夫原则”（Düsseldorfbasic principles），路德维希·艾尔哈德（LudwinErhardt）将之发展为“社会市场经济”（social market economy）理念。

从1950年开始，DGB广泛参与德国社会的政治经济事务。

（1）积极行动进行回应

针对1952年通过的《工作机构法》，DGB迅速作出反应：建立“工会代表委员会”，特别是利用德国政府对煤炭和钢铁行业的依赖性，维护DGB在重要工业企业中的地位。

积极参与1953年国会选举，提出“为了更好的国会”口号，试图通过支持SPD来抵制CDU/CSU。

由于竞选活动失败，DGB内部产生了意见分歧：部分工会成员坚持工会的政治中立性，要求修改《木里希（Munish）基本方案》，以扩大工会的社会基础；部分信奉基督教的工会成员甚至在1955年建立了基督教工人联盟（Christilicher Gewerkschafts Bund）。

尽管如此，DGB仍然是德国工人运动的最重要力量。

（2）提出政策建议

针对工人福利问题，1955年DGB提出了一系列政策建议：（1）周五工作制和每天8小时工作制；（2）男女薪酬平等；（3）保留工人疾病期间的工资；（4）提供残疾、事故、疾病、失业方面的社会保障；（5）工会、公司、政府管理机构之间进行平等对话，共同决定社会经济事务；（6）改善工作环境；（7）为新工人提供职业培训。

（3）提出反对意见

针对保守党政府在1958年提出的《危机处理法案》（Emergency Legislation），DGB提出了尖锐的反对意见，迫使该法案条款进行了诸多修改。1959年DGB提出《神圣山方案》（Godesberg Programme），促进了社会市场经济秩序的扩展。1989年德国统一进程开始之后，DGB强调德国社会经济体系的统一性：（1）DGB接纳了原民主德国的FDGB，组织网络覆盖整个德国地区。（2）原民主德国和原联邦德国应该尽快建立工作条件和生活条件的统一制度，妥善处理地区之间的人口流动，将“社会市场经济模式”扩展到整个德国地区。

5. 创新时期（1990年至今）

德国社会面临的现实挑战如下：

（1）政治方面

20 世纪 90 年代以来，德国的政治局势发生了重大变化。其一，1989 年柏林墙倒塌之后，德国社会面临着“统一进程”的重大命题。具体内容包括“社会市场经济”模式的拓展、社会保障制度的延伸、经济发展水平和就业状况的协调等。其二，东欧“后社会主义”政权的影响。东欧社会主义阵营崩溃之后，西方世界也受到极大冲击，大量东欧移民涌入欧美发达国家。其三，右翼极端势力和种族矛盾。近年来部分地区出现了右翼极端势力和种族主义者，他们宣扬民族至上主义和排外情绪，使德国社会的民主政治发展蒙上阴影。

（2）经济方面

德国的经济形势变化主要表现在两方面：其一，经济全球化改变了原材料市场、产品市场和企业发展模式，德国必须调整国民经济发展战略和企业经营模式，保证德国企业的国际竞争力；其二，失业剧增，近年来，德国经济持续低迷，失业人口剧增，引发了许多社会问题，特别是加剧了德国社会保障体系的收支不平衡矛盾。

（3）社会方面

现代社会意识对德国社会产生了重要影响，主要表现在三方面。其一，价值观念。由于欧美的新自由主义思想影响，德国的新生代更注重自我发展和个人成功，崇尚独立而疏远集体行动；传统的社会保障体系也面临着市场竞争观念的冲击。其二，家庭结构。德国的传统家庭结构具有“男主外、女主内”的特征；现代德国社会则出现了许多单亲家庭、“丁克”家庭、女性就业者，改变了德国工资体系和社会保障体系的社会基础。其三，性别差异。女性在德国社会地位逐渐提升，公司管理部门和政府行政机关的性别比例正在悄然变化。

（4）社会角色转变

工会组织的社会角色转变，DGB 的传统观点认为，工会代表所有工人的社会、经济、文化利益，它积极参与政治活动，影响社会经济事务的决策。

在现代德国社会中，DGB 的社会角色正在发生转变，它扮演着双重社会角色：一是法律监护者。积极参与法律框架和社会体系的构建，维护德国的社会保障制度，维护德国劳动市场的集体谈判模式，切实保护工人的实际利益。二是法律弊端的反对者。努力完善法律体系和社会制度，将现行制度对工人利益的损害减少到最低程度。

正是由于这种双重角色，DGB 的社会影响日益增强：一是推动工会、雇主协会、政府之间的交流，促进德国社会的民主进程。二是坚持德国的文化传统和宗教观念，抵制英美模式的自由主义思想，警惕市场激进主义和企业产权改革所导致的社会分化。尤其是在社会民主基础受到威胁时，DGB 作为工人群体代表的对抗性力量显得相当重要。

（二）德国工会的基本任务

在德国社会经济的新形势下，DGB 重新确立了工会组织的基本任务。

1. 集体合同谈判

德国工会的主要传统任务是通过集体合同谈判来保障工人利益，但在市场竞争日益加剧的条件下，越来越多的人崇尚个人成功和自我实现，集体行动模式受到极大挑战。DGB 必须提醒人们摆脱个人主义的限制，努力通过集体行动提高工人的谈判能力，以集体合同保障工人的根本利益。

2. 社会保障制度

市场竞争机制必然形成优胜劣汰的结果，成功者是少数人；其他社会成员（如社会边缘人员、长期失业者等）依赖于社会保障体系维持基本生活水平。DGB 必须维护社会保障体系的健康运行，防止严重的社会分化，保护社会弱势群体的基本权利。

3. 共同决策机制

DGB 应当积极参与企业决策，扩大工会对企业发展策略、集体合同政策、社会改革计划的影响力。特别是在目前德国经济萧条和失业者剧增的条件下，DGB 应当与企业、政府积极合作，探讨解决失业问题的现实方案，努力改善德国的社会经济环境。

4. 组织文化

现代德国经济发展要求 DGB 改变传统的工会运作方式，营造更适合现代经济发展的组织文化，具体表现在三方面。其一，增强决策过程的透明程度，广泛听取专业人士的意见，改善 DGB 的运作效率。其二，调整工会组织的工作方式。关注小公司就业者、服务部门职员、自由职业者等新兴劳动者群体的社会需求，积极拓展工会组织的发展空间。其三，保证工会成员的稳定性。通过地区分支组织的工作改进来防止现有工会成员流失，通过设置新项目来吸引新会员，为新就业者提供更多的就业培训。

5. 国际合作

经济全球化是大势所趋，DGB 应当更加注重工会组织的国际合作，强调工会组织行动的全球协调性，降低劳动者在不同地区流动的负面影响。值得提出的是，DGB 的“国际经济政策”工作团队提出了“全球化工会模式”，加强世界各国工会组织的合作交流，参与的组织有自由工会国际联盟（the International Confederation of Free Trade Union）、全球联盟（the Global Union）、欧洲商业秘书会（the European Trade Secretariats）、欧洲工会联盟（the European Trade Union Confederation）等。

（三）德国工会的基本内容

1. 德国工会的组织形式

德国的工会组织最早以一种手工业协会的形式出现，在长期的劳资斗争中，使工人意识到需要一种全国性和跨各种职业界限的工会联盟，才能更好地维护自己的权益。目前德国工会联合会是德国最大的工会组织，也代表了德国工会的组织形式。

德工联分为以下三级组织：

（1）最高层的德国工会联合会；

（2）中间层的产业工会组织和地区工会；

（3）最基层的企业工会组织。

德工联目前有16个产业工会组织，德国最基层的这些不同的企业工会组织又分别属于不同的产业工会。

另外，德国的工会组织只是为雇员谋求经济利益的群众性团体，它在政治上应保持中立，独立于党派和教派。

2. 德国工会的职能

德国工会最重要的职能，就是代表工人利益进行集体谈判。德国的集体谈判方式主要由两大部分谈判方式互补而成。

（1）全国层次的多雇主谈判

全国性或者行业性的集体谈判所形成的集体协议一般是多雇主协议，它覆盖在某一特定行业或分支行业中具有某一既定特征的所有雇员。

（2）组织层次的单一雇主谈判

组织层次上的单一雇主谈判是指在某一特定组织中的某一特定类型的所有雇员，与其雇主进行的集体谈判。它包括企业（公司）层次的、工厂或分工厂层次的，以及与奖金报酬计划及工作安排有关的部门或车间的集体谈判。

德国工会联合会本身不缔结集体合同，它主要为成员机构担负协调和代表功能，研究谈判策略，为行业谈判提供资料和专家指导，为集体谈判中的必要罢工筹集资金。

真正的集体谈判主要是基于产业工会和雇主联盟之间谈判，谈判内容包括工资、工作条件等，并决定地区级别的罢工和停工。德国传统上的集体谈判主要采取地区性的行业集体谈判。地区性集体谈判由工会官员和雇主联合会进行谈判，达成协议后，先在谈判地区实行，然后再小心地推广到具有相同行业或部门的地区。[①]

3. 德国工会的经费来源和使用

德国工会的收入来源主要由三部分组成。

（1）会费收入

会费收入是最主要的经费来源，会费收入的多少取决于会员人数，因此，德国工会把会员证比喻为“有价证券”。

（2）利息和类似收入

德国工会会费全部存入德国工会有股份的公共经济银行，每年获得一定数额的存款利息。

（3）其他收入

德国工会都有一些房地产，这些房地产中有一部分给工会带来一些收入，但数量很小。

德国工会经费主要用于四个方面。

一是用于对会员的各种补助费。包括罢工补助、失业补助、业余时间事故保险、法律保护费、退休者补助费、会员死亡补助费等。但从实际使用情况来看，对会员的各种补助费在工会经费中所占的比例并不高。

二是用于工会活动经费。主要有干部培训学校的补贴、青年之家的补贴、休假中心的补贴、研讨班费用、资料费、宣传费等。

三是用于管理费。主要包括人事费、外事费、酬金、咨询费、维修费、租金及其他管理费。

四是用于上缴的各项费用。

① John T. Addison、Claus Schnabel and Joachim Wagner，2006，P14

四、日本工会

日本工会大事记

1. 1869年，生野银矿发生了工人斗争，1871年又发生了工人暴动。随后佐渡岛金矿、高岛煤矿、院内银矿、三池煤矿等相继发生矿工暴动。1886年，甲府市纺织工厂的100多名女工发动罢工，反对降低工资

2. 1897年7月，高野房太郎、城常太郎等人组成日本最早的工会组织——工会促进会，呼吁工人组织工会

3. 1897年12月，成立了铁工工会，次年4月由铁道公司机务人员组成了日本铁道矫正会

4. 1906年2月，利彦、片山潜等人成立日本社会党

5. 1908年6月的“赤旗事件”和1910年5月的“幸德事件”

6. 1912年友爱会成立

7. 1921年，以关西地方的重工业为中心，连续发生大规模罢工。同年，友爱会正式改称日本劳动总同盟（简称“总同盟”）

8. 1940年以后，日本法西斯政权解散所有的工会组织

9. 截至1946年12月，成立了17 266个工会，会员达492万人

10. 日本较大的工会组织有日本工会总评议会（简称“总评”，1950年成立）、全日本劳动总同盟（简称“同盟”，1964年11月成立）、全国产业别工会联合（简称“新产别”，1949年12月成立）、中立工会联络会议（简称“中立劳联”，1956年9月成立）

（一）战后日本工会简史

在伴随着第二次世界大战战败后发生的战后民主化进程中，因劳动工会法的制定，劳动工会得到法律上的承认，工会组织如野火之势蔓延开来，不管是工人，还是事务员，只要是正式员工都可以是各企业劳动工会的成员。第二次世界大战战败后的工会组织的构成以工、职混合的不同企业工会的形式出现，有其历史遗留的一面，即在第二次世界大战时期的产业报国体制下，作为劳动者的国民的平等被理念化了。然而，它在很大程度上是第二次世界大战后意识形态的变化，即被占领政治支持的“民主化”意识形态，使职工中产生了撤销工人、事务员身份差别的要求，促使事务员与工人共同行动。

1989年成立的“连合”是现在最大的工会，由四家大型工会组建而成，拥

有会员680多万人，占会员总数的90%。其中，最大的产业工会是全纤同盟（从事服务业、制造业的工会），会员98万人，自治劳（自治体劳动组合）是地方公务员工会。另外，10%的会员自己成立另一个全国工会全劳连，纲领与连合有所不同，更加自由、民主，在提高职工待遇上发挥作用。连合不接受政府、经营方干涉，有自主权开展活动。为了和世界工会组织合作，加入国际工联，连合会长兼任国际工联副会长。

目前，日本工会面临的主要问题是工会组织率、员工入会率太低。正式员工在工会中的比例正逐年下降。1980年日本工会组建率为30.8%，到2009年仅为18.5%。

究其原因：一是第三产业就业人数大幅增加，占60%～70%，出现大量灵活就业人员，组建工会有难度。二是政府部门减少。公务员工会人数减少。三是正式员工阶层的停顿，非正规劳动者组织化程度降低。

大企业入会率高，都是正式员工。非正式工不在工会行列。但非正式工数量在增加，入会率又很低，社会地位低。现在正在加大工作力度，逐步推进非正式工入会率。

全纤同盟有98万名会员，入会率占44%，其中46万名是非正式员工。工会替他们说话，给政府施压，提出有利于他们的政策，以提高入会率。如“连合”希望政府雇佣非正式员工，企业必须达到什么条件；建议政府出台相关政策缩小正式工、非正式员工待遇差距。

日本的工会组织紧紧抓住能够展示组织力量的一切时机开展建会宣传。每年的春季是员工加入工会的高潮时期。

（二）日本工会的职能

从现状看，日本是以企业工会为主，大多数企业工会都加入某一行业工会，并通过行业工会加入全国工会。企业工会不仅在组织运营或工会活动中享有极大的自由权，而且在财政上也采取独立结算的原则。

在协调劳资关系过程中，企业工会发挥着基础性的重要作用，而全国性工会组织则起着指导协调性的作用。方式主要有：

1. 通过企业内劳动条件的交涉等

企业工会力量很大，稳定劳资关系作用也很大。

2. 春季争取调薪运动和调薪

众所周知，第二次世界大战后日本工会运动的特点是以企业工会为主，通过

日本“春斗”

一年一度的“春斗”为员工增薪。

依照国家有关法律法规，围绕企业劳动生产率、企业利润、物价及国家宏观经济状况等因素，企业工会与企业经营者进行协商谈判，在企业范围内自主决定。

在确定工资体系时，一般要体现三项原则：稳定性、公平性、社会性。

企业一般都实行定期提薪制度，每年定期提薪增长部分为2%左右，其他部分由“春斗”确定。每年3月集体交涉最集中，目标是加强工会集体谈判的力量，使全国工资水平均衡。其内容主要是工资、奖金、工作时间和退职金等，主要在企业进行，有的产业工会也拥有谈判权。

全国工会中央组织和产业工会的作用是制定基本方针、具体要求标准，对企业工会进行调整和指导。

“春斗”的特点，是工会把斗争重点放在确保实际工资上，目的是促进政府从稳定物价、保障雇佣、充实社会保障的角度调整劳动政策和制度。

3. 参与政策制定

工会不是单方面的涨工资要求，通过支持的民主党反映利益要求，直接要求制定政策。连合也从事其他活动，定期与政府会谈。

4. 国际性的作用

参加国际工联、国际劳工组织等国际机构，与各国工会建立密切联系，工会要求反映到各国政策中去。

（三）日本工会的特点

1. 日本特色的雇佣制度

随着第二次世界大战后民主化过程中工人运动的高涨，许多工会组织迫使资方签订协定：如果没有工会同意不能解雇工人，这似乎打下了终身雇佣惯例化的基础。但是，以 1949 年《工会组织法》的修订为契机，以往的协定遭废弃，若干企业大胆进行了大量的人员调整。由于这些事实，很难说终身雇佣已成惯例。

与西方相比，日本劳资关系具有从属性，所以高度稳定。雇员对待企业忠诚宣誓，并从毕业到进入公司再至工作到退休，没有岗位的就职，不用签订用工合同，对雇员来说没有失业的危险，并可以分享企业利润。对企业而言，可以保障劳动力供给，不必担心泄露企业机密，并得到员工的忠诚和献身，2010 年日本大地震，冒死坚守核电厂的十几位壮士就是活生生的例子，这将有利于企业的长期发展。

但 1997 年以后，终身雇佣制的种种缺点暴露，对员工而言，在就业难，并且受到等级森严的人格依附关系，生活笼罩在工作关系之中，没有独立的社交活动，导致员工离职后的人际关系受到压制；同时对企业而言，沉重的人力资本让企业忽视了利润，降低了竞争力。在 1993 年的“先锋事件”和 1999 年普利司通的管理人员自杀事件后，马自达、三菱、日立、东芝、富士通等企业相继进行终身雇佣员工的裁员。只有丰田和佳能依旧坚持这一传统，所以现在这一雇佣制度的存亡还是一个未知数，不过日本企业的多样雇佣制开始崭露头角。

日本企业多元化雇佣模式如图 5—3 所示。

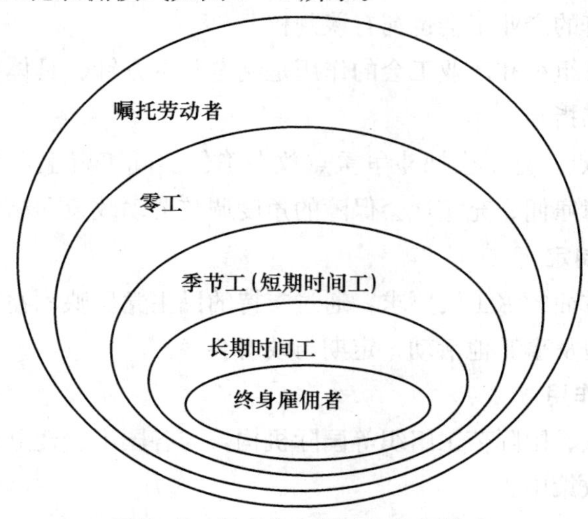

图 5—3 日本企业多元化雇佣模式

2. 日本工会形式新定位

传统的日本工会，主要是以企业工会的形式，或以产业工会、职业工会或一般工会的形式，由大公司的正式员工推进。近 20 年来，有别于上述几种形态的新型工会也开始崭露头角。

3. 地区工会

企业工会如果在一家企业中没有稳定的基础，那么就很难组织工人。面对兼职工、零工、自由职业者、外派工人以及其他非正式工人人数不断增加的新情况，“连合”开始考虑组建以地区为基础的新工会（地区工会）。但是，其情况并不乐观，在 1997 年前，连合在 10～20 个县内只招到 15 万名新会员入会。

如果将工会运动视为一个整体，那么可以说工会既没有花费一定的时间来积极地招募新会员，也没有对此类招募活动所面临的困难做好充分的应对准备。这是其工作失误的重要原因。但工会运动一向被认为代表了核心劳动者的利益，连合决定向该活动注入资金，开始着手培养组织者。连合还为面临失业和担心被解雇的人员开设了职业介绍所，积极援助求职者。

4. 管理层的工会

根据日本的《劳动工会法》，监督人员和其他下层管理人员均被排除在工会之外，随着企业的重组，这一阶层的管理人员大都面临着减薪、转岗，甚至被要求主动离岗的窘境。经营者认为主动离职比解雇要好，因此，一般都会选择主动离职。在众多日本老牌企业打破终身雇佣制以后，管理层人员自杀事件频频发生，致使管理层联合起来，保护自己的权益。

小资料：日本劳使协商制

劳使协商制是指在日本的企事业单位中，经营者和工会双方就共同关心的事情进行协商的制度，其机构被称为劳使协商会或经营协商会。

但是在理解这一劳使协商时却存在一个难点，即还没有一个确定的定义。现在举出日本有关劳使协商会的具有代表性的两项统计调查的含义，以供参考。

在劳动省所实施的《劳使交流沟通的调查》中是这样定义的：在企事业单位内有关经营、生产、劳保福利等问题上，为反映职工或工会的意愿而设置的经营者与职工代表就此进行协商的常设机构。

另外，在有关日本生产性本部所实施的劳使协商制的调查中是这样定义的：为商议通常的情况中不包含在社团交涉范围内的问题而由劳使双方的成员组成的机构或商议的地点。

延伸思考

1. 英国工会兴起的历史是怎样的？
2. 美国工会对工人的作用是怎样的？
3. 德国工会有哪些值得借鉴的地方？
4. 日本工会有何特点？

深度阅读

[1] 王思慧. 日本劳动市场雇佣形态的多样化及其存在的问题 [J]. 现代日本经济，2008 (1)：60-64.

[2] 陈建安. 日本的经济发展与劳动问题 [M]. 上海：上海财经大学出版社，1999

[3] 吕楠. 撒切尔政府劳资政策研究 [M]. 北京：社会科学文献出版社，2009

第二编　中国工会理论

中国工会组织拥有世界上最多的工会会员，是世界上“规模最大”的工会组织。中国工会的历史比新中国的历史还要长，当今中国工会是社会主义性质的工会，具有阶级性、群众性、政治性高度统一的基本特征。这既是中国工会区别于其他社会组织的重要标志，也是中国工会与西方国家工会存在本质区别和显著不同的根本原因所在。工人不需要“影子工会”，工人需要一个中国共产党领导下职工自愿结合的工人阶级群众组织，这个组织起着党联系职工群众的桥梁和纽带作用，代表会员和职工利益，更重要的是要维护工人的权益。本编将学习具有中国特色的中国工会理论知识。

第六章　本土化的工会：中国工会

通过第一编的学习，我们深刻了解了西方工会组织的特点及其作用，从本章开始，我们将学习中国工会的理论与实践管理工作。具有真正现代意义的工会发轫于辛亥革命前后，到五四时期，工会有了较大的发展，中国共产党的成立使中国工会有了自己坚强的政治领导者。从此以后，中国共产党所领导的工会组织，代表了中国工会的主流和发展方向。经过民主革命长期艰苦卓绝的斗争，到1948年，终于形成了全国范围内的以中华总工会为代表的统一的工会运动和组织。新中国成立后，中国工会作为工人阶级重要的社会政治团体，在社会主义革命和建设中，发挥了积极作用。

一、工会组织的独特标志

在社会主义社会，工人阶级除了建立有工会组织，还建立有自己的其他组织，其中工人阶级的先锋队组织是共产党，工人阶级的政权组织是人民政府，工人阶级的武装组织是解放军。怎样区分这些组织与工会组织呢？那就是以工人阶级的基本属性为标准，工会区别于其他组织的标志是工会的阶级性与群众性这一基本属性。

工会是工人阶级的群众组织，它反映工人之间的一种社会联系和社会关系，是国际社会公认的社会政治组织。《工会法》明确规定："工会是职工自愿结合的工人阶级的群众组织。"《中国工会章程》也明确指出："中国工会是中国共产党领导的职工自愿结合的工人阶级群众组织，是党联系职工群众的桥梁和纽带，是国家政权的重要社会支柱，是会员和职工利益的代表。"这充分表明，中国工会是鲜明的阶级性、广泛的群众性和高度的政治性的有机统一。

工会作为一种社会政治团体，具有双重属性，即政治性和社会性。工会的政治性体现为它是一个阶级的组织。马克思、恩格斯最早阐明了工会的这种属性，说工会"是无产阶级的真正的阶级的组织"。这就是说工会既不是超阶级的组织，也不是任何其他阶级的组织，而是真正的工人阶级的组织。

工会的阶级性主要表现在以下几个方面：

1. 组织成分上

其成员必须属于工人阶级范围之内。

2. 代表的利益主体上

工会不仅要为工人的眼前利益而奋斗，而且要为工人阶级的长远利益而奋斗。

3. 政治取向上

工会最易于接受工人阶级政党的领导，以工人阶级的世界观和方法论为理论基础，根据本阶级政党的纲领、路线和方针政策，实现工人阶级最终的奋斗目标。

从具体表现来看，鲜明的阶级性主要指的是，中国工会的会员是在中国境内的企业、机关、事业单位中以工资收入为主要生活来源的体力劳动者和脑力劳动者，个体工商户、私营业主或以企业利润为主要收入来源的资产所有者等其他社会成员都不符合这一要求，更不能成为工会组织的领导人。

工会的社会性体现为它是一个群众性组织。工会的这种群众性，是指工会作为工人阶级群众性组织的广泛性，即它几乎包括工人阶级全体成员。

工会的群众性主要表现在以下几个方面：

1. 组织的广泛性

工会是由工人阶级的广大群众所组成的。正如列宁曾经指出的那样，工会是"无产阶级在阶级范围内最广泛的组织"。毛泽东也说过："工会是工人阶级的群众组织，我们要吸收一切雇佣劳动者，包括进步的、中间的、落后的都加入工会，只有极少数的反动分子除外。”工会这种广泛性既反映了工人阶级群众组织与工人阶级政党（先锋队）的区别，也反映了它与少数工人贵族和行帮等组织的区别。

2. 内部的民主性

工会领导机构的产生和活动必须采用民主的方式来进行。这种民主性是与强制性相对而言的，区别于国家政权机关和企业决策机构，也不同于毫无集中的“乌合之众”。

3. 组织和参加的自愿性

工会是职工自愿结合的组织，表现为“入会自愿，退会自由”。广泛的群众性主要指的是，只要是以工资收入为主要来源的劳动者，不分民族、种族、性别、职业、宗教信仰、教育程度等，都有依法参加和组织工会的权利，都是中国工会发展会员的对象，也都是中国工会必须服务的对象。

4. 工会的政治性与社会性

工会的阶级性与群众性是有机统一的整体。工会的阶级性是群众性的前提，失去了群众性，就会混淆工会同工人阶级先锋队组织和工人阶级领导的国家政权组织的区别。

中国工会如果不能为广大职工群众所认可，其阶级性就会失去目标和前进的方向；中国工会的群众性以阶级性为限度、以政治性为保障，中国工会首先是一个阶级性质的群众组织，而不是什么全民性群众组织，如果不能团结动员职工群众充分发挥工人阶级主力军作用，其群众性就会流于宽泛；工会的群众性受阶级性的制约，即工会的群众性是在工人阶级范围里的群众性，失去了阶级性，就会混淆工会与其他群众组织的区别。中国工会的一切工作以实现工人阶级的历史使命为最高宗旨，都是为了最广大职工的长远利益和根本利益，如果不能最广泛地把职工群众团结起来跟党走，其政治性最终也会成为一句空话。

二、工会组织的一般属性

工会的基本属性是阶级性和群众性的统一。除此之外，工会还有一般属性。

工会的一般属性主要是工会在经济领域和政治领域发挥其作用，并通过经济活动和政治活动来反映其基本属性。

工会的一般属性是指工会的政治性与经济性。

工会的经济性是指工会在社会主义市场经济条件下，在整个社会经济关系中行使什么样的职责与发挥什么样的作用。在市场经济条件下，工会是劳动力市场中的劳方代表，并以劳动者代表的身份直接参与劳动力市场价格——工资标准的确定和实施，参与经济活动。如工会参与制定和实施宏观经济发展计划，参与经济立法，参与所有者、经营者与劳动者的利益协调；在企业，工会参与重大经济事项的决策，参与企业的生产经营管理，协调企业内部的经济利益，参与劳动争议的处理以及困难救济、休养疗养、下岗职工再就业、职工互助保险等工作。

工会的政治性是指工会具有政治倾向和政治要求，并参与政治活动。工会作为执政党的群众组织，参与国家和社会事务的管理是社会主义民主政治的要求。在市场经济条件下，由于利益关系的多元化和复杂化，更要求工会通过参政议政来代表和维护职工的权益。

(1) 工会代表职工的政治利益，职工的政治利益主要表现为职工的政治地位和政治权利，没有职工的政治地位和政治权利，职工的经济利益也难以得到保障。

(2) 工会运用政治手段参与国家事务，如工会代表参加人大、政协及政府中涉及职工利益的有关部门，工会参与有关工会及劳动方面的立法，工会参加劳动关系三方协商机制，工会和政府建立联席会议制度等。

观点之声：在坚持工会工作的政治性上存在一些被忽视的问题

改革开放以来，特别是建立社会主义市场经济体制以来，各级工会组织坚持正确的政治方向，结合本单位的实际情况，认真履行工会职能，为促进企业改革和转制等做了大量切实有效的工作，发挥了应有的积极作用。但也存在忽视工会工作政治性的某些问题。其主要表现如下：

1. 坚持工会工作政治性的认识模糊。在有的企业，少数工会干部认为，发展社会主义市场经济，企业工会工作就是要以企业的经济工作为主。对于市场经济条件出现的、工会职责范围内的、职工群众期盼解决的新情况、新问题、新矛盾，极少甚至无暇去研究、分析、解决，特别是对一些事关工会工作政治性作用发挥的问题认识模糊，影响了工会组织在企业改革发展中的优势发挥。

2. 工会的职工思想政治教育工作呈弱化状态。职工处于改革的第一线和生产经营的各个岗位，工会的职工思想政治教育工作理应增强向一线的渗透力，更贴近实际。有些企业的工会组织在这方面忽视了，如开展职工思想政治教育的有效阵地之一的班组学习，或形式单一，或有名无实。其他工会宣传阵地如广播、黑板报、宣传栏等也在逐渐消失。这就使工会思想教育工作失去“立足之地”，使不良思潮侵入职工头脑有了可乘之机。

3. 企业内部矛盾的化解尚不够有力。由于经济发展不平衡，加上调整经济结构、解决历史遗留的许多深层次问题等原因，许多企业还处在调整期，一部分职工收入还比较低，生活还比较困难。但有的工会组织面对这样的难题、焦点，不敢大胆地、花大力气地开展为职工排忧解难、维护合法权益的工作，而是回避、观望、绕道。特别是深层次的矛盾出现并呈现激化的苗头时，不能主动去想方设法化解，显得束手无策，缺少化解矛盾的策略、手段。

4. 工会组织机关化、行政化倾向还较严重。群众性是工会的重要特征。但有的企业工会在对上和对下负责方面，偏重于对上负责。上级布置什么工作就搞什么工作，而不是根据职工的意愿开展实际工作。在工作方式上，习惯于追求形式的热热闹闹，缺乏内在的深度与力度；在送往迎来时，也逐渐开始讲规格，讲排场，布置工作也时不时使用行政命令等。这在一定程度上影响了职工对工会组织的认同和信任，以致部分职工认为工会干部也是“官”，是“管我们的”，而不是“为我们说话办事”的。有的工会干部认为，脱离党是政治问题，脱离群众至多是一个工作作风问题。众所周知，工会是党联系职工群众的桥梁和纽带，工会脱离群众也是一个严肃的政治问题。

所以，必须把增强工会工作的政治性提高到巩固党的执政基础和执政地位来认识。

资料来源：钱英杰. 增强工会工作的政治性. 工会理论研究. 上海工会管理干部学院学报，2000（5），有改动

三、“三角鼎立”的工会组织

工会的地位是指工会在国家政治、经济和社会关系中所处的位置。工会的地位是由法律规定的工会的权利和义务所确定的，是通过工会在国家政治、经济和社会生活中所发挥出来的作用实现的。

工会的政治地位主要表现为工会与党与国家政权的关系。中国共产党是工人阶级的先锋队，在国家政治生活中居于执政党的地位。工会是工人阶级最广泛的群众组织，是党联系职工群众的桥梁和纽带。工会要自觉接受党的领导，在党的领导下独立自主地展开工作，充分发挥群众团体的作用。

国家政权是执行人民民主专政的职能机关。工会与政权机关的关系是在根本利益一致基础上的参与、合作和支持的关系。工会通过行使参与权，代表职工参与国家和社会事务的管理，组织职工开展民主管理、民主监督，充分发挥参政议政的民主渠道作用，成为国家政权的重要社会支柱和推动经济发展的重要力量。

工会是职工利益的代表者，同时也是协调者和中介者。在社会层次面，工会要不断沟通政党、政府与职工群众的联系，通过源头参与把职工的意愿和要求反映上来，参与政府法律法规的制定，并通过教育和宣传把党的方针政策和政府的政策法规及时向职工群众传达，起到“桥梁”和“纽带”的作用。

观点之声：工会是个“危险行业”

在“左”的思想指导下，新中国成立后的中国工会历尽磨难，先批李立三的“工团主义”，后批赖若愚的“经济主义”，“十年内乱”又被“彻底砸烂”。有人说工会是一个危险行业，许多优秀工会干部受到牵连甚至迫害。所以要贯彻好以上方针，首先是工会干部要有大无畏精神，一定要一心为“工”、两袖清风，不信邪、不想爬、不怕压；一定要面向群众，敢于反映群众的呼声和要求；一定要切切实实为职工群众多办一事、办好事、敢于维护职工的合法权益。不管那一级工会和干部，只要做到以上“三个一定要”，他必将在所在地区和单位的社会、政治生活中发挥积极作用。

工会的经济地位是指工会在经济关系中所处的位置。工会的经济地位主要体现在工会的身份以及工会在劳动关系中的作用上。

经济体制改革以后，劳动关系发生了一系列变化，由过去的劳动关系国家化逐步改变为劳动关系企业化。劳动关系的变化要求明确工会在经济关系尤其是劳动关系中的身份及其职责，而这个身份又是其他组织所不能替代的。否则，工会真的就成了可有可无的组织，最终被市场经济所淘汰。

关于工会在市场经济中的地位，有以下几种说法：

一是工会代表工人。

二是工会代表工人阶级。

三是工会代表职工。

但职工一词在不同的体制下有不同的含义。

工会的社会地位主要表现在工会的权利与义务上，其中工会的权利主要有代表权、维护权、参与权、监督权、协商谈判权等，如图 6—1 所示。

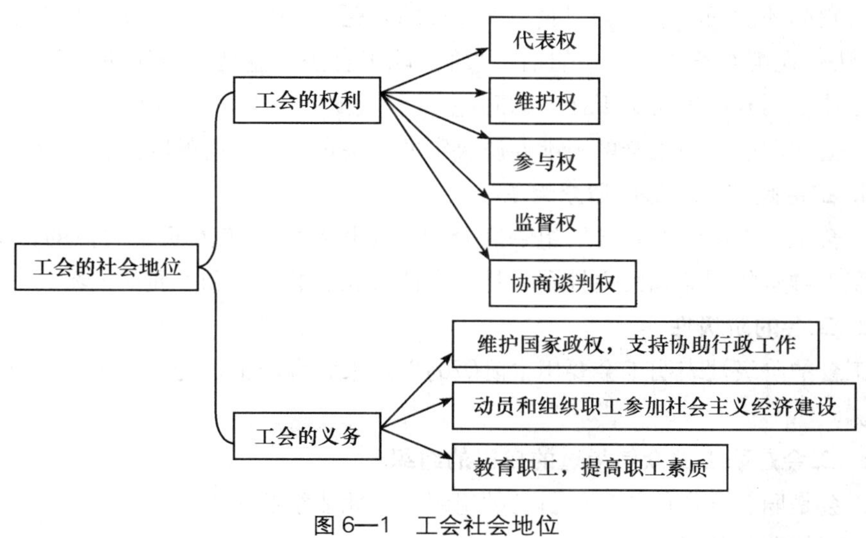

图 6—1　工会社会地位

四、“四菜一汤”过渡到维权的工会职能

工会的基本职能是什么？历史上有过许多提法，如一个中心（即生产）、两项职能（即维护、教育）、三位一体（即生产、生活、教育）、围绕一个中心（四化）、担负两项职能（教育和维护）、发挥三个作用（学校、支柱、纽带）、建设四有队伍（理想、道德、文化、纪律）、四菜一汤（即生产、生活、教育、联系、协调）等。

（一）工会职能的历史演变

工会到底是干什么的？在不同的经济体制下有不同的回答。新中国成立初期的 20 世纪 50 年代，工会的任务是以生产为中心，生产、生活、教育“三位一体”；直到 1988 年全国工会十一大才使用了“职能”一词，这是一个历史性进步。但工会十一大提出工会有四项社会职能：维护职能、建设职能、参与职能、教育职能，且这四项职能是相辅相成、缺一不可的，这还是没有回答工会到底是干什么的这一问题。1992 年 10 月，党的十四大提出向社会主义市场经济过渡的目标，“工会在市场经济体制下到底是干什么的”在实践中又一次被提出来。1994 年 12 月，全总第十二届二次执委会提出了工会工作的总体思路：以贯彻实施《劳动法》为契机和突破口，带动工会各项工作，推动自身改革和建设，在改革、发展、稳定中更好地发挥作用。这条总体思路的实质，就是突出工会的维护职能，它第一次回答了工会到底是干什么的问题。2001 年 10 月 27 日修改通过的《工会法》在第 6 条增写了一句话，“维护职工合法权益是工会的基本职责”，这就从法律上明确了工会是干什么的问题。

工会的职能是由工会的根本性质决定的。决定工会职能的因素主要有：

1. 工会是工人阶级的群众组织

工会是工人阶级群众自愿组织联合起来保护和发展工人阶级利益的。所以，维护职工群众的利益和民主权利，是工会社会职能的基础和本质的内容。

2. 工会的阶级性

工会的阶级性表明工会要用本阶级的思想来教育职工，为阶级的彻底解放而奋斗。

3. 工会是职工群众信得过的自己的组织

工会是职工群众信得过的自己的组织，因此能组织职工群众，能代表职工的利益，行使职工的民主权利。

4. 体现大多数职工群众的利益和意愿

作为群众团体的工会，通常要根据大多数职工群众的利益和意愿来发挥自己的作用。维护职工合法权益是工会的基本职责。

维护职工权益是工会维护职责的基本点的内涵在于以下三点：

第一，“维护职工合法权益”是工会的基本职责，表明了工会维权的对象是职工。

第二，工会“维护职工的合法权益”，体现了工会双维护的特点。

第三，“维护职工的合法权益是工会的基本职责”，体现了工会维权的基本点。

确立工会的基本职责有着非常重要的意义。

工会的基本职责是维护职工合法权益，这是由工会性质和特点所决定的。职工群众主要是为了自身利益不受侵犯而参加和组织工会的。维护职工合法权益是工会产生和发展的客观需要与根本依据。离开对职工群众合法权益的维护，工会就没有存在的必要，职工群众更不可能参加和组织工会。

工会的基本职责是维护职工合法权益，这是法律赋予工会组织的基本权利。1994 年颁布的《中华人民共和国劳动法》规定，工会代表和维护劳动者的合法权益，依法独立自主地开展活动。2001 年修改颁布的《中华人民共和国工会法》，其核心是突出和强化工会维护职工合法权益的职能。这就为工会履行维护职工合法权益的基本职责提供了有力的法律依据和保障。

工会的基本职责是维护职工合法权益，这是实践“三个代表”的重要体现，中国工会是党领导的工人阶级群众组织，是党联系职工群众的桥梁和纽带，坚持和发展党的全心全意为人民服务的宗旨，实践好“三个代表”重要思想，要求工会必须坚持依法坚决履行好维护职工合法权益的基本职责。

工会的基本职责是维护职工合法权益，这是工会服务于党和国家工作大局的根本基点和途径。工会工作必须服从服务于“以经济建设为中心”，这是贯彻党的基本路线的必然要求。工会通过履行维护职工合法权益的基本职责，保护、调动和发挥广大职工的积极性和创造性，并将其组织和引导到完成党和政府提出的各项任务上来。

工会的基本职责是维护职工合法权益，这是我国劳动关系日益复杂的现实对工会提出的迫切要求。工会要适应不断发展变化的经济关系与劳动关系，履行维护职工合法权益的基本职责。

（二）工会基本职责与四项基本职能的关系

工会的基本职责如图 6—2 所示。

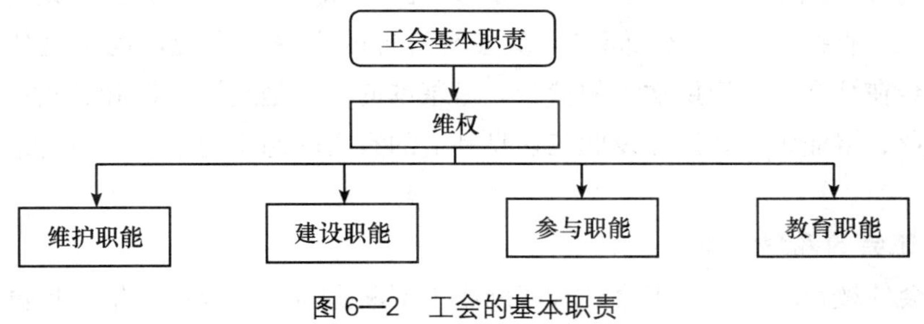

图 6—2　工会的基本职责

1. 工会的维护职能

工会的基本职能是维护职工的合法权益，一方面强调了维护职工权益是工会的权利和职能，另一方面强调了维护职能是工会对职工的责任和义务。尤其是对职工来说，工会的维护职能在向社会主义市场经济过渡的新时期显得更为重要。在向市场经济过渡中，由于多种经济形式并存和利益多元化的出现，各个利益群体在根本利益一致的同时，还表现出具体利益上的差异和矛盾。国家、企业、职工三者的利益关系既一致，又有矛盾。在这三者中，职工利益是最容易受到伤害的。尤其是在外资企业、私营企业劳资矛盾逐渐显现，在劳资矛盾双方中，劳动者一方明显处于劣势。因此，在社会主义市场经济条件下，职工群众更需要工会来保护他们的利益。

2. **工会的建设职能**

工会的建设职能是指工会吸引和组织广大职工群众参加经济建设，努力完成经济和社会发展任务的职能。建设职能是社会主义条件下工会特有的一项职能。

工会履行建设职能，并不是要工会直接去组织生产和经营，组织生产和经营是企业行政的职能。工会是通过做好人的工作，提高人的素质，调动人的积极性，并把职工群众的积极性、创造性引导到发展经济的方向上来。工会在经济建设中的作用有两方面：一是组织劳动竞赛、技术协作、技术攻关、合理化建议等活动，通过这些活动来促进经济发展；二是参与调节企业内部的经济关系和劳动关系，调动劳动者的生产积极性。

3. **工会的参与职能**

工会的参与职能是指工会代表和组织职工参与国家的管理，参与社会事务管理，参与企业、事业单位的民主管理的职能。工会具有参与职能，是因为社会主义国家赋予人民参与管理国家、参与企事业民主管理的权利，工会作为职工群众的组织，应当代表和体现这种权利。

工会参与职能的特点是，工会只是参与国家和企业的管理，而不是直接管理国家事务，直接管理企业。同时，从参与管理的内容上来说，也不是什么都参与，工会在社会和国家层次上的参与，最基本的内容是经济问题和劳动问题。工会在企业、事业中，要以涉及职工切身利益的有关问题作为基层民主管理的主要内容。

4. **工会的教育职能**

工会的教育职能是指工会具有帮助职工不断提高思想政治觉悟、提高文化素质的职能。工会是工人阶级最广泛的群众组织，包括工人阶级中的先进、中间和落后分子。工人阶级肩负着伟大的历史使命，提高工人阶级的自身素质有利于完成其所肩负的历史使命。

工会教育与一般的正规化教育不同，与党校教育也不一样。工会教育的特点在于把思想教育和文化技术教育寓于工会的各项活动之中。除工会举办的各类职工学校之外，工会履行教育职能主要是通过各种活动来提高广大职工群众的政治觉悟和文化技术素质。

维护职工合法权益是工会的基本职责，而其他三项职能都是围绕着维护职能展开的，分别是维护职能的手段、途径和方法。工会履行建设职能，是从根本上维护职工利益，因为只有把经济建设搞上去，职工利益才是有源之水、有本之木；工会履行参与职能，是从源头维护职工的利益，源头维护才是最有效的维护；工会履行教育职能，是为了提高职工的自身素质，提高职工自我保护的能力。

开放专栏

社会分层状况下中国工会的作用

随着改革开放的深入和社会主义市场经济的发展，国内环境发生了重大变化，社会经济成分、组织形式、就业方式、利益关系和分配方式日益多样化，新事物新问题层出不穷。随着社会分层局势的明朗，各个阶层总会推出自己的代言人，参与分享政权，并在推进政权实现中，贯彻落实本阶层意志，争取自己的利益。工会，向来是工人阶级意志和利益的代表者，如何充分代表工人群体的意志和利益，应当是工会努力的方向。

社会分层凸显，决定了中国工会必须突出维护工人的利益。

中国工会成立之始，是以斗争性形象出现的。它在中国共产党领导下，与外国资本家、买办资本家斗，与一切欺压和盘剥工人阶级的邪恶势力斗，在中国革命舞台上，成为一支十分活跃的重要的政治力量。第二发展期是生产性形象。新中国成立后，国家百废待兴，物质财富极度匮乏，尽快改变落后面貌、改善人民生活，是广大人民包括工人阶级在内的迫切愿望。为此，工会把工作着力点放在团结、组织、动员广大职工发展生产，建设国家上，成为团结职工投身生产建设的一支重要的组织力量。第三发展期则应当是维护性形象。工会维护职工利益是其基本职责，不同历史条件下实现形式也不同。前两个阶段的斗争性形象，生产性形象也包含维护内容。但是改革开放以后，所有制结构发生了重大变化，经济结构有了重大调整，职工具体利益时常受到侵害。职工群体，尤其是一线职工的经济地位、社会地位在社会结构中呈下降趋势，这就需要工会进一步突出维护职工合法权益的基本职责，在维护全国人民总体利益的同时，代表和维护职工的合法权益。

历史和现实状况决定了中国工会要实现“两个维护”。

工会必然要维护国家、集体与职工的双重利益，时常处于两者的矛盾交织之中，有时又迫使其以“双面人”的面目出现。

如何化解、缓和职工与国家、集体之间的某些矛盾，这应是工会必须面对并认真解决的问题，这就要求工会既要维护职工合法权益，又要维护国家、集体的利益，为中华民族的健康发展提供有力支持。

资料来源：安徽芜湖发电厂薛智强．中国工人杂志网，2011-02-12

五、新产业工人的诞生

在中华民族5 000多年的历史长河中，“工人”这个名字出现在中国历史舞台上，只不过一百多年。自鸦片战争后外国资本家在通商口岸开设的工厂中，产生了近代中国第一批工人阶级。从此，工人，作为一种新的劳动身份、新的劳动主体以及一个新兴阶级的构成元素开始出现在中国的历史舞台上。在中国近代，工人的生存状态和命运，是极其悲惨与卑微的。而恰恰是深重的苦难和压迫，使得早期的工人阶级对万恶的旧社会不存在丝毫温情的幻想，它造就出无产阶级毫不妥协的反抗精神和大无畏的牺牲精神。十月革命的一声炮响，为工人阶级带来了真正属于自己的思想武器。中国共产党成立，工人阶级以铁的纪律和严密的组织开始正式登上政治舞台，标志着阶级的团结和觉悟达到一个全新的高度。

新中国成立初期，乃至此后很长一段时期内，工人都是中国经济复苏与建设的主力军。与他们的付出相对应，他们在社会地位、经济待遇上获得了更高的回报。

20世纪80年代中期以来，农民工现象已经成为我国经济发展的一大推动力，科学地认识农民工的地位，从理论上和实践中承认农民工是当前我国工人阶级的一部分，已经逐步成为我国的新产业工人。

（一）工人阶级队伍的壮大和利益主体的多元化

中国在进行由计划经济体制向社会主义市场经济体制的过渡，体制的变化直接影响着社会关系的变化，形成新的利益格局和社会集团的新定位。作为工人阶级的群众组织，在社会的利益格局中，工会的定位直接关系着工会组织的地位和工会职能的选择。而工会组织工作目标的确立又是以当代工人阶级状况为出发点，以劳动关系的发展变化为依据的。

改革开放以来，我国工人阶级队伍不断壮大。20世纪末中国工人阶级已经成为中国最主要的社会力量，它包括城乡所有的以工资收入为主要生活来源的劳动者，在数量上已接近3.5亿人，约占全国从业人员总数的50%。（参见《当代工人市场化的演变和趋势》）

与此相应，工人阶级内部结构也发生许多变化，出现利益主体多元化。

知识分子在工人阶级队伍中比重增加，反映了工人阶级的知识化发展。在工人阶级内部，经营管理阶层正在形成，并且被赋予更大的权力。公有制企业工人阶层的地位相对下降，在企业改制中权益受到侵害。

农民工的加入不仅使工人阶级在数量上急剧扩大，而且影响着工人阶级内部结构的变化。农民工的称谓很形象地描绘出这一群体身份与职业上的“两栖”状态。农民工是农村剩余劳动力的大转移，是产业工人的有生力量，他们以农民的身份出现在第二产业、第三产业的工作岗位上，冲破了二元社会结构的束缚，促进着工业化和城市化的进程。农民工的大量进入，国有单位职工的比重不断下降，改变着职工队伍的构成，工人阶级内部各个阶层之间的差距会进一步扩大，利益出现多元化和不平衡，为工会组织的工作增加了难度，并提出了更高的要求。

农民工不仅是工人阶级的一部分，而且是工人阶级中人数最多且越来越多的一部分。与工人阶级的其他部分相比，他们是最弱势的群体。因此，把农民工组织起来，切实维护他们的权利，无论是从政治上看，还是从经济建设、社会稳定上看都具有十分重要的意义。

（二）把农民工组织起来的必要性

1. 把农民工组织起来是落实我党“全心全意依靠工人阶级”的重要措施

从理论上讲，农民工是工人阶级的一部分，他们和城市里的其他职工一样，都是劳动者，享有同等的权利和义务。但是，在现实生活中，不争的事实是，农民工是工人阶级中最弱势的群体，他们的劳动权益屡受侵犯，表现为拖欠农民工工资、超时劳动不付加班费、民工的生命安全得不到基本的保证，频发的矿难事故中伤亡的几乎全是农民工，而且他们大部分都没有享受社会保障。既然农民工已经成为工人阶级的一部分，我国《宪法》规定了工人阶级是领导阶级，全心全意依靠工人阶级是党的政治理念，如何把宪法中规定的“领导”地位体现出来，把党的执政理念落实到位，全心全意依靠工人阶级，不能仅仅只是一个响亮的政治口号，还应有相应的政策和具体的措施来配套。把农民工组织起来，切实维护好其权利就成为落实全心全意依靠工人阶级政治理念的重要举措。

2. 把农民工组织起来是构建和谐社会的需要

劳动关系的和谐是和谐社会的基石。在劳动关系双方力量对比上，劳动者一方相对于用人单位一方，处于劣势地位。而农民工则是弱势中的弱势。与国有企业职工相比，他们文化水平低，权利意识弱，没有自己的组织，他们的利益更容易受到侵害。当他们的利益受到侵害时，他们就会从心底里产生一个强烈的愿望，要求组织起来，有这么一个组织来替自己说话，维护自己的利益。如果我们不去“组织起来，切实维权”，劳动关系就不会稳定和谐，企业生产和国民经济也不可能健康发展。更严重的是，我们不去组织他们，维护好他们的合法权益，他们就会自发地组织起来进行维权，现在一些地方出现的诸如“打工者协会”“同乡会”“劳权会”就是一个明显的例子。同时，我们如果不去组建工会，国外势力就会乘虚而入，建立第二工会。

（三）农民工组织起来的实现形式

1. 农民工组建工会的难题

由于农民工自身的特点和社会环境的影响，在农民工中组建工会，把农民工组织到工会中来，还面临一些难题。

（1）松散的群体特征

农民工“候鸟”式的生活，流动频繁，工作形式灵活，不像机关工作朝九晚五式，也不像国有企业 8 小时工作制，整个农民工队伍处于松散和混乱状态，如果仅仅是入会登记那还不难，难的是入会以后如何展开活动，如何统一管理。

（2）农民工对工会的认识问题

对工会是个怎样的组织，工会是干什么的他们大多都不知道。一旦发生劳动方面的问题，如被拖欠工资，他们一般直接去找工头，甚至采取上塔吊、跳楼等方式解决，而不是去找工会。

（3）作为用人单位的企业方面的问题

还没有建工会的一些非公企业，认为建了工会就要按照职工工资总额的 2％拨缴工会经费，造成企业成本加大，同时也不愿意自己出钱建一个监督自己的组织，因而对组建工会表现出消极的态度甚至阻挠工人建会；而已经有工会的国有企业或改革制企业，由于被吸收农民工入会引发的后续问题困扰，如经费拨缴问题，同工同酬问题、社会保险问题、福利待遇等——目前没有明确的法律依据和有效的解决办法——也不会积极吸收本单位充当临时工、合同工的农民工入会，避免自找麻烦。

2. 农民工组建工会的模式

面对这些难题，各地各级工会对农民工建会和入会形式进行了积极探索。农民工入会基本有了以下几种模式：

（1）源头建会模式

源头建会模式即在农民工外出打工之前，先组建工会，再外出打工，或者已外出打工的农民工在自己的家乡所在地加入工会。如河南信阳市总工会以市、县、乡（镇）、村为四级组织网络，成立领导小组和工会联合会，把即将外出打工的农民发展成会员，并由家乡工会在信阳农民工务工集中地建立“农民工维权服务中心”。农民工工会在各村建立了分会，他们帮助农民工维权的同时，还积极帮助外出务工农民解决土地代耕、子女入学、关照老人、住宅安全问题。

（2）项目入会制

这主要适用于建筑业。建筑业是进城务工人员最集中的行业，占进城务工人员的30%以上。施工一线工人中，农民工占90%以上。应当发挥产业工会优势，与建设主管部门密切配合，按照建筑劳务队伍“谁使用谁主管，谁帮助协调建会”的原则，多种形式组建基层工会组织。我国有些地方的建设部门对组建工会作了一些规定，主要规定了在劳务资质审批程序中，组建工会后才予以批准，没有工会的不予审批。同时还规定，工会组织要建在项目上，重点是从工程项目入手，抓好进入施工企业的零散队伍的建会。

（3）广覆盖式，建楼宇、街道、社区、乡镇、村工会

建立完备的工会组织网络，吸纳零散就业的农民工入会。工会大门向农民工敞开，农民工只要有入会意愿，随时可以就近跨进工会的大门。对城市社区街道里零散就业的农民工，则由他们务工所在地的大楼、街道、社区工会吸纳他们入会。如美容美发、餐饮小吃、家庭保姆、钟点工、家庭装修工等，从事这些工作的农民工，他们的工作场所分散、工作时间灵活，雇主不是正规的企业法人，其工作内容具有很强的生活服务性。

小资料：农民工会：农民工“权益困境”的突破

呼唤农民工组织

今天的城市，已经离不开这些农民工的帮助与推动。可是一直以来，这些农民工却始终无法真正融入城市，他们做着城里人嫌脏嫌累的工作，过着城里人无法忍受的日子，拿着城里人嫌少的工钱，还要冒着欠薪、工伤的风险。该谁来关心他们、组织他们、维护他们的合法权益呢？

对于农民工来说，个体的力量始终是弱小的，要维权，就一定要形成组织的力量。农民工权益遭到较普遍的侵害且容易遭受侵害，相当重要的原因在于农民工是在“单兵作战”。没有自己的组织作为载体和后盾，无法通过组织化的

方式来维护自身权益，又缺乏其他诉求渠道和手段，因而，在与企业、雇主的交涉和较量中，无论农民工个体还是群体，都势必处于一种显而易见的弱势境地。一个社会集团力量的大小，往往不取决于它包含成员数量的多少，而取决于它的组织程度或组织形态。尽管农民工群体等弱势群体在数量上占有优势，但这一优势还没有转化为组织化利益表达的有效途径。因此，劳动者只有组织起来才能形成与雇主相抗衡的社会力量。农民工呼唤这样一个组织。

农民工会应运而生

权力在现代社会中是高度组织化、系统化且具有强制手段的结构；资本则自有一套快速、严密的生成机制和运行规律。如果劳动力缺乏组织，缺少与资本讨价还价、与权力谈判协商的能力，那就永远只能以单个个体的身份“打工”。劳动力不能像权力或资本那样实现高度组织化，一个屡见不鲜的后果就是被压制、被剥夺、被各个击破。值得庆幸的是，2003 年 9 月全国总工会十四大关于“进城务工人员是工人阶级的新成员，是工会组建和发展会员的重点”的精神给出了应该采取“融入”思路的答案，即把农民工纳入到中国的工人阶级体系之中，并以工会的形式对其予以管理和保护。在近年农民工维权努力的过程中，一个相当重要的进展就是，明确了各级工会组织作为农民工维权的代表，这使农民工的权益维护有了一个组织化的“载体”。进而，不少人又在思索能否建立农民工自己的工会。这种思考很快得到了实践的回应。

“一条街”工会：农民工来到务工地找到工作后，便在用工单位附近的街道，寻租暂时安身栖息的出租房。在长期的生活中，这里也成为一个“半熟人社会”，相同的工作、生活模式，使农民工经常力所能及地在工作生活上互相关照着。于是，当地街道办事处，出于社会治安的需要，便把这些农民工集结在一起，组建“一条街”的农民工会。

劳务公司工会：劳务公司先与农民工签订合同，再把他们租赁到各工地。这样，农民工只是不断流动，基本的管理还在劳务公司，劳动合同、各种社会保险都与劳务公司签，工会组建也就有了基础。但在实际操作中，这种模式并不成功。

项目工会：它是以某一较大项目工程为载体，以外来民工为主体的、有一定时间性的工会组织形式。每个建筑工程都有大量来自全国各地的民工，为此，在工地所在区县的总工会介入下，与项目中标单位先组建联合工会筹建小组，再组织务工人员学习相关法律知识，提高对工会组织的认识，做好会员发展工作。最后在建设工地组建外来劳务工联合工会，并通过民主选举产生联合工会领导班子。

同乡工会：农民工外出前进行登记，由输出地工会发展为工会会员，按照会员组织关系随劳动关系流动的原则，实行双重会籍管理制度，即外出务工时，接受用工地工会的管理，享受工会会员待遇。输出地工会负责与输入地相对应的工会组织建立联系，及时了解农民工在当地的工作、生活情况，并向他们提供咨询服务和法律援助，参与或协助有关部门处理涉及农民工的劳资纠纷和工伤事故等。

直选工会：这是沿海一些省市改革工会组织运作模式的新探索。这些非公有制企业中的新型工会，基本上没有政府背景，工会组织由非公有制企业的职工自主（非自助）建立，工会领导人由工人代表直接选举产生，向工人负责，没有行政级别，也不享受什么政治待遇。直选工会的产生和直选工会领导人的出现，使广大劳工有了真正代表自己利益的组织和代言人，既有利于依法维护劳工利益，也有利于协调劳资关系，将劳资关系从冲突对抗引向谈判协商。

园区工会：主要是指在工业园区、工业开发区等新经济组织相对集中的园区成立的工会联合会等组织模式。

通过实践来看，直选“工会十项目工会”被证明是成功的。它是中国基层民主政治建设从农村向城市、从农民到工人的一个延伸、一个突破。

同时，透过这些新出现的工会模式，可以总结出有关农民工会的一些结论：在建会的思路上，应按照“哪里有职工，哪里就要建立工会组织”和“最大限度地把职工群众组织到工会中来”的原则组建工会；在建会方法上，采取“自上而下”与“自下而上”相结合，把建立工会委员会与建立工会分会、工会小组，按区域、行业组建工会联合会或联合基层工会相结合等。突破城市企事业单位工会组织比较单一的形式，变为跨企业、跨行业、跨所有制的组织模式。农民工会应该突破条块分割状况，跳出封闭小圈子，实行地域原则，形成了开放式的大格局。农民工会从机制上脱离了原有工会“行政化”“福利化”的经验，工会的作用主要用于调整劳动关系和维权上。

农民工会的运作与发展

农民工会是一个新生的事物，它既要遵守既有工会的规则，又不可避免地带有自身的一些特点。同时也要注意到若干问题，即城市工会的松散、政治性不应带入到农民工会中去。如果只是拷贝城市工会的运作模式，那只能是亦步亦趋、形同虚设。

农民工会不但要建起来，而且要硬起来。

资料来源：陈朋．中国社会导刊，2007（6）：第46-47，内容有删节

六、时代呼唤工会挺起腰杆来

工会维权不能“集体失语”。中国工会存在一个悖逆性特征：一方面显得十分强大，另一方面维权效果又很弱、民间评价又很低。

根本原因在于中国工会存在一个致命性的瓶颈——基层工会普遍处于“维权不能”的状态。这种状态导致上层工会的维权意志和维权行动并不能有效地传递给基层工会，转化为基层工会的维权意志和维权行动。工会的基本职责是维权，举世皆然工会因维权之社会需要而产生，也因维权之社会需要而存续和发展。不维权的工会实质上不是工会，充其量可以称为“伪工会”。因此，工会与维权密不可分。

观察中国工会及其维权工作，可以发现两类悖逆性的现象：第一类现象显示，中国工会极为强大；第二类现象显示，中国工会大而不强。

首先是维权效果之弱。从宏观上看，中国工会未能改变中国工作场所中劳资力量的对比：在中国的工作场所中，劳动者仍然匍匐在资本的脚下，忍气吞声、小心翼翼。从微观上看，中国工会未能有效维护中国劳动者包括工会会员的合法权益：中国劳动者依法享有的一些合法权益依然普遍被侵犯、普遍得不到实现，如违法加班、不给加班费、不依法缴纳社会保险费在中国依然普遍存在。

“黑砖窑现象”长期存在，政府没有发现和处理，工会也没有发现和处理；“矿难”频发，政府遏止不住，工会也不能发挥有效制约和预防作用。

对于基层工会组织体制的改革，中国工会的胆子要大一点，不能自己吓自己，不能自己给自己设立研究禁区、实践禁区；不能窝窝囊囊，什么也不敢想，什么也不敢做。只要不违反宪法和法律，只要对国家和社会有利，就应当大胆地尝试，大胆地创新，只有创新才能实现自我改造，才能找到生存之道、发展之路，才能对国家和社会的发展作出应有的贡献。

工会是会员的维权组织，自然要为职工说话。然而，长期以来，有些工会成了单位的“花瓶”、摆设，部分身为职工“靠山”的工会组织患有“软骨症”，也是不争的事实。工会如何真正成为职工利益的代表，关键是工会的腰杆子要硬起来。一方面，要强化工会维权的职责，2001 年修订的《工会法》明确规定“维护职工合法权益是工会的基本职责”；另一方面，为保护工会干部开展工作时自身权益不受侵犯，修订后的《工会法》强化了对工会干部的法律保护。之后，2003 年 1 月 9 日《最高人民法院关于在民事审判工作中适用〈中华人民共和国工会法〉》若干问题的解释，为正确审理涉及工会经费和财产、工会工作人员权利的民事案件，维护工会和职工的合法权益提供有力的司法保障。从制度设计层面强化和保障工会组织的维权工作是不够的。工会的腰杆子能硬起来，就要做到：职工信赖工会，有事能想起工会，且工会要主动关心职工权益，遇到问题不推诿，有所作为。

开放专栏

改革开放中不断奋进的中国工会

在从高度集中的计划经济体制到充满活力的社会主义市场经济体制、从封闭半封闭到全方位开放的伟大历史转折中，我国亿万职工充分发挥工人阶级主力军作用，以主人翁的精神面貌，极大地推动了社会生产力的解放和发展，为改革开放事业的成功作出了历史性贡献。

一、适应改革开放事业的发展，探索出一条中国特色社会主义工会发展道路，实现了从计划经济体制下的工会向市场经济体制下的工会的历史性转变

中国工会在推动改革、促进发展、维护稳定中发挥了不可替代的重要作用，成为推进改革开放和发展中国特色社会主义伟大事业的有组织的重要社会力量。

二、最大限度地把职工组织起来，不断扩大覆盖面、增强凝聚力，工会组织发展实现历史性突破

中国工会积极适应职工队伍的深刻变化，大力推进工会组织建设，不断扩大工会工作覆盖面、增强工会组织凝聚力，在应对挑战中发展壮大，实现历史性突破。

三、坚持以理论创新带动工会体制和工作创新，推动了工会事业的全面发展

面对新的形势和任务，各级工会立足国情会情，坚持自身特色，顺应时代发展，坚持以理论创新带动体制和工作创新，推动了工会工作的全面发展。

（一）工会理论创新取得新成果

理论创新是工作创新的前提和基础。各级工会在党的领导下，勇于实践，大胆探索，从全局性、战略性、前瞻性的高度进行思考和研究，不断深化对经济关系和劳动关系发展规律、工人阶级队伍发展规律、工人运动和工会工作发展规律的认识，从理论和实践的结合上作出新概括，明确新思路，提出新举措，形成了一系列创新成果。

（二）工会体制创新取得新成效

面对职工特别是农民工流动性强的特点，各级工会在组建工作上积极探索，改变单纯做经营者工作的方式，启发职工自觉主动入会，创新了楼宇工会、项目工会、市场工会、社区工会、网格化管理、劳务输出地入会、劳动力市场入会等形式，方便职工入会。探索建立区域性、行业性工会，面对县域经济迅速发展，县级工会无力直接指导众多基层工会工作的新情况，建立健全乡镇、街道、社区和工业园区工会，完善乡镇（街道）工会——村（社区）工会——基层工会“小三级”工会组织网络体系。

面对基层工会干部不足、兼职多、活力不足等问题，创新工会干部队伍建设，建设工会组织员、协理员队伍，向社会招聘工会组织员、指导员、协理员及工会志愿者。

面对部分工会干部开展维权工作时有后顾之忧的实际，建立健全工会干部保护机制，实行会务公开，强化工会组织和工会干部的考核评价和激励约束机制，向非公企业选派工会主席候选人，基层工会主席直接选举，推进工会干部职业化、社会化等，都取得了比较明显的成效。

（三）工会工作创新取得新成绩

各级工会按照工会组织群众化和民主化的要求，实行工作重心下移，把职工群众关心的难点、热点作为工会工作的重点，密切联系职工，充分发扬民主，坚持依靠职工办工会，努力克服形式主义、官僚主义和机关化、行政化倾向，把工作重点真正放到基层，放到为职工服务上来，在工作创新上进行了不少大胆的尝试，取得了突出成效。

（四）顺应对外开放与经济全球化的趋势，扩大对外交往，实现了从封闭条件下的工会向对外开放条件下的工会的历史性转变

改革开放以前，中国工会的对外交往领域主要局限在苏联和东欧等社会主义国家工会和一些第三世界国家工会，与欧美资本主义国家工会和国际工会组织没有建立实质性的交流关系。中国工会九大以后，中国工会国际交往逐步恢复。中国工会主动适应对外开放与经济全球化的趋势，坚持独立自主、广泛联系的方针，超越意识形态的差异，积极扩大对外交往，发展同各国及国际工会组织的交流。

目前，中国工会已经与世界上155个国家的402个工会组织建立了交流交往关系，国际影响显著提高，工会国际工作开创了新局面。

资料来源：中华全国总工会研究室．工人日报，2008-12-30

延伸思考

1. 我国工会组织与其他组织有何区别？
2. 为什么说维护职工合法权益是工会的基本职责？
3. 中国工会在政治经济社会中的地位是怎样的？
4. 如何把农民工组织起来？

深度阅读

［1］刘元文．工会工作理论与实践［M］．北京：中国劳动社会保障出版社，2010

［2］李培荣．社会主义时期工会理论探索［M］．北京：中国计划出版社，1988

［3］柳可白，王玫，阎春枝．当代工人市场化的演变和趋势［M］．长沙：湖南人民出版社，2005

第七章　工会历史：中国工会是这样走出来的

工会史，是工会组织和工人阶级群众以工会为组织形式的社会运动的发展历史，是工人运动史的重要组成部分。中国工会史揭示了中国工人阶级在争取民族、阶级和社会解放斗争中所组织的工人团体，特别是中国共产党领导下的革命工会发展的历史进程和规律。中国工会运动的发展经历了三个时期，即旧民主主义革命时期的早期工会运动、新民主主义时期的工会运动、社会主义革命和建设时期的工会运动。中国工会运动发展的前天、昨天和今天，构成了一部中国工会史完整的内涵和体系。

一、扛着“三座大山”的工人阶级

中国最早的产业工人，是19世纪外国资本在中国经营企业和洋务运动下官办企业的产物。在中国大地上，资本主义存在外国资本、官僚资本和民族资本三种形式。中国人民被帝国主义、封建主义和官僚资本主义“三座大山”压迫，工人阶级处于低层，工人阶级，这个在旧社会人数不多、苦难深重、地位低下的阶级，却如同火山喷发一样爆发出惊人的能量，成为伟大的新民主主义革命的领导者，成为推翻三座大山的中流砥柱。

（一）中国工人阶级的产生

中国工人阶级不是中国资本主义独立发展的产物，而是19世纪40年代后外国资本主义和帝国主义对华侵略的结果，是随着中国近代工业产生、发展起来的。中国工人阶级的产生与发展大体经历了三个阶段。

1. 工人阶级产生阶段（1841—1894年）

鸦片战争以后，帝国主义把一系列不平等条约强加给中国，在沿海、沿江的广州、福州、厦门、宁波、上海等地陆续开放了一批通商口岸，把其廉价商品运到中国，同时从中国也运走廉价原料。当时，帝国主义远隔重洋，主要的运输工具是轮船，因此，基于轮船修理的需要，中国第一个工业产业产生了，即1845

年英国人柯拜在广州开办的柯拜船坞。与此同时，外国资本从中国掠夺廉价的原料，需要进行初步加工，因而，一批砖茶厂、缫丝厂、打包厂等原料加工企业开始出现。另外，随着外国租借地的开辟和近代城市化的出现，外商又开始精英一些公用事业，如煤气厂、发电厂、自来水厂等。因此，中国最早的产业工人就是从这些企业中陆续产生的。至 1849 年，在 191 个外国资本开办的工厂中，约有产业工人 34 000 人。

鸦片战争失败后，以李鸿章为代表的洋务派把中国的失败归咎于西方的船坚炮利与中国军事武器的落后，主张向西方学习，兴办洋务运动。19 世纪 60 年代洋务派官僚首先打着“自强”的口号在中国创办了一批军事工业。如李鸿章在上海创办的江南制造局，是当时中国规模最大的企业。70 年代开始，又以“求富”为旗帜，开办了一批“官办”“官商合办”“官督民办”的民用工业，如李鸿章开办的开平矿务局、张之洞开办的汉阳铁厂等，于是产生了中国第二批产业工人。到 1894 年，在 48 个官僚资本开设的军事、民用企业中，约有产业工人 30 000 人。

由于帝国主义的侵略，加速了中国封建社会自给自足自然经济的解体，同时，西方科技文明的影响和资本丰厚利润的吸引，也刺激了一部分绅商投资工业的积极性。从 19 世纪 60 年代后期开始，中国民族资本经营的近代工业应运而生。早期民族工业都是小型轻工业，如面粉、火柴、纺织等，产生了中国第三批产业工人。到 1894 年，在 136 家民族资本经营的企业中，有产业工人27 000～30 000 人。

这个时期，外国资本的侵略方式以商品倾销为主，尚未进行大规模的工业投资，官办资本主要集中在军事工业，民族工业还处于萌芽状态，因此，中国近代工人阶级的队伍发展不大，在上述三种企业中的工人，加上海员和一些规模较小但使用机器的企业中工人，产业工人的人数大约有 10 万人。

2. 工人阶级队伍初步发展阶段（1895—1941 年）

19 世纪 90 年代，世界资本主义对外侵略的方式由过去的商品输出为主转变为资本输出为主，从而过渡到帝国主义时代。1895 年甲午战争后签订的《马关条约》，请政府允许外国资本在华投资设厂，各帝国主义国家疯狂扩大对中国的侵略，到 1914 年第一次世界大战以前，在外国资本经营的企业中的产业工人增加到 50 万人左右。同时，中国民族资本经营的近代工业也获得初步发展，这中间，除了资本丰厚利润的吸引，也有一些爱国地主和资产阶级试图实现“实业救国”的理想。在民族资本经营的企业中的产业工人达到 65.6 万人。

3. 工人阶级队伍壮大阶段（1914—1919年）

第一次世界大战爆发后，由于欧洲各帝国主义国家忙于战争，暂时无暇东顾，中国民族工业得到了一个迅速发展的“黄金时期”。例如，在上海，1911年共有工厂98个，到1919年已经增加到385个。在民族资本发展的同时，日、美帝国主义也乘虚而入，扩大在中国的市场。从前德国在青岛所设的工厂，全部被日本所占有，美国对中国的贸易额，1918年比1912年增长了190%。

到五四运动前，中国产业工人的总数约计260万人，加上1 800万手工业工人、店员和城市苦力在内，形成了具有中国特点的工人阶级队伍，为工人阶级登上历史舞台奠定了阶级基础。

开放专栏

小资料：中国工人的斗争

中国工人阶级从诞生那天起就不断进行反对剥削和压迫的斗争。

1858年，香港2万多市政工人和搬运工人，在反对英、法侵略军占领广州城的斗争中，广州打包工人联合会组织罢工回广州。

1840年到1904年的60多年间，有文字记载的工人斗争共约30次，平均每年不到1次

1905年到1913年的9年间，共70多次，平均每年约8次。

1914年到1919年5月，共120多次，平均每年20多次。

仅1918年一年全国就发生罢工33起。

1919年增加到67起。

中国工人阶级早期自发斗争规模和形式不断发展。

在反对帝国主义侵略的斗争中，中国工人阶级英勇反抗。

1884年，中法战争期间，香港船舶修造工厂拒绝为法国侵略者修理军舰。

1903年，云南蒙自万余矿工参加了资本家发动的临安起义。

1907—1909年，安徽铜官山的矿工们在矿务工会的领导下展开斗争，废除了英帝国主义者在铜官山开矿的合同，收回了矿权。

1912年，安庆的工人们在孙中山的支持下，积极参加了焚烧鸦片的斗争。

1915年，在反对日本企图灭亡中国而提出的《二十一条》不平等条约的运动中，上海、汉口、长沙等地日本厂雇用的中国工人举行罢工和游行示威，并积

极参加抵制日货的运动。

1916年11月14日，天津法租界全体工人，1 700多人进行罢工，一直到1917年3月，终于取得了胜利。

1919年冬，安徽繁昌桃冲铁矿工人罢工，反对日本帝国主义者的控制和剥削，斗争取得了胜利。

（二）中国工人阶级的特点

工人阶级作为一个新兴的阶级，和机器大工业相联系，和最先进的社会生产力相联系，因此，是当时最进步、最有前途的阶级。中国工人阶级和国际无产阶级一样，具有国际无产阶级的先进性。

同时，由于中国近代工业是帝国主义侵略的产物，导致中国近代工业的畸形发展，也决定了中国工人阶级具有自己的独特优点：

中国工人阶级深受帝国主义、封建主义和官僚资本主义三重压迫，具有改变自己悲惨处境的强烈要求，其革命斗争性比任何阶级都坚决彻底。

中国工人阶级主要集中在沿海、沿江的大城市和大型矿场企业，如矿山、铁路、海员、纺织等产业中，这种相对集中的状况有利于工人阶级的组织和团结。

中国工人阶级大多来自于破产农民，与农民具有天然联系，便于同农民结成巩固的亲密联盟。

但是，由于受到中国工业畸形发展等经济、社会和政治因素的制约，中国工人也有其必不可免的局限性，因此也存在一些弱点。

1. 相对数量少

在当时全国4亿人口中，中国产业工人的数量还达不到1‰。而1850年，英国以工人为主体的城市人口已达500万以上，大约占全国人口的一半。

2. 产生时间晚

年轻的中国工人阶级比欧美工人阶级产生晚了近一个世纪，工人阶级的阶级意识不强，还处于启蒙阶段。

3. 文化水平低

中国大部分工人属于非技术工人，多来自农民，文化水平很低。1928年，对上海工人的抽查表明，未读过书的文盲占57.7%。在各个产业中，矿工文化水平最低。1931年，山东中兴煤矿工人，小学以下文化程度的占95.7%，其中未读过书的占78.4%。

4. 小生产意识影响深远

中国工人大多直接来自农民，与农村保持着千丝万缕的联系，封建思想、小农意识一时还难以消除。

中国工人阶级的这些特点，对日后的工人运动和工人阶级政党都产生深刻影响。

二、早期中国工人依存所

在中国资本主义的发展过程中，在帮会势力浸润于工人阶级队伍之前，手工工场、厂矿企业中业已普遍存在着行会、帮口。帮口是互相帮助寻找工作，和别帮人争夺工作的组织。随着雇佣劳动的扩大，在雇工中也出现了行会组织，一般称为“行帮”。行帮的功能主要是为了维护雇工自身的利益，一方面同雇主发生矛盾、开展斗争，另一方面同其他行帮或帮外的雇工以及“潜在的雇工”发生矛盾、冲突。尽管行帮组织是封建社会内部的产物，但它与雇主的矛盾、斗争作用，使之有可能在资本主义产生发展的情况下向工会转化。行会、帮口等中国工人阶级的早期组织，在维护工人利益方面是发挥了某些作用。

（一）中国早期的工人组织

早期工人由于缺乏阶级觉悟，不懂得建立自己的阶级组织。但为了在社会和劳动关系中能够有所依靠和生存，他们大多参加了各地流行的行会、帮口和各种封建性秘密结社组织。

“行会”是在封建社会晚期商品经济有了较大发展的条件下，城镇手工业者和商人的同业组织，具有对外增强竞争力、对内增强凝聚力的功能。在行会内选有“行头”，建有“会馆”“公所”一类机构，定有行规。起初，各地行会大多工商部分，业主与雇工混合。而且兼有同乡关系。鸦片战争以后，随着封建经济的解体和资本主义工商业的发展，各地行会组织逐渐发生变化，有些地方（如广东等）出现了业主与雇工分别设立的“东家行”和“西家行”。

“帮口”是以同乡、地域为基础结成的城镇苦力工人的组织。“帮口”是随着近代工业和城市化的发展、劳动力的流动而逐渐在工人比较集中的城市、矿区和水陆码头流行起来的。参加的成员绝大多数没有专门技术，与帮主不存在师徒关系，其结合的目的是为了独占某一地区的某种劳动事业，对外抗御和排挤异乡劳动集团的竞争，如上海各业工人中的本地帮、淮阳帮、安徽帮、宁波帮、绍兴帮、广东帮、湖北帮等。

行会和帮口并没有严格的界限，有行中有帮，又有的帮中有行，行与帮互相联系，不可分割。比如，宁波籍工商匠人在上海建立的四明公所，下面又按行业划分为酒帮、海产帮、南货帮、石器帮、竹器帮等；而汉口的茶叶公所，下面又分为广东、山西、湖南、湖北、江西、江南六帮。因此，行会和帮口有时也统称为“行帮”。

开放专栏

中国帮会

上海青洪帮头目黄金荣、杜月笙

中国帮会最初主要活跃于广大农村地区。追至 19 世纪末 20 世纪初，华南的三合会、三点会，长江流域的哥老会（中下游地区以“红帮”闻名），运河沿线的青帮，在广大城乡地区盘根错节，枝繁叶茂。这种状况与中国日益跌入半殖民地半封建社会深渊的进程是一致的，一方面，由于外国侵略、兵变、苛政、灾荒等因素的影响，农村经济凋敝，农民大量离村；另一方面，在沿海及华中等地区，一批近代化城市兴起。在城市无产阶级发育成长的过程中，各种帮会也在城市的各个角落及其他地区的工矿、运输业中伸展触角，发展势力。

由于近代中国城市的半殖民地性质，以及城市行业多种多样，竞争激烈，人群庞杂，流动频繁，统治者力量较强等因素，决定了城市帮会有许多不同于农村帮会的特点，主要表现在：(1) 分布范围更加广泛，系统更为庞大。如上海、武汉等地的青洪帮，上至官府，下至里弄，从工厂码头到摊贩商店，从赌场戏馆到澡堂妓院，无处不有他们的势力。(2) 分帮分行，各分地段。这种情况与原有的行会、帮口是复杂地交织在一起的。(3) 组织严密，帮规复杂。(4) 具有更强的寄生性和反动性。就城市帮会的社会功能来说，除一些基本点与农村帮会相同外，它在为帮中失业者介绍职业，以及在开展经济斗争等方面，也还有某些特殊的作用。

民国年间，城市帮会势力之强大，可从以下一些数据得到印证。据 1930 年国民党方面的调查，人口并不多的芜湖市，青洪帮分子的总数有两三万人，大多散布在水陆运输和码头苦力工人之中。青洪帮势力最大的上海市，据《时报》

1914 年的报道，仅洪帮已达数万人之多。青帮的人数更多，1920 年，上海的青帮人数在 10 万以上。据 1930 年中共上海市地下党组织对上海的棉纺、丝织、卷烟、电力、市政、交通、邮政、机器等 22 个产业及各业职工的基本状况的调查，除缫丝、煤气、印刷等少数产业部门没有明显的帮会组织以外，多数产业部门的工人中都有青洪帮组织。像棉纺系统，男工十分之七八都参加了青洪帮。中国工人队伍中包含了大量帮会分子，帮会组织在相当程度上控制了工人队伍，这是一个不容忽视的历史事实。

资料来源：学术研究，2000（3）

“秘密结社”是由清代初期在下层民众中建立的“反清复明”“除暴安良”的组织发展而来的。因为与官府对抗，所以必须严格保密，而且有一套严密的组织和严格的纪律，信奉一定的神道。后来，特别是鸦片战争以后，它的首领的大多与官府协商，甚至相互勾结，成为由少数首领把持的流氓集团和黑社会势力。例如，在南方的有青帮、洪帮、哥老会、三合会等；在北方的有大刀会、红枪会等。其中以青帮的势力最大，它是在南北运河承办漕运的工人和其他人员中发展起来的，后来在上海等地吸收了三教九流、各界人士，甚至将势力扩大到军警各界。

上述各种封建性组织，在历史上对抵抗外辱、对抗官府、扶危济贫等曾经起过一定的积极作用，对早期工人在谋求职业保障、抵御外人欺压和救济意外困难时也有一定帮助。它是新兴工会的组织基础。但是，这些组织毕竟不是工人阶级的组织，它不仅对工人实行封建性的压迫和剥削，而且模糊工人的阶级意识，破坏工人的团结，使早期部分工人群众的斗争带有一定程度的封建神秘色彩和市井习气。

中国早期工人组织如图 7—1 所示。中国早期工人组织利弊见表 7—1。

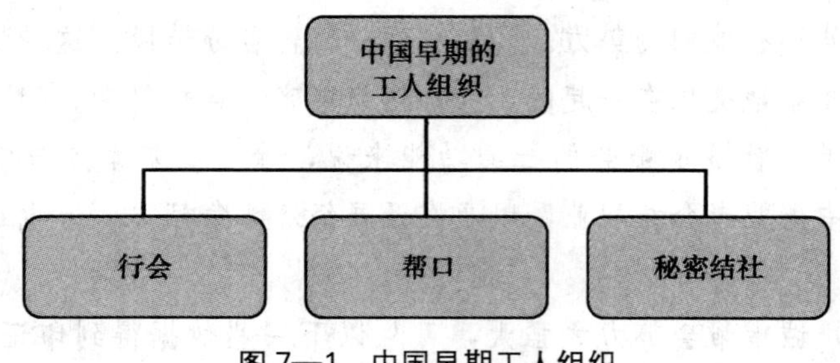

图 7—1　中国早期工人组织

表7—1　　中国早期工人组织利弊

	积极作用	存在缺陷
中国早期工人组织	1. 在抵抗外辱、对抗官府、扶危济困中发挥了积极作用 2. 对早期工人的谋求职业、抵御自从欺压和救济意外困难时有一定的帮助作用 3. 为新兴工会奠定了组织基础	1. 仍然还不是工人自己的组织，不仅对工人进行了封建性的压迫和剥削，而且模糊了工人阶级意识，破坏了工人的团结 2. 使早期部分工人群众的斗争带有一定程度的封建神秘色彩和市井习气 3. 混杂在一起的工人组织往往追求狭隘的利益，并因此相互冲突，甚至械斗，很容易被雇主、买办、当局和军阀所利用，不利于工人阶级的团结

（二）中国工会的萌芽

中国工会萌芽于辛亥革命时期。当时，在国际上，世界已经进入帝国主义时代，工人阶级已经成为资本主义各国重要的社会政治力量，马克思主义也在社会主义运动中取得了重大胜利，并且广泛传播起来，资本主义面临着社会主义革命的严重危机。在国内，中国资本主义虽然还比较薄弱，但已经有了初步发展；中国工人阶级虽然还没有成为重要的政治力量，但是也有了相当的发展。这种形势，对向西方寻找真理的中国资产阶级和小资产阶级产生了重大影响。他们虽然在进行资产阶级革命，却不能不考虑社会主义革命和二人运动的问题，企图从社会主义思想中吸取自己所需要的东西，避免反对资本主义的社会主义革命的发生。孙中山“举政治革命，社会革命毕其功于一役”的思想，就是要在中国资产阶级革命胜利以后，根据社会主义学说的精神，采取预防资本垄断的办法，以避免反对资本主义的社会主义革命。有些小资产阶级知识分子对劳动运动的观点更激进一些，提出了组织劳动者的代表机关，给劳动者以平等地位，实行改良主义、劳资合作等预防劳动问题的措施。

中国早期工会组织（见图7—2）大致可以分为以下四类：

第一类是新兴资产阶级建立的劳资混合团体。如1910年，湖南资产阶级立宪派建立了“湖南工业总会”，又称“湖南省总工会”。1913年，四川部分绅商，也在原有的“劝工局”一类组织的基础上建立了“四川公务总会”，也称为“四川总工会”。

第二类是以孙中山为代表的资产阶级革命派领导和影响的工会组织。1909年，孙中山曾指派国民党人先后在香港、广州建立了“中国研机书塾”“广东机器研究公会”等组织，后演变为广东机器工会。1913年，孙中山领导的“二次革命”失败后，他又派人在日本横滨建立了有华籍海员参加的“联义社”，在此基础上，1915 年在香港建立了中国海员公益社，1917 年将其改名为香港中华海员慈善会。在广州，建立了广州茶居职业工会。

第三类是其他资产阶级和小资产阶级政治派别建立的工会组织。辛亥革命以后，严禁人民集会结社的限制被突破，各种各样的政党团体如雨后春笋般兴起。其中对工人运动影响较大的政党（如 1911 年江亢虎在上海成立的中华社会党；1912 年徐企文等人在上海成立的中华民国工党；1913 年起，刘师复等在上海、广州建立的无政府主义同志会等），在一些地方的工人中进行过活动，建立了一些工人组织。但是，他们大多有名无实，寿命不长。

第四类是一些工人自发的组织和团体。随着工人自发斗争的发展，同时受到资产阶级和小资产阶级政党宣传的民主共和思想的影响，辛亥革命以后，有些地方的工人开始突破原有行帮、行会的束缚，自发组织起一些职工团体。例如，在上海，先后建立有缫丝女工同仁会、江南制造局的制造工人同盟会、商务印书馆印刷所的工界青年励志会和集成同志会等。在武汉、长沙等地和铁路、航运等行业，也都出现过类似组织。

上述这些组织和团体有的是劳资混合，有的主要代表中小资产阶级的要求，还存在不少行帮的影响，所以都不能成为名副其实的工会，而且大多存在的时间都不长。但是，由于这些组织，尤其是工人自发建立和孙中山影响下建立的组织，主要是由雇佣工人组成的，活动中或多或少反映了一些工人群众的切身要求，所以，或多或少具有工人阶级群众组织成分，可以称为工会组织的萌芽。

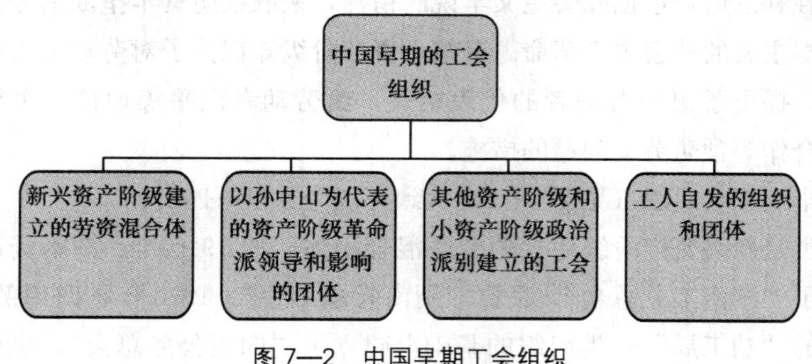

图 7—2　中国早期工会组织

三、“招牌工会”与“黄色工会”鱼目混珠

黄色工会与招牌工会在五四运动后的一段时间里，几乎左右了一些地方的工

人运动。仅在上海，自 1919 年 4 月发起组建中华工业协会，到 1922 年，就先后成立各种招牌工会、黄色工会 50 多个。这些工会往往被政府或与政府关系密切的势力收买或控制，主张阶级调和与合作，讲与资本家同舟共济，以工人运动或工会的名义，笼络工人，以维护剥削制度和旧的社会秩序。

（一）招牌工会

五四运动后，上海出现一批工界团体。这些团体的成员比较复杂，有的劳资不分、工商混合，有的名称很大、活动很少，被称为“招牌工会”。中国共产党成立前，招牌工会参与一些爱国活动，在一定程度上支持五四运动时的六三大罢工，反对外国侵略，谴责北洋卖国政府；主张振兴民族工业；宣扬提高工人地位，改善工人待遇，发起与组织纪念五一国际劳动节等，起过一些有益作用。但有些工会被资本家所收买，不但不能维护工人的利益，而且还欺骗与牺牲工人利益为资本家服务，阻止与出卖工人运动成果。

1919—1921 年夏，相继成立的招牌工会有 20 个左右，1922 年又成立了 10 多个，总数达 30 多个，其中主要的有中华工业协会、中华工界志成会、中华工会、上海电器工界联合会、中华全国工界协进会、中华工界联合会、上海船务栈房工界联合会、上海工商友谊会等。

虽然招牌工会在其兴起阶段起了一定的进步作用，但是资产阶级自身的阶级性决定了它所领导和控制的工会，在思想上、组织上和政治上都有很大的历史局限性，不可能真正代表工人阶级的利益，不可能真正成为谋取工人阶级自身解放的工人阶级群众自己的工会。资产阶级领导的工会运动只能朝着“劳资协调”“改良主义”的方向发展。因此，当中国共产党领导的革命工会产生和发展起来以后，真假工会之间不可避免地发生矛盾和斗争，招牌工会势必成为革命工会发展的重大障碍，特别是当招牌工会与国民党右派联合起来，公然反对共产党领导的革命工会，破坏革命工会的斗争，招牌工会就逐渐堕落成为工贼团体，最后走向覆灭。

小资料：历史上的招牌工会

中华工业协会于 1919 年 4 月成立，由国民党人冯自由、曹亚伯先后担任理事长，后由留日归国学生黄介民等主持该会工作。该会宣称的宗旨是“团结工界，振兴吾国实业，解除工人痛苦”。曾参加五四运动，主张“提倡国货，不用日货，不作日人之工”，通告罢工工人“严守秩序，万勿暴动”，并在沪西、沪东召开工界大会，宣传其主张。当年6月，该会通电主张拒签巴黎和约。此后，曾决定筹办义务学校、工商储蓄银行，主张工界团体有选举国会议员之权，但都未有结果。1920年3月，张国焘一度担任该会总务主任，陈独秀也曾被该会推选为教育主任。

中华工界志成会于1919年6月中旬成立，是杨树浦各纱厂工头和昌明学校校长明润生发起组织的，以“提倡国货，振兴工艺，实事求是，无党无偏”为宗旨。后推大隆铁厂厂主严裕棠为名誉董事，决定招股集资5 000元，自造织机，筹办模范布厂，曾制成布机一台投入生产。

中华工会于1919年5月下旬开始筹备。六三罢工时，曾决定各码头不起卸日货。同年7月初正式成立，发表宣言和章程，宣扬劳动神圣，声称“联络全国工界同人之感情，谋工人一切福利，求达工业自给之目的”。会长陈家鼐，系湖南籍国民党政客；副会长李荣魁，系虹口李荣记老板；总务科长陈国梁，系民益衣号和祥兴饭馆老板。中华工会自称有4万多会员，但它除了发表过一些通告外，在工人中很少活动。后来陈国梁与陈家鼐闹翻，退出中华工会，另组中国工会，未见其活动。

中华工界联合会成立于1919年，由严觉吾、谭侠军等发起组织，宗旨为联络工界，谋求道德上的利益与进步。该会除发表宣言外，没有发现其在工人中的活动。

（二）黄色工会

黄色工会指资本主义国家和旧中国被资产阶级或其政府收买的工会，主张工人阶级与资产阶级实行“阶级合作”，为了维护资产阶级的利益，破坏罢工，分裂工人阶级的团结。19世纪中叶最早出现于英、法等西欧资本主义国家。其主要特征是由被资本家收买的“工人贵族”阶层所把持，以阶级调和、劳资合作的理论，把工人群众的斗争控制在资产阶级允许的范围内。

开放专栏

“黄色工会”名称的典故

黄色工会基本上均为亲资方的工会。黄色工会在资方的公开和暗地扶持下，往往能取得大量会员份额，并配合一些小恩小惠给予其下会员，以取得工人支持者。黄色工会成为资方缓解劳工不满情绪的工具，并不时为资方的政策保驾护航。更甚的是，黄色工会会以工人代表自居，采取主动与资方谈判、协商，得出来的结果往往出卖了基层劳工的权益。

典故出于1887年，法国蒙索勒明市的一个厂主为阻止工人罢工，私下收买了工会。于是工人们便愤怒地砸碎了工会会所的玻璃窗，工会组织就以黄色纸裱褙挡风遮阳。从此，工人们就称其为见不得人的“黄色工会”。

在中国，虽然一直存在着不同阶级阶层影响下的各种各样的工人组织和团体，而且其中也确有一些工会的主张与西欧黄色工会相类似，但一直到1927年大革命失败以前，在工人运动中，还没有出现黄色工会这一名称。大革命失败以后，在我们党和全总（中华全国总工会）的文件、刊物或领导人的言论中，陆续使用了黄色工会这一提法。这是当时我们党相对于由党所领导的赤色工会而言，对所有不是由党组织和领导的工会组织或团体的统称。

实际上，黄色工会是国民党确立其政治统治后，为控制工人运动而制定的劳工政策的产物。它是在国民党政治势力的扶植下产生，在国民党劳工政策确立后发展起来的。大革命失败之初，以蒋介石为代表的国民党各派新军阀出于对大革命高潮时期，由党领导的、轰轰烈烈的工人运动的共同恐惧和仇恨，曾一度实行残酷镇压和野蛮摧残政策。他们一方面在各地实行极端的白色恐怖，疯狂搜捕、监禁和屠杀了难以数计的共产党人、工运领袖和工运积极分子，并以武力捣毁封闭或强行解散了中华全国总工会及其所属各产业工会和各地革命工会的领导机关；另一方面指派地痞、流氓、党棍、工贼和政客，在各地组织一批官僚式的御用工会，对由我党建立和发展起来，或在我党政治影响下组织起来的各地厂矿企业和行业的基层工会组织强行登记、改组，进行所谓的指导和整理。企图从此灭绝革命的力量和根除共产党影响下的工人运动。

观点之声：

中央在《中央通告第四十七号》中指出：“中央现在的策略，黄色工会如果是有群众的时候，我们必须加入到里边去活动，以公开的地位接近其群众，领导他们作日常斗争，从斗争中揭破黄色工会的假面具，获得其群众。至于宣传方面，我们当然要公开地批评黄色工会的欺骗，但是不能简单地站在群众以外笼统地提出打倒或反对黄色工会的口号。”

（三）“招牌工会”与“黄色工会”对革命工会的阻碍

招牌工会和黄色工会的存在，是革命工会建立与发展的巨大障碍。20世纪20年代初，共产主义小组刚刚建立，人数很少，而且马克思主义及世界各国工人运动先锋经验在中国传播的时间不长，虽然工会的力量正在兴起，但真正符合工人阶级根本利益，以实现无产阶级历史使命为己任的革命工会还没有建立，工人阶级群众还没有自己的阶级组织。因此，在此前后，一些资产阶级政客，甚至资本家，则利用自己的权力、地位控制各个地区与行业性质的“协会”“联合会”“工会”等。这些黄色工会与招牌工会在五四运动后的一段时间里，几乎左右了一些地方的工人运动。仅在上海，自1919年4月发起组建中华工业协会，到1922年止，就先后成立各种招牌工会、黄色工会50多个。这些工会往往被政府或与政府关系密切的势力收买或控制，主张阶级调和与合作，与资本家同舟共济，以工人运动或工会的名义，笼络工人，以维护剥削制度和旧的社会秩序。这就不能不对真正工人运动的发展和革命工会的建立起到极大的消极、破坏作用。

四、工人阶级从“自在”转向“自为”

随着中国共产党的产生和中国工人阶级从自在阶级向自为阶级的转变，中国工会运动在艰难和曲折的历程中，仍一步步向前发展，最终实现自己的伟大理想。

（一）工人阶级早期的自发斗争

中国工人阶级从诞生那天起就不断进行反对剥削和压迫的斗争。19世纪五六十年代，在广州出现了最早的搬运工人的组织——广州打包工人联合会。1858年，香港2万多市政工人和搬运工人，在反对英、法侵略军占领广州城的斗争中，罢工回广州。这是我国有文字记载的最早一次大罢工。据不完全统计，1840年到1904年的60多年间，有文字记载的工人斗争共约30次，平均每年不到1次；1905年到1913年的9年间，共约70多次，平均每年约8次；1914年到1919年5月，共120多次，平均每年20多次。仅1918年一年全国就发生罢工33起，1919年增加到67起。中国工人阶级早期自发斗争的规模和形式不断发展。最初是个别工人或少数工人，采取同雇主吵闹、向官厅告状、破坏机器设备、抢劫库房、烧毁原料或制品等方式，进行反抗。后来逐渐发展到数十人、数百人，甚至数千人的有某种组织和领导的怠工和罢工。特别是在第一次世界大战期间，上海、香港等地开始出现了几个企业，甚至全行业的同盟罢工和总同盟罢工。例如，1914 年 10 月，上海招商局、太古、怡和三个轮船公司的宁波籍海员举行同盟罢工，要求增加工资。同年 12 月，上海黄包车工人举行同盟罢工，反对增收车租。1915 年，安源煤矿工人为了反对残酷剥削和反对外国工程师袒护殴打工人的工头，举行了罢工。哥老会组织领导了罢工，后因军队镇压而失败。1916 年，北京政府财政部印刷局工人、上海翻砂工人、上海英商香烟公司工人要求提高工资，举行了罢工。1917 年，湖南水口山矿工和上海英、美烟厂工人各 3 000 人举行罢工。1917 年 3 月，上海中华、文明两书局的印刷工人举行罢工，支援商务书馆印刷工人的斗争。各地还发生手工业工人的行业罢工。

这些日益增长的罢工，主要是出于工人不能忍受牛马不如的生活状况，不能忍受残暴的虐待，反对克扣工资和要求提高工资而自发进行的经济斗争，也有一些具有明显的反帝反封建性质，因而促进了中国工人阶级觉悟的提高。但是，那时无产阶级还没有自己的政党和统一的工会领导，尚处在自在阶级的状态。中国工人阶级的早期斗争多数集中在沿海城市和矿山、铁路。中国工人阶级早期斗争一开始，就突出反对帝国主义，同时也反对封建地主阶级和官僚资产阶级，任务之繁重、艰巨是各国工人运动所罕见的。中国先有工人阶级，后有资产阶级，中国工人阶级一诞生就比资产阶级力量强，这也是世界罕见的。中国工人阶级早期斗争都是自发的斗争，组织也是原始的，如帮口行会等。这个时期的工人阶级处于自在阶段，斗争多数是经济性的，即使有些政治性斗争，它也不是独立的政治力量，而是作为资产阶级小资产阶级的追随者参加的。它既没有自己政治的领导，也没有统一的工会组织，而是靠一些民间的秘密团体。这些组织既不能反映无产阶级根本利益和要求，也不可能取得斗争的胜利，实现工人阶级的历史使命。

中国工人阶级的成长壮大和工人运动的发展为自己的统一组织——工会和它的先锋队——中国共产党的形成奠定了阶级基础。它的先锋队——中国共产党一成立就对本阶级的运动加强了领导，使它逐步由自在阶段向自为阶段过渡。中国工会工运大事如图 7—3 所示。

（二）工人阶级向“自为”阶段的转变

五四运动中，工人罢工是中国工人阶级历史上第一次政治罢工，是工人阶级

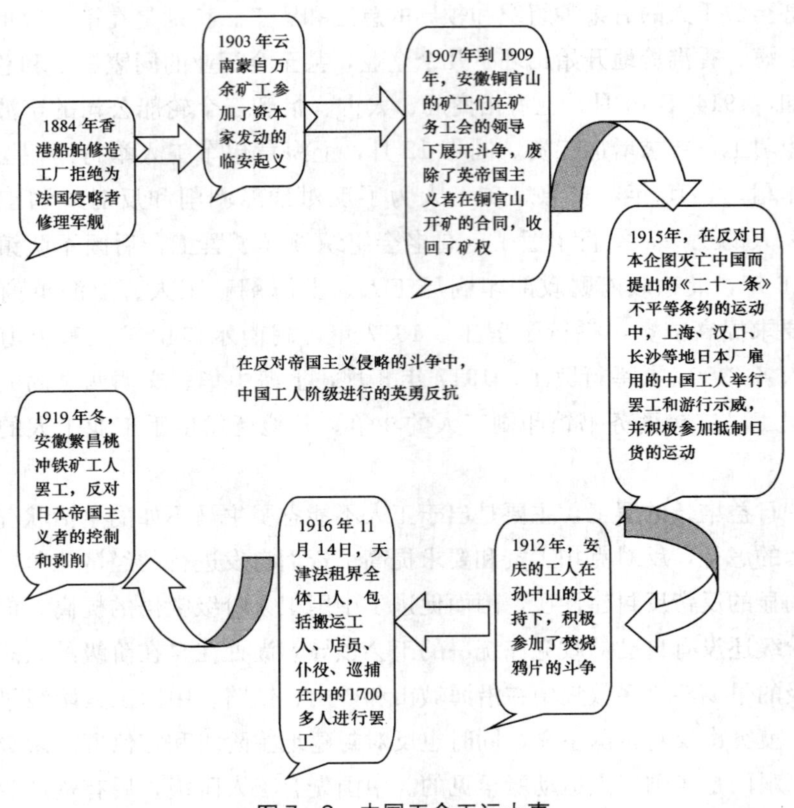

图 7—3　中国工会工运大事

从自在阶级向自为阶级转变过程中的一个重要转折点。1919 年 5 月 4 日，“巴黎和会”决议，德国在山东的利益，全部转归日本。这一消息传到中国，立即引起了中国人民的愤怒，工人、学生首先奋起。5 月 4 日，北京各校 3 000 多学生，在天安门前集会，提出了“外争主权，内惩国贼”的斗争口号。会后示威游行过程中，痛打了驻日公使章宗祥，火烧了签订《二十一条》的外交次长曹汝霖的住宅。为此反动政府捕去学生 31 人，更加激起北京学生及全国各界的无比义愤，轰轰烈烈的五四运动爆发了。这场反帝爱国运动很快发展成为以工人阶级为主力军，包括城市小资产阶级和民族资产阶级参加的全国范围的革命运动。五四运动标志着工人阶级领导的新民主主义革命的开端，标志着中国工人阶级、工人运动的新觉醒和发生根本转变的起点。

工人经过五四运动的锻炼，提高了阶级自觉性，认识到联合起来的力量。因此，五四运动后，工人斗争日益发挥发展，规模也不断扩大。1919 年下半年全国罢工达67次，参加人数在11万人次以上。其中，仅上海一地，1919年下半年到1920年，就发生大小罢工69次。在这些罢工斗争中，以1920年4月香港机器工人的同盟罢工规模和影响最大。这次罢工涉及香港26个单位、6 000多名机器工人，斗争坚持18天，取得完全胜利。这次罢工对香港、广州的工人运动产生了很大影响，推动了广东、香港地区工会运动的发展。

香港罢工工人游行示威，英法侵略者制造了沙基惨案。这是沙基惨案的一角

香港沙基惨案一角

1921年7月中国共产党的成立，是中国历史上开天辟地的大事，标志着中国工人阶级由自在阶级到自为阶级的根本转变，对中国革命和中国工人运动的发展都具有划时代的伟大意义。党成立后作出的第一个决议，就明确中心工作是领导、组织和推进工人运动。1921年8月，中共中央成立了中国劳动组合书记部，作为领导全国工人运动的公开机关。党领导工会先后组织和发动了香港海员大罢工、安源路矿工人大罢工、京汉铁路工人大罢工等声势浩大的工人运动，掀起了中国工人运动的第一次高潮，展示了中国工人阶级的强大力量和奋斗精神，迅速扩大了中国共产党在全国人民中的影响。

五、中国工会组织的诞生

中国“现代式”的职工运动，无疑是从中国共产党手里开始的。有了中国共产党，然后才有“现代式”工会，从此中国的工会才进入具有组织性、阶级性以至于国际性时代。

（一）现代工会组织的产生

中国真正意义上的工会组织，即现代工会组织，是在五四运动后马克思主义与中国工人运动相结合过程中产生的。1919年的五四运动，是中国新民主主义的开端，也是中国现代工会运动的起点。在五四运动中，中国工人阶级以独立的姿态登上政治舞台，并且开始了由“自在阶级”向“自为阶级”的转变。

上海机器工会成立公报

工人阶级的崛起，推动了一批具有共产主义觉悟的知识分子，他们开始把马克思主义的研究和宣传活动指向于中国工人运动相结合的道路，在上海、北京等地建立起中国共产党的发起组织，在工人群众中有计划地进行宣传和组织工作。1920年11月，上海共产主义小组领导建立了上海机器工会，这是中国第一个真正具有阶级性和群众性的工会组织。它和当时一些资产阶级和小资产阶级代表人物建立起来的“招牌工会”、劳资混合的“工界团体”和行帮组织根本不同。之后，又相继建立了上海印刷工会、纺织工会和烟草工会等。1921年5月1日，北京共产主义小组建立了长辛店铁路工人俱乐部。这是中国第一个按照产业原则建立的工会。

（二）中国劳动组合书记部的建立

中国共产党成立前后，各地在共产主义直接领导下，陆续建立了一些工会组织。但是，这些工会组织，存在涣散和不统一的问题。中国共产党为了加强工人阶级的团结，全力开展工人运动，于1921年8月11日，在上海成立了中国劳动组合书记部（以下简称书记部）。书记部主任最初由张特力（张国焘）担任，秘书为李启汉，先后参加过书记部工作的还有李震瀛（后脱党）、包惠僧、董锄平、许白昊等。1922年8月第一次全国劳动大会后，书记部由上海迁到北京，改为总部，主任为邓中夏，副主任为罗章龙。

书记部及各地分部的主要工作是：通过创办各种形式的工人学校，创办一批供工人阅读的刊物，向工人宣传马列主义，启发他们的阶级觉悟，目的在于组织工人，开展罢工斗争。

（三）全国一次劳动大会的召开

为了促进全国工会组织的团结统一，迎接全国罢工高潮的到来，中国共产党决定以中国劳动组合书记部的名义，发起召集第一次全国劳动大会，为了争取和团结各派工人团体，在坚持反对帝国主义、封建主义的原则下，不分何党何派，

中国劳动组合书记部旧址

只要是工会组织便邀请参加。1922 年 4 月 10 日，中国劳动组合书记部发出通告，一面登报，一面发公函，邀请全国个工会派代表到广州参加会议。通告上宣布此大会的目的是：纪念五一劳动节，融合并联络全国劳动界的感情，讨论改良生活问题，讨论各代表提案。

大会于 1922 年 5 月 1 日至 6 日在广州河南机器维持会召开，参加大会的代表共 162 人，代表 12 个城市、100 多个工会组织、27 万多名会员。代表中有共产党员、国民党员、无政府主义者等。参加大会的工会有共产党领导下的工会组织，有招牌工会，甚至还有工商混合组成的团体。

大会通过了十项决议案：《八小时工作制案》《罢工援助案》《全国总工会组织原则案》《统一全国工会旗帜及徽章案》《规定湖南劳工会黄、庞死难日为纪念节日案》《规定海员罢工沙田烈士死难日为纪念节日案》《铲除工界虎伥案》《组织全国人力车夫联合会案》《规定明年在汉口召开第二次全国劳动大会案》《在全国总工会未成立之前，承认中国劳动组合书记部为全国总通讯机关案》。在这十项决议案中，大部分是党领导的工会组织提出的。

会议作出了在全国总工会未成立前，各地工会以中国劳动组合书记部为全国总通讯机关的决定，实际上已公认中国劳动组合书记部为全国工会组织的临时领导机关。这不仅对提高中国劳动组合书记部的威信有很大意义，同时标志着全国工人运动和工会组织开始走上团结与统一的道路。这次大会是中国工人运动史和中国工会史上的创举。大会的胜利召开，本身就标志着受各党各派影响的工会组织和全国工人运动在中国共产党和中国劳动组合书记部的领导下，开始走上团结与统一的道路。

（四）第二次全国劳动大会的召开

根据第一次全国劳动大会的规定，第二次全国劳动大会应由中国劳动组合书记部召集，于1923年5月1日在汉口召开。但由于“二七惨案”以来工人运动的低潮形势，未能如期召开。直到1925年4月，党根据形势的发展，为了加强工人阶级的力量，进一步发挥工人阶级在国民革命中的领导作用，以迎接即将到来的革命高潮，决定于5月1日在广州召开第二次全国劳动大会，并决定用中华全国铁路总工会、汉冶萍总工会、中华海员工业联合会、广州工人代表会这四大工会的名义，发起召开第二次全国劳动大会。

1925年5月1—7日，第二次全国劳动大会在广州如期召开，出席大会的代表281人代表166个工会、54万余会员。赤色职工国际代表奥斯脱洛夫斯基出席了大会。由于会前作了充分准备，大会进行的异常顺利，共通过了30多个决议案，其中主要有《工人阶级与政治斗争决议案》《经济斗争决议案》《组织问题决议案》《工农联合决议案》《铲除工贼决议案》《中华全国总工会章程》《加入赤色职工国际决议案》等。

第二次全国劳动大会最重要的成果，就是宣告中华全国总工会成立，建立了中华工人阶级领导机关，实现了全国工人阶级的领导机关，实现了中国工会运动的统一和工人阶级的团结。大会选举了第一届执行委员会，推选林伟民为委员长，刘少奇、刘文松为副委员长，邓中夏为秘书长兼宣传部长，李森为组织部长，孙云鹏为经济部长，总会设在广州。大会还决定中华全国总工会加入赤色职工国际。

六、中国工会走过的“八大步”

1921年7月，在马克思列宁主义同中国革命运动相结合的运动中，中国共产党正式成立。中国共产党成立伊始便把建立工会组织和从事工人运动作为自己当时的基本任务之一。从此，中国工会运动开始了新的发展历程。

（一）第一次国内革命战争时期（1915年5月—1923年12月）

1925年5月1—7日，在广州的第二次全国劳动大会上，中华全国总工会成立，大会还决定中华全国总工会加入赤色职工国际。

由于国民党右派和工贼操纵把持的工会拒绝参加中国共产党发起的二次劳大，参加大会的代表不像一次劳大那样复杂，主要是共产党独立领导的工会、统一战线领导下的工会和无党派工会，因此大会进行得非常顺利。

第三次全国劳动大会在广州召开

大会通过了《工人阶级与政治斗争决议案》《经济斗争决议案》《组织问题决议案》《工农联合决议案》《铲除工贼决议案》《中华全国总工会章程》《加入赤色职工国际决议案》等 30 多个决议案。

（二）第二次国内革命战争时期（1927 年 7 月—1937 年 7 月）

1. 白区工会的现状与工作

国民党自 1927 年以来，在群众中灌输改良思想和利用自己的政治权力在群众创立黄色工会。

国民党的改良主义完全是一种欺骗，就连他自己所说的改良办法，丝毫没有实行。南京政府所颁布的工会法无法实现，中国资产阶级更是对于工人斗争虽至于极小一点都不让步。国民党的改良主义完全建立在民族改良主义上面，就只是为了加紧对无产阶级的剥削与压迫。

2. 赤色工会的工作

（1）宣传群众，组织群众，与黄色工会的群众建立统一战线，反对国民党的《反动工厂法》《工会法》，反对国民党及其政府解散工会、改组工会及一切干涉工会的行动，反对取消工人的一切自由。提出工人阶级自己的要求纲领，号召群众用罢工示威来反对国民党向工人阶级的进攻。

（2）反对黄色工会所提出的口号，用赤色工会的口号来代替，揭破黄色领袖的欺骗和叛卖工人阶级的作用，号召群众推翻黄色领袖，选举革命的工人来代替。

（3）为争取对于经济斗争的领导权而斗争，组织脱离黄色工会而独立的罢工

纪念“五·三惨案”二周年

委员会、斗争委员会，力争由这些委员会来解决罢工，反对黄色工会官僚的谈判、调解和仲裁。

(4) 扩大与群众的联系，在每个企业中建立革命职工小组，并扩大这些小组，使其巩固起来。

(5) 反对右派，暴露他们的罪恶，揭露他们的欺骗，号召在右派影响下的群众回到职工国际路线上来。

(三) 抗日战争时期工会（1937年7月—1945年8月）

在沦陷区，中共地下党和工会组织工人参军参战，建立抗日武装。到1940年，晋、冀、鲁、豫等省工人建立了26支规模较大的抗日济南队。他们活跃在抗日斗争前线，打击敌人。最著名的是山西工人自卫旅。

在根据地，1938年4月，正式建立陕甘宁边区总工会，毛齐华为主任。1939年9月，陕甘宁边区总工会发出《关于开展赵占魁运动的通知》，新劳动者运动从陕甘宁边区推广到各敌后抗日根据地。1943年11月和1945年1月，陕甘宁边区在延安召开了两次劳动英雄和模范大会，起了带头、骨干和桥梁作用。1945年初，全国各抗日根据地的工会会员有92万人。4月22日，在延安建立中国解放区职工联合会筹备委员会。

(四) 第三次国内革命战争时期（1945年8月—1949年9月）

蒋介石发动全面内战后，解放区工人加紧生产，普遍开展“增产立功运动”。工会发动工人参军参战，捐献支前。针对工作方针上曾一度出现的“左”的倾向，1948年2月7日，新华社发表社论，强调解放区的工运方针必须严格符合于“发展生产，繁荣经济，公私兼顾，劳资两利”的新民主主义经济

山西工人武装自卫旅旅长侯俊岩（左1）、参谋长张兴华（左2）、政治部主任王庆生和部分团领导合影。

抗日劲旅

政策。

国民党统治区工人反饥饿、反内战、反迫害，1947年参加罢工的工人达320万人以上。在解放军胜利推进之时，工人组织护厂队、纠察队，保护机器设备，反对敌人拆迁和破坏。使城市解放以后，很快恢复生产。

（五）新中国成立初期的工会（1949年10月—1966年4月）

1949年10月1日，中华人民共和国的成立，开创了中国工人阶级和劳动人民当家做主的新纪元。工人阶级成为国家的领导阶级，中国工会进入一个崭新的发展阶段。

1950年6月29日，毛泽东主席发布中央人民政府命令，宣布实施《中华人民共和国工会法》。

从1953年1月1日起，我国开始执行国家建设的第一个五年计划。中共中央提出了党在过渡时期的总路线。工会组织职工群众广泛开展了以提高改进技术和学习、掌握新技术为主要内容的劳动竞赛，为完成“一五”计划和实现“一化三改”贡献了力量。

1953年5月2—12日，中国工会第七次全国代表大会在北京举行。会议通过《关于中国工会工作的报告——为完成国家工业建设的任务而奋斗》的决议、《关于修改中国工会章程的决议》等4项决议。会议选举刘少奇为全总名誉主席，赖若愚为副主席。

1957年12月2—12日，中国工会第八次全国代表大会在北京举行。赖若愚作了《团结全国人民，勤劳节俭，建设社会主义新中国》的工作报告。大会对工会组织建设原则作了重大修改。将“中国工会是按产业原则在民主集中制的基础上组织起来的”改为“中国工会是按产业和地区相结合的原则在民主集中制的基础上组织起来的”。八届一次执委会议选举赖若愚为全总主席。

（六）“文化大革命”时期的工会（1966 年 5 月—1976 年 10 月）

“文化大革命”政治灾难，党和国家几乎被推向亡党亡国的深渊，工会也被扣上“生产工会”“福利工会”“全民工会”和“工团主义”的“三会一团”帽子，工会运动遭受空前破坏，工会的“旗帜与道路”顿时变得迷茫，成为一个大问号。

（七）改革开放以后的中国工会（20 世纪 80 年代初至 90 年代初）

工会九大和邓小平在工会九大上代表党中央、国务院作的致词，成为工会团结动员中国工人阶级在结束“文革”的灾难之后，迅即转入向社会主义现代化进军新的历史时期的新起点，是在新的历史条件下，工会探索改革开放新时期“旗帜与道路”问题的重要开端。随着改革开放的不断深入，从 20 世纪 80 年代初开始，全会经过深入和自上而下的“整顿工会组织，建设职工之家”之后，又相继提出了“五突破一加强”工作方针和“工会工作总体思路”。

（八）建立开放劳动力市场以后的中国工会（20 世纪 90 年代至今）

到 20 世纪 90 年代，工会逐步确立了以“建设、教育、参与、维护”四项职能为基本内容的工作格局，工会工作从形式到内容逐步转向适应时代要求和广大职工愿望的方向。

特别是党的十六大以来，以胡锦涛同志为总书记的党中央对工人阶级和工会工作作出了一系列重要指示，提出了许多新思想、新论断和新要求，为坚持走中国特色社会主义工会发展道路，推动工运事业和工会工作不断创新发展指明了方向。

工会冷静分析和准确把握工人阶级内部构成的变化，不断深化对工人阶级队伍发展规律的认识。

中国工会史上大事如图 7—4 所示。

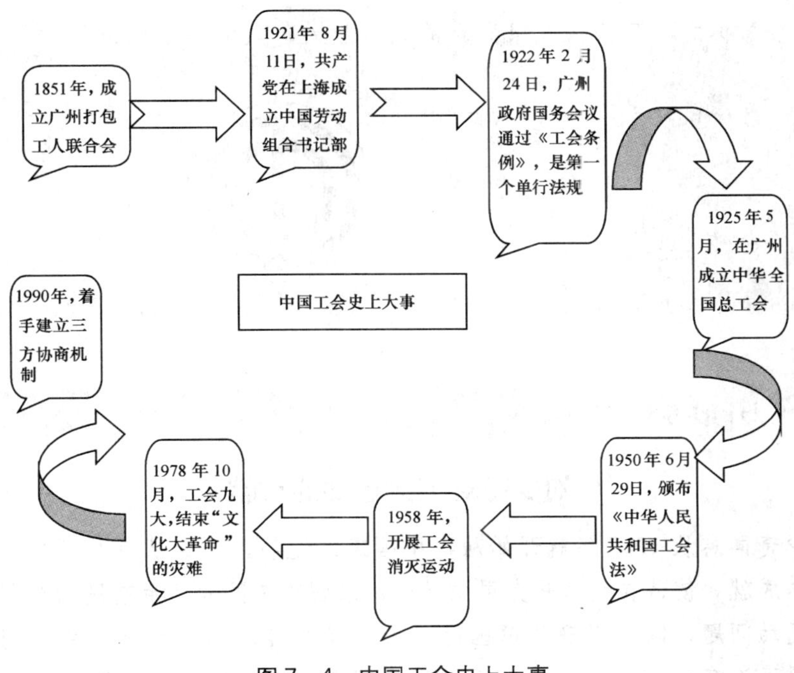

图7—4　中国工会史上大事

 小资料：中国工会会徽

中国工会会徽，选用汉字"中""工"两字，经艺术造型呈圆形重叠组成，并在两字外加一圆线，象征中国工会和中国工人阶级的团结统一。会徽的制作标准由中华全国总工会规定。

一、中国工会会徽为圆形，红色底，选用"中""工"两字组成金色主体图案。佩戴徽章的规格为：直径20毫米，金色"中""工"图案的线条宽度为1.4毫米，其他部分尺寸按所附图形规格为准。

二、为了保持会徽的严肃性，作为徽章佩戴的中国工会会徽由全国总工会指定定点厂家统一制作。各级工会组织所需会徽请与全国总工会办公厅秘书处联系。对某些厂家擅自以全国总工会名义自行制作者，各级工会发现后应及时予以制止。

三、工会办公地点、活动场所、会议场地悬挂的会徽以及纪念品、办公用品上的会徽标志，可根据佩戴徽章的比例放大，颜色仍按本通知的第一条执行。

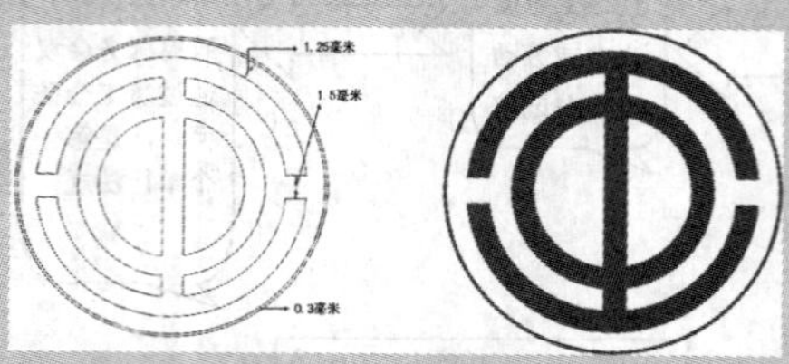

开放专栏

刘少奇对工会运动的贡献

刘少奇同志从1922年就开始从事中国工人运动。长期从事与领导工人运动的经历和成就，使他在运用马克思主义理论来解决殖民地、半殖民地半封建国家的工人运动问题，以及正确处理国际工人运动与各国工人运动的关系问题等方面，获得了许多规律性的认识，同时也在国际工运界赢得了崇高的声望。1949年6月，世界工会联合会在意大利米兰举行的世界工会“二大”，选举刘少奇同志为世界工联副主席。

中华人民共和国成立后，刘少奇同志一直十分关心中国工人运动和工会工作的发展。他在参加和领导中国工会的国际活动中，有许多重要讲话和指示，成为中国工会对外活动长期坚持和遵循的方针与原则。

其中，突出的有以下几点：

一、提出殖民地、半殖民地国家工人运动的基本方针和任务

1949年11月中国工会应世界工联的请求，同意在北京举行亚洲、澳洲工会会议，有13个中国的代表团和世界工联代表团参加。在这两次讲话中刘少奇同志着重论述了殖民地、半殖民地国家工人运动的基本方针和任务。

后来，许多亚洲、非洲、拉丁美洲被压迫国家工人运动的发展、壮大以及对民族解放运动作出重大贡献的实践，充分证明他的基本观点是正确的、至关重要的，也是适时的。

二、主张中国工会在国际活动中，要实行广泛联系的方针，坚持国际工运团结的原则

中国工会从1952年开始，开展了在“五一”国际劳动节大规模邀请外国工

会代表来华访问的活动，当年的邀请计划是在刘少奇同志亲自指导下制定的，并得到毛泽东同志的同意。

这个计划的显著特点是：中国工会本着无产阶级国际主义的精神，对外国工会采取广泛联系的方针，坚持国际工运团结的原则。计划从当时的实际情况出发，提出以亚洲、北非国家为重点，对这些国家各种派别的工会，包括进步、中间、右翼工会，都发出邀请，体现邀请的普遍性原则。这次邀请的基本方针和原则，对中国工会此后的对外交往起了示范的作用。

三、坚持国际工运必须尊重各国工会的独立自主

刘少奇同志在向出席世界工会“三大”的中国工会代表团作重要指示时，特别谈到了不认真考虑本国的实际情况，盲目执行国际决定或者照搬外国经验的做法，都是不成功的、有害的，不利于各国工人运动和国际工人运动的发展和壮大。对于这个问题，他形象地说：“世界工联只是起敲锣打鼓的作用。”在这前后，中国工会针对世界工联工作中存在的一些问题，经过研究，郑重提出了《对世界工联工作的一些建议和意见》。其中心思想是：主张国际工运要坚持各国工运独立自主的原则，尊重各国工会根据各自的具体情况独立自主地确定工作方针和政策。这个文件得到党中央和刘少奇同志的批准。文件所阐明的指导思想和原则，后来一直是中国工会处理同世界工联和各国工会关系的准则。

（本文作者：陈宇、王家宠系全国总工会原副主席，钱大东系全总国际部原部长）

资料来源：中国共产党新闻——党史人物纪念馆，陈宇，王家宠，钱大东．刘少奇对国际工运和中国工会国际活动的历史性贡献．中国工运．1998（12）

延伸思考

1. 行会、帮口等中国早期工人组织在工会发展史上起了什么作用？
2. 中国工会是如何产生的？
3. 招牌工会与黄色工会是如何走向灭亡的？
4. 中国工会在市场经济条件下有哪些任务？

深度阅读

［1］王永玺主编，谢安邦，高爱娣，曹建章副主编．中国工会史．［M］．北京：中共党史出版社，1992

[2] 刘元文. 工会工作理论与实践 [M]. 北京：中国劳动社会保障出版社，2008

[3] 陈宇，王家宠，钱大东. 刘少奇对国际工运和中国工会国际活动的历史性贡献 [J]. 中国工运，1998 (12)

第八章　工会根基：职工群众是工会的生命线

工会是职工群众自己的组织，工会只有切实维护职工群众的切身利益，才能得到职工群众的信任。因此，密切联系职工群众是工会工作的生命线。在社会主义市场经济条件下，工会工作面临机遇和挑战，只有把职工群众组织起来，形成强大的组织力量，才能更好地履行工会的职能。

一、职工群众为什么选择工会组织

（一）职工群众为了维护自己的利益选择工会组织

刘少奇同志曾明确指出："普通的特别是政治上落后的工人，他们来加入工会，并积极参加工会中的各种工作，出发点和目的是什么呢？……他们通常的出发点和目的很简单，就是要使工会成为保护他们日常切身利益的组织。他们是为了保护自己的利益和一般劳动者的利益而团结起来、组织起来的。"刘少奇同志的话指明了职工群众有自己的具体利益，这种利益需要通过一定的组织来反映和代表，而工会是广大群众较容易接受的组织。

工会权力漫画

在社会主义社会，人民群众的基本利益和整体利益是一致的。但在总体利益和长远利益一致的前提下，还存在不同群众各自特殊的利益和具体的利益。对职工群众来说，他们的具体利益与其他阶级和阶层利益、与国家利益和企业利益是有所不同的。职工群众正是为了维护自己的利益而组织和参加工会的。

观点之声：工会维护职工的哪些合法权益

工会维护职工的合法权益主要包括两大方面的内容：

一是维护职工的劳动权益，包括就业的权利、获取劳动报酬的权利、得到劳动保护和社会保障的权利、休息休假的权利等。

二是维护职工的民主权利，主要是指维护职工依法对企业、事业单位事务进行民主管理、民主参与和民主监督的权利。

（二）工会的性质决定了职工群众能且只能选择工会组织

《工会法》规定：“工会是职工自愿结合的工人阶级的群众组织。”也就是说，工会是工人阶级的组织，且是一个由职工自愿结合起来的工人阶级的群众组织。与工人阶级其他组织相比，工会最突出的特点就在于它和职工群众的关系，在于它的群众性。工会和职工群众联系的广泛性决定了这个组织对全部的职工群众敞开大门，“中国境内的企业、事业单位、机关中，以工资收入作为主要生活来源的体力劳动者和脑力劳动者，不分民族、种族、性别、宗教信仰、教育程度，都有依法参加和组织工会的权利”。

同时，工会是职工群众自己的组织，还决定了私企业主不能参加工会。工会组织的主体是职工，即以工资收入为主要生活来源的体力劳动者和脑力劳动者。只有职工，也就是以工资收入为主要生活来源的劳动者，才有权利参加和组织工会。具体来说，参加和组织工会的权利人须具备两个条件：一是以工资收入为主要生活来源，这是现代工人阶级的一个典型的标志；二是他们为劳动关系中的劳动者，即与用人单位相对应的直接生产者，包括体力劳动者和脑力劳动者。这两个条件缺一不可。而私企业主是不具备这两个条件的。首先，私企业主的收入基本上不是以工资作为自己主要的收入来源，而是以企业利润为收入的主要来源。其次，私企业主在社会经济关系中，尤其在劳动关系中，其身份是经营者和管理者，在企业中直接从事经营和管理活动。他们不是劳动关系中的劳动者，而是劳动力的适应者。因而他们不是工会组织权的主体，不享有参加和组织工会的权利。

《工会法》第 6 条规定：“工会必须密切联系职工，听取和反映职工的意见和要求，关心职工的生活，帮助职工解决困难，全心全意为职工服务。”这一规定体现了工会是以“职工群众”为基本出发点，工会是职工群众自己的组织。并且没有其他的工人阶级组织比工会更适合职工群众借以维护自己的利益，所以，职工群众能且只能选择工会组织来维护自己的利益。

开放专栏

工会和职工群众联系的广泛性

工会和职工群众联系的广泛性体现在三个方面：

(1) 只要是工人阶级分子都可以加入工会。

(2) 组织和参加工会是职工自愿的，职工意愿是组织工会或参加工会的前提条件，除此之外没有别的附加条件。如加入工会不需要像入党那样经过严格的组织考察、考验，也不需要思想先进、觉悟水平高。职工群众有参加或退出工会的自由。

(3) 工会主要是根据大多数职工的意见和要求开展工作，职工的利益和要求是工会工作的出发点。

工会与职工代表大会的区别

企业中的工会组织是群众组织，《劳动法》中规定，在处理劳资纠纷事件时，工会可以代表工人与企业主进行协商。但企业组织的职工代表大会是企业自身组织的一个组成部分，是《公司法》要求必须成立的企业自身组织的一个组成部分。

职工代表由职工民主选举产生，职工代表大会再选举产生监事加入公司监事会。企业组织的监事会成员，三分之二由股东会选举产生，至少三分之一由职工代表大会选举产生。而工人没有这项权利。

企业组织的职工代表大会具有以下权利：

(1) 知情权：听取企业关于生产经营重大决策、安全卫生、技术改造、职工培训计划的报告或方案，提出意见和建议。

(2) 共决权：与企业就职工工资制度、工时、劳动保障、福利待遇、安全卫生等涉及职工切身利益的事项协商一致，共同决定。

(3) 否决权：对企业制订的规章制度、奖惩办法等管理条例中侵害职工合法权益的条款予以否决。

(4) 监督权：对企业执行国家法律法规的情况和企业经营者的经营行为进行

监督，对企业执行集体合同、工资协议的情况进行监督。

(5) 选举权：选举、撤换参加集体协商的职工方代表；选举企业有关监事。

二、职工群众为什么需要工会组织

(一) 从社会关系上看

社会人的特点之一是有一种加入某种社会组织的欲望。职工群众作为普通的社会成员，为了能够更好地体现自己的社会价值和维护自己的社会利益，自然想要加入社会组织。而工会是职工群众最能接受，并在社会上具有重大影响力的组织。工会对于职工群众来说，其基本作用在于代表他们的利益并不断提高他们的素质，即工会是职工群众利益的代表者和维护者，是教育职工和提高职工素质的学校。所以说，职工群众需要工会组织。

(二) 从社会转型上看

在计划经济条件下，工会在相当的意义上是作为国家和企业行政的附庸出现的，在工作中，工会的主要作用也是配合、支持行政的工作。随着向市场经济过渡中劳动关系主体的分化与明晰化，国家不再代表企业，企业也不再代表职工，而且用工制度、分配制度都在发生变化，职工群众的组织意识也越来越强烈。在这种情况下，工会必须自觉地将立足点移到职工群众一方来。这既是劳动关系变化的一种客观要求，也是工会在市场经济下存在和发挥作用的一种必然选择。工人需要有个能代表他们说话、能维护他们利益的组织，这便是工会。

(三) 从现实工作上看

企业滥用工漫画

在现实工作中，职工需要的是自己的组织，而不是老板组织。在一些非公有制的企业里，工会主席有的由厂长担任，有的由厂长的亲属担任。正是针对这样的情况，2001 年修改的《工会法》明确规定，“企业主要负责人的近亲属不得作为本企业基层工会委员会成员的人选”，明令禁止企业主的近亲属担任工会干部。《工会法》这条禁止性规定，从组织结构上保证了工会是职工群众自己的组织。职工群众需要的正是这样的组织。

三、工会为什么能代表与维护职工群众

工会是职工群众的代表者，这是工会与职工群众关系的基础。没有这个基础，工会作为职工合法权益维护者的身份就不复存在。工会是职工群众的代表，是职工集体劳权的代表，其目的是维护职工群众的合法权益，维护才是代表的具体内容。

（一）从工会自身来看

工会之所以能够成为社会主义政治团体，并享有广泛参与国家和社会事务管理的权利，是因为工会具有职工群众代表者的身份。工会是职工群众自愿结合的、自上而下建立起来的工人阶级群众组织。工会的性质决定了工会具有职工群众代表者的资格。

观点之声：工会的社会身份的含义

工会是职工群众自愿结合的、自上而下建立起来的工人阶级群众组织。工会的这种社会身份包括两层含义：

在宏观层次上，工会在政府面前代表广大职工群众的具体利益和要求。

在微观层次上，工会在基层企事业行政面前代表本单位职工群众的具体利益和要求。

（二）从社会主义的大背景来看

在社会主义国家，党和政府主要是通过根本利益和整体利益的实现来满足职工群众具体利益要求的；工会则主要是自上而下代表职工群众的具体利益，这是工会与党和政府之间的重要区别。并且由于所处的具体位置不同，看问题的角度不同，解决问题的方式和手段不同，也使得工会有必要作为社会主义时期职工群众具体利益的代表者。

工会作为职工群众这个社会利益群体的代表者，表达职工群众的正当利益和合理要求，为职工群众说话办事，参与国家和社会事务的管理过程，这有益于社会主义民主政治的建设，保证党和政府决策正确，也有益于国家的长治久安和稳定健康发展。

历史的经验教训表明，如果只强调社会主义社会利益的一致性，而不承认在社会主义社会存在社会利益的差异和矛盾，因而不允许工会以职工群众代表者的

身份说话办事，否定工会的地位，工会只能与政府和行政一个面孔出现，这样不仅会使工会严重脱离所联系的群众，而且使得党和政府听不到来自广大职工的声音，同样会脱离本阶级的群众。这对社会主义国家来说很危险。因此，尊重工会在政府和行政面前代表职工群众的身份和地位，是坚持社会主义道路所必需的。

（三）从经济转型的新形势来看

随着向市场经济过渡中劳动关系的变化，劳动关系主体明晰和利益分化后三方利益格局的形成，国家、企业和职工都成为独立的利益主体，作为劳动关系的一方的职工群众，越来越强烈地要求工会能够切实作为自己的代表。在劳动关系中处于弱势的职工群众，单靠自己个人的力量很难有效维护自己的利益，个别职工群众的利益，必须由特定的组织来代表，才可能作为一种集体和社会的利益来表达和维护。这一特定的组织即是工会。

在计划经济下，工会实际上无法而且也不需要真正成为职工群众的代表，只能作为政府和企业的“助手”做一些配合工作。市场经济为工会明确自己的身份提供了社会条件，而且工会也必须确立自己的社会基础和群众基础，工会如果不切实成为职工群众的代表，就无法在市场经济的劳动关系中立足并发挥作用。

工会代表职工群众利益是转型期市场经济提出的要求，它有充分的依据并正在和已经得到社会的公认。从法律上看，《工会法》和《劳动法》都明确了工会的代表性。如《劳动法》规定，“工会代表和维护劳动者的合法权益”。《工会法》规定，“中华全国总工会及其各工会组织代表职工的权益，依法维护职工的合法权益”。从现实情况看，由于职工群众在劳动关系双方中处于相对弱势地位，需要工会来代表、反映和维护他们的利益。从与国际接轨来看，市场经济国家在劳动领域实行的基本原则是三方原则，即在涉及劳动立法、处理劳动问题时，由政府、雇主和劳工三方参与，三方协商，共同决策。其中劳工一方的代表即是工会。已加入 WTO，并已建立起劳动关系的三方协商机制，工会代表职工群众也符合与国际接轨的要求。

观点之声：工会维护职能的重要性

• 从工会的性质和宗旨看维护职能的重要性

工会是社会经济矛盾的产物，在企业就是劳资矛盾斗争的产物。马克思指出：“争取和保护工人阶级的利益，是工会产生和一切活动的宗旨。”从 1920 年

11 月我国第一个工会组织上海机器工会成立以来，中国发生了翻天覆地的变化，但工会的组成、性质和宗旨未变。历史事实证明，没有工会组织的有力维护，没有工会组织在党的领导下进行的不屈不挠斗争，广大职工群众的权益就得不到保护和最后获得政治上、经济上的彻底解放。离开了这一职能，工会也就失去了存在的意义。

• 从建立市场经济体制的需要和国家法律法规看维护职能的重要性

随着社会主义市场经济的建立和发展，我国市场经济呈现出所有制多元化，经营形式多样化，产权关系明晰化，利益分配差别化，企业行为自主化，劳动关系市场化和契约化。新形势、新问题的出现使工会面临的情况更复杂。作为职工利益的代表和维护者，工会组织参与维护的责任更加重大。党和政府对工会代表和维护职工群众合法权益问题，在《劳动法》《企业法》《公司法》和《工会法》等法律法规中都作出了明确规定，为各级工会正确履行代表和维护职能提供了重要的法律依据。

• 从职工群众切身利益迫切需要工会维护看维护职能的重要性

在国家、企业、职工三者利益关系中，职工一般都处于弱者一方，职工利益是最容易受到伤害的。如通货膨胀、物价上涨等；一些企业分配不公；个别领导干部的官僚主义、决策失误、以权谋私等，归根到底损害的是职工群众的利益。在劳动就业、劳动工时和报酬、休息休假、劳动环境、劳动保护和劳动争议等问题上，广大职工群众需要工会替他们撑腰，替他们说话、办事，替他们排忧解难。

资料来源：工会组织权益部．刘世春．浅谈工会组织在企业改革新形势下如何履行好维护职能，2010-2-20

四、工会怎样代表与维护职工群众

（一）提升自身组织力

工会切实地代表与维护职工群众，必须从提升自身组织力着手。组织力是指组织内部机能健康、信息畅通、运转协调等方面的能力，具体体现为组织目标设定、制度安排、结构设置、人力配置、文化氛围、技术环境等多个方面。它是组织力的基础，组织力是它的外在显现形式；没有组织力就没有凝聚力，更谈不上战斗力。因此，工会作为党领导下的职工群众组织，要提升自己组织力，关键是必须从制度力、结构力、人力、文化力、技术力等方面切实加强工会组织力建设。

1. **制度力建设**

加强制度建设，尽快把党中央重视工会工作的精神落实为推动工会工作的制度安排，建立起工会工作长效机制。美国著名经济学家诺斯认为，“制度是社会游戏的规则，是人们创造的，用以限制人们相互交流行为的框架”。亚当·斯密在论述制度的重要性时说，“在人类社会的大棋盘上，每个个体都有其自身的行动规律，和立法者试图施加的规则不是一回事。如果它们能够相互一致，按同一方向作用，人类社会的博弈就会如行云流水，结局圆满。但如果两者相互抵牾，那博弈的结果将苦不堪言，社会在任何时候都会陷入高度的混乱之中”。因此，制度力是组织力的基础，它规定了组织内部各个组成部分的工作内容和程序，是组织正常运转的依据；同时，制度还是有效经验的总结和沉淀，制度建设是从人治走向法治、从经验管理走向科学管理的必由之路。

中国工会成立以来，通过在长期实践过程中的多方博弈，建立起了一个比较完善的制度体系，为各级工会组织的工作开展提供了比较完善的制度保障。但是，在实际运行过程中，工会系统制度建设还存在不少与工会工作现状不相适应的地方。

2. **结构力建设**

努力构建一个设置合理、运转协调的工会系统组织结构。组织结构是组织内部组成要素相互联结的方式或相对稳定的关系，包括纵向的等级关系和横向的分工协作关系，是组织构成要素相互作用、影响和有效整合进而形成组织力的平台。工会系统组织结构是工会组织资源、信息流转和人员配置的物质载体，也是工会组织力的载体，是保证工会工作各项任务有效完成的前提条件。

3. **人力资源建设**

加强工会工作队伍建设，激发工会组织活力。“政治路线决定以后，干部就是决定因素”，再好的思路、再好的制度，也要靠人去制定、去落实。建设一支高素质的干部队伍，是工会组织力建设的主旨所在。工会干部要努力成为组织动员职工的能手、协调劳动关系的专家、关心服务职工的模范。

4. **文化力建设**

培养工会工作群体意识，着力打造深入基层、服务群众、关注民生、无私奉献的工会系统组织文化。组织文化是被组织成员共同接受的价值观念、思维方式、工作作风、行为准则等群体意识的总称。组织通过培养、塑造这种文化，来影响成员的工作态度，引导实现组织目标。强有力的组织文化甚至可以产生预见性、秩序性和一致性，进而取代正式的指导组织成员行为的规则条例。在新的形势下，工会组织在开拓创新的基础上，尤其要注意继承和发扬优良的传统，要努力通过提炼定格、培训教育等方式强化工会工作者对其的职业认同，进而内化成个人的职业自觉。特别强调的一点是，要让“从群众中来，到群众中去”成为所有工会干部最根本的工作方法。尤其是在办公条件日益现代化、信息沟通日益多元化的形势下，更应该防止工会组织的行政化、官僚化、脱离群众的倾向，仍然要强调深入基层、服务群众、关注民生、无私奉献。

工会文化活动

5. 技术力

创新工会工作方法手段，提高工作效率。方法和手段是目标达成的途径。当今世界，科技发展日新月异，科学进步越来越快，技术更新也越来越快。传统管理手段的更新、计算机等新技术的运用、信息传播方式的根本变革和大众传媒、网络技术的兴起给人们的生活和思维方式带来了根本性变革，也给工会工作带来了极大挑战。工会组织必须加强技术力建设，创新工会工作方法手段，以新方法手段的应用来改变传统的工作流程，适应服务对象变化了的需求：一是从以人为本的思想理念出发点，把握求真务实的工作原则，拓展工作思路和方法，增大工作方法创新力度，探索改革新形势下高校工会工作的新方法；二是适应形式发展变化的需要，紧紧围绕党政新要求、工会新发展和广大职工的新期待，加强现代化手段在工会工作的应用，灵活运用工会网站、QQ 群、博客等现代化传播媒介，不断提高工会工作的实效性和影响力；三努力培养和建设一支工会基层信息宣传队伍，全面及时地宣传报道工会组织活动，大力宣传工会教代会、民主管理、维护教职工合法权益等方面的努力和作为，树立工会良好的社会形象，扩大工会的社会影响，增强吸引力、凝聚力、影响力。

（二）完善维权机制

《工会法》第 6 条规定："维护职工合法权益是工会的基本职责。"维护职工合法权益，是保持社会稳定和构建和谐社会的重要保障。各级工会组织都必须进一步健全和完善职工维权机制，以充分发挥工会在构建社会主义和谐社会中的稳衡作用。

1. 根本途径：法制维权

通过健全相关的法律和规章制度来维护职工的正当权益。对各级工会来说，虽然一般不存在直接制定法律的问题，但却有一个认真贯彻工会法和劳动法的问题。不但要以工会法和劳动法坚决维护职工正当权益，而且要根据工会法和劳动法的有关规定，健全和完善维护职工正当权益的运行机制；完善相应的规章制度，并促进和监督这些规章制度的具体实施。当前，特别要注意突出工会对职工权益的"维护"职能，认真抓好集体合同制度、工资谈判制度、劳动关系三方协商制度、安全生产监督制度、职工法律援助制度、劳动纠纷仲裁制度的建设和落实。工会在其中发挥作用的关键在于，树立自觉维护意识，坚持以法律制度为准绳，不唯上，不畏权，以确保职工正当权益不受侵犯。

2. 基本任务：全面维权

维护职工的正当权益是全面的。

一是要维护职工的生存权。各级工会要通过自己的努力，确保职工的基本生活条件，使之生存于最低生活保障线以上；确保职工的基本工作条件，不能危及职工的生命安全，甚至要尽可能避免职工的身心健康受到任何损害。

二是要维护职工的经济权。各级工会要借助各种应有的法律制度和规章条例，确保职工的正当经济利益不受到任何侵害。其中，最重要的是让职工能够平等地获得劳动报酬，能够不受歧视地获得应有的经济援助。

三是要维护职工的政治权。各级工会要在维护职工民主自由权利下工夫，让广大职工群众有地方、有机会说真话、说心里话，有权利、有途径参与本单位、本部门的重大决策，有条件、有责任对本单位、本部门的领导和决策提出批评或建议。

四是要维护职工的文化权。在这里，最重要的就是要维护广大职工群众及其家属接受文化教育的权利，享受文化创造的成果。各级工会要通过自己的努力，避免因为各种非正当因素的干扰而损害职工的合法文化权益。

五是要维护职工的发展权。总的原则，就是确保各单位、各部门和所有职工具有平等的发展权利。

任何对某一单位、部门或职工个人发展权利的侵犯或非正当剥夺，都是应该避免和反对的。工会组织要全面维护职工的上述五项权益，不能有任何的偏弃。

3. 首要关键：源头维权

从源头上维权是维护职工权益的关键。也就是说，在任何过程开始前，就已经通过各种努力，最大限度地避免侵犯职工正当权益的发生。源头维权是有层次性的。一方面，在制定涉及职工群众权益的法律或制度时，要广泛征求广大职工的意见，并充分吸纳其中的正确建议；另一方面，具体的单位或部门作出各种事关职工群众利益的决策时，要首先开展调查研究，使之能代表最大多数人们的意愿或要求。在职工群众中最容易引起关注或争议的，就是关于职工各种利益、待遇、奖励的分配方案。如果能够于决策之前就在一定的范围或人群中广泛征求意见，这种方案的实施就可以避免造成不和谐的后果。

4. 过程落实：跟踪维权

抓源头维权，因为它保证决策的起点尽可能正确，但抓跟踪维权也非常重要，因为它可以校正决策的失误，确保决策整个实施过程都能落实维护职工的合法权益。这个环节往往被人们所疏忽，尤其要引起人们的注意。跟踪维权，就是说不但要抓好维权的起点，即已经形成维护职工正当权益的法律制度或相应决策，而且要关注法律制度或决策实施过程的发展，看其是否符合维权的要求。不管是否人为的干扰，只要出现侵犯职工合法权益的情况，都必须及时调整，以确保维权在全过程中的贯彻和落实。

5. 注重成效：分类维权

维护职工的合法权益，要从所在单位或部门的实际出发，坚持分类维权。分类维权的好处是在于避免搞“一刀切”，真正做到“具体问题具体分析”，从而大大增强维权工作的针对性和有效性。分类维权包括四种基本情况：

一是根据单位性质分类。党政机关、事业单位和企业单位，国有企业、集体所有制企业和民营企业，工会在实施维权上都会有不同的要求，从而必须分类维权。

二是根据地区特点分类。东部地区与西部地区、经济特区与普通地区、经济发达地区与相对落后地区，维护职工合法权益也会有不同的特点。

三是根据对象构成分类。即便是同类性质的单位或部门，由于维权对象构成不同，从而在实施维权任务上也会有很大区别。

四是根据发展阶段分类。无论是单位或部门，都有一个职工权益保障条件逐步成熟和完善的问题。

6. **综合协调：系统维权**

维权不是单纯那一个单位或部门的事，甚至不是仅依靠某一个单位或部门的努力就能完全实现的，而是全社会的密切配合或综合协调。实施系统维权，就是实现这种密切配合或综合协调的重要方式。

工会扶贫

系统维权包括多方面、多层次的要求：

其一，从国家到地方，各级党政决策机构，都应该以维护职工合法权益为己任，并使之贯彻到各项党政机关的决策中去。

其二，从全国总工会到地方各级工会组织，也应该上下密切配合，自觉贯彻工会法、劳动法以及党和国家的相关政策法令，确保维权工作层层落实，不留“死角”。

其三，各级工会同党政机关、立法司法执法部门、其他社会群众团体要密切配合，甚至新闻媒介也要成为系统维权的合力，从而保证规定职工合法权益、宣传职工合法权益到维护职工合法权益都能落实到位。

其四，各级党政领导、管理者、决策者和全体职工密切配合，共同维护职工的合法权益。全体职工群众不但要有争取合法权益的积极性，而且要有尊重实际条件、顾全大局的自觉性；特别是在客观条件一时还不具备的情况下，一定要实事求是地追求自己权益的实现，并努力创造条件，以充分实现自己的合法权益。

（三）创建服务型工会

创建服务型工会，提高工会的吸引力、凝聚力和社会影响力，是工会根据我国社会结构变化，适应职工队伍发展和劳动关系现状，参与社会管理和公共服务的一大举措，也是建设中国特色社会主义工会，履行工会职责、彰显工会职能的中国式发展。

中国工会是世界上会员人数最多、组织规模最大的工会组织。作为党联系职工群众的桥梁和纽带、国家政权的重要社会支柱、职工群众利益的代表者与维护者，在发展和谐劳动关系、推动构建和谐社会中，具有明显优势，完全可以大有作为。但是，工会工作与党的要求和职工群众的期盼还存在一定差距。

改革开放尤其是社会主义市场经济的建立，把中国工会推到协调劳动关系的风口浪尖。社会主义市场经济体制的确立，带来经济的快速发展，也使劳动关系矛盾这一社会问题日益显现。原有的一体化的社会主义劳动关系变成多元的不同性质共存的劳动关系后，引发了职工合法权益屡受侵害的现象。劳动关系中的突出问题，产生于非公有制企业雇主与新生的产业大军之间，劳资矛盾成为市场经济条件下主要的社会经济矛盾。在农民工权益屡遭工资拖欠、在矿难事故屡屡发生等各种职工合法权益遭到侵害的事件面前，工会的作为受到质疑。

对于工会来说，运用好党和人民赋予的资源和手段，把党政所需、社会所求、职工所盼、工会所能的事情做好，仍然是一个新的挑战，同时也是重塑工会形象、发挥工会职能与作为的机遇。

唯有多角度地增强工会自身，同时为职工群众提供多渠道的维权方式，为职工群众创建尽量完善的服务组织，才能最大限度地维护好职工群众的切身利益，才能最大限度地履行好工会自身的职能。

观点之声：维护农民职工的合法权益

随着社会主义市场经济的深入发展和经济结构、产业结构的战略性调整，城市化、工业化步伐不断加快，农村富余劳动力向城市转移，是当前工业化和现代化进程中的一个必然趋势。农民职工已经和正在成为工人阶级队伍中的新生力量和重要组成部分，他们是企业的产品和经济效益的劳动者和创造者，他们为企业和城市的建设和发展作出了重要贡献。维护农民职工的合法权益，对维护工人阶级队伍的团结统一、加速城市的工业化和现代化建设具有极其重要的政治意义。

一是进一步理顺劳动用工关系，采取有力措施，把农民职工最大限度地组织到工会中来。企业应当与国家认可的具有劳务用工资格的且依法缴纳社会保险金的劳务公司建立劳务用工关系，凡事实用工的都应当依法建立劳动关系，进一步理顺用工主客体之间的劳动关系。同时，要根据“工会工作要覆盖所有进城的农民工”的指示精神，企业工会要按照《工会法》和《中国工会章程》明确的“会员组织关系随劳动（工作）关系变动，凭会员证接转”的规定，发展新会员，对老会员进行登记，及时吸纳具有劳动关系的职工包括农民合同工加入工会，同时要积极促进农民劳务工加入工会，妥善办理工会组织关系，最大限度地把广大进城务工人员组织到工会中来。对农民职工与城镇职工要一视同仁，依法组织农民职工参加工会活动，农民职工的工资性支出应当纳入企业工资总额，依法拨付工会经费。

二是建立维权机制，切实维护农民职工的合法权益。企业工会要主动指导和帮助农民职工与用人单位依法签订劳动合同，监督企业严格落实《劳动法》赋予劳动者的各项权益；要将维护农民职工的合法权益的内容纳入到企业的集体合同之中，依法明确农民职工的劳动报酬、工作时间、休息休假、劳动安全卫生、保险福利等事项；并应加强对劳动合同和集体合同履行情况的监督检查工作，对于用人单位不与农民职工签订劳动合同，或强迫农民职工超时劳动、加班加点而不依法支付工资报酬等侵犯劳动法律规定的行为，应坚决予以查处和纠正。

三是强化安全意识，切实抓好安全生产工作。必须加强农民职工的安全生产意识，采取各种有效措施，切实提高农民职工的生产操作技能和安全防范能力，最大限度地杜绝安全事故的发生；同时要落实《安全生产法》和工会劳动保护监督检查的《三个条例》规定，加大群众性监督检查的力度，督促企业认真执行劳动安全卫生的各项法律法规和标准，改善和落实农民职工的劳动安全卫生条件，严格执行安全生产责任制，切实防范和阻止各种事故的发生。

四是积极推进社会保险的扩面征缴工作。农民职工已成为城市和企业的重要组成部分，他们是工业化和现代化的新生的和重要的力量，我们应当积极推进农民职工参加养老、医疗、失业、工伤和生育保险工作，推进社会保险的配套性和法制化建设，促进农民职工队伍的稳定和健康成长。

五是切实落实农民职工的民主权利。企业应坚持和完善职工代表大会制度，凡使用农民职工的企业，职工代表中应有相应比例的农民职工代表，并与城镇职工具有同等的权利和义务，依法有序地落实农民职工的合法权益，切实畅通农民职工反映意见和要求的渠道的积极性、智慧和创造力。

六是丰富活跃农民职工的业余文化生活。企业应当为农民职工，安排集体住宿的，应配备电视机、阅览室；企业工会应当经常开展体育活动；同时，企业应当积极营造用人所长、助人成长的良好氛围，职工努力提高素质，不断健康成长。

资料来源：童爱农. 关于农民职工问题的调查与思考，北京市工会干部学院学报，2005，20（4）

开放专栏

咱农民工也成立工会组织，中不中？

2010年10月27日，洛阳市总工会保障工作部部长在细细研读农民工维权方面的资料后将前往新疆吐鲁番调研成立农民工工会一事。成立农民工工会，这在全国还鲜有尝试，他得好好准备准备。

令人吃惊的是，尝试成立农民工工会这个想法，竟出自一个十六七岁即外出闯荡、如今在吐鲁番打工的洛阳农民工路长喜。一名普通农民工是如何产生这一想法的？背后又有怎样的曲折故事呢？

这要从路长喜经历的一起率工友讨双倍工资上了央视，轰动全国的讨薪案说起。

路长喜今年40岁，中等身材，相貌敦厚，十六七岁即外出打工，干过保安，下过煤矿，当过装卸工，做过“泥腿子”，经历过不少次欠薪、讨薪。

2008年5月，路长喜等人在新疆吐鲁番一个建筑工地干活。长期的打工经历让他意识到，在建筑这个高危行业里，一份劳动合同对农民工来说是何等重要！进入工地第三天，他就联合工友要求与工程承包商签订劳动合同，可他们等不来一点儿回应。

当年5月28日，路长喜等人无奈之下向吐鲁番市劳动监察大队投诉此事。随后，当地劳动监察部门督促承包商，尽快与农民工签订劳动合同，缴纳社会保险，进行用工备案登记。

然而，折腾了两个月，劳动合同没争取来，他们反而把“饭碗”争丢了！7月24日，承包商以试用不合格为由，将路长喜等37名农民工辞退。

“不让干也行，可工钱你不能不给啊？”路长喜说，当时他们37名农民工干了50多天活，工资共计71 606元。但承包商认为，他们是在搞联合敲诈，只愿意付3万元。

因为无法在工资数额上达成一致，当年10月，路长喜等37人拒领工资，并向吐鲁番市人民法院提起诉讼，讨要双倍工资。“新《劳动合同法》2008年开始施行，规定用人单位自用工之日起，超过1个月不满1年未与劳动者签订劳动合同，应当向劳动者每月支付双倍工资。”路长喜说。

农民工讨要双倍工资，当时这在全国尚属首例。因此，当地法院十分慎重，主持双方进行调解并最终获得成功。根据调解方案，原告放弃双倍工资诉讼请求，被告于12月12日至15日，按原告37名农民工出具的工资表，足额支付工资和每人100元的诉讼补偿；超过期限，法院将强制执行，要求被告支付双倍工资。

12月12日，路长喜等人到当地法院领取拖欠了4个多月的工资，可承包商只拿出了5万多元，还差2万多元。“我们不服气，决定申请强制执行。”路长喜说，2009年春节前，他们终于将剩余的2万多元工资按双倍追索成功。

拒领工资、率工友讨要双倍工资，路长喜等人的举动很快引起了媒体的关注。2008 年 12 月，央视《经济与法》栏目对此进行专题报道后，引发了轰动。

我们也成立工会了

上央视的经历很快让路长喜在吐鲁番成了名人。此后，许多农民工遭遇欠薪后，都来找他代理维权。

这两年，找路长喜帮忙维权的农民工多达 200 多人次。

然而，在替工友们维权的过程中，路长喜多次遭遇身份危机。他自己也常常感到困惑："我不过是一名普通的农民工，凭什么替别人做代理?"

路长喜告诉我们，一些欠薪老板并不认可他的代理身份，甚至不愿与他见面。"你又不是律师，也不是农民工的亲属，凭什么和我谈?"有老板这样说。

在一些人眼里，路长喜更成了刺儿头。2008 年年底讨要双倍工资时，欠薪的工程承包商接受央视记者采访时，说了一句很具代表性的话："你上劳动局问一问，路长喜哪一年不在告状? 弄这些事? 干 1 天活，告 10 天状!"

路长喜说，在替农民工维权讨薪的过程中，他曾被殴打过五六次。究其原因，最关键的一条就是自己的身份不明确，对方常常认为他是来闹事的。

一次次的代理讨薪经历，让他产生了清醒的认识："我代理的讨薪案例，有八九十起都是非法用工。就算最后胜诉了，如果包工头卷钱逃走，我们到头来也讨不回血汗钱。"

一次次的维权，一次次的困惑，一次次的思索，最终让路长喜坚定了想法——尝试成立农民工工会组织。"既然事后维权艰难，那为啥不把防患措施提前，彻底改变非法用工现状呢?"

难能可贵的是，路长喜心中酝酿的"农民工联合会"不是老乡会，而是要挂靠在工会，受政府领导。"我这次从新疆回来，就是向洛阳市总工会的领导汇报我的想法。"路长喜笑着说。

对于路长喜的想法，市总工会给予充分肯定与支持。成立农民工工会，这在全国还鲜有尝试，如何在政策框架内找准切入点、怎样与当地工会搞好衔接，还需要进一步探索。

资料来源：魏春兴．洛阳晚报，2010-10-18

延伸思考

1. 你认为工会还可以采取哪些措施以更好地代表和维护职工群众?

2. 请查找资料，试分析企业工会和产业工会在代表和维护职工群众的方法上应注意哪些不同之处。

3. 请为某公司创建服务型工会提几个建议。

深度阅读

[1] 中华全国总工会组织部. 工会组织工作手册 [M]. 北京：中国工人出版社，2000

[2] 卫民. 工会洋葱说 [M]. 台湾：丽文文化事业股份有限公司，2004

[3] 陈民等. 农民工维权论 [M]. 北京：中国工人出版社，2003

第九章　工会的合作伙伴：工会与企事业行政

企业、事业是整个社会中两个庞大的集体，它们对这个社会的经济、人们的就业、工作生活中的管理都起着巨大作用。而它们各自的运作又与工会有密切关系，那么，为什么这么说，工会和企事业究竟是什么样子的关系呢？本章从“企事业行政”“企事业行政和工会与时俱进”以及“企事业行政和工会相依相存”三个方面进行阐述。

一、企事业行政概述

人们在日常生活和工作中常常听到企业和事业这两个词，那么我们究竟对它们了解多少呢？你对它们了解得够深够全面吗？接下来看看它们分别指的是什么。

（一）企业和企业行政

1. 企业的含义

什么是企业呢？可以先看看它的起源，“企业”这个词源于英语中的 enterprise，原意为企图冒险从事某项事业，后来用以指经营组织或经营体[①]而现在所说的企业是指经营性的从事生产、流通或服务的某种主体；是自主经营、自负盈亏、独立核算的社会主义商品生产和经营单位，而不是一级国家政权机关，而作为概括的资产或者资本和人员的集合之经济实体，企业其实也可以作为交易客体。

2. 企业的基本特征

（1）专门从事某种社会生产和经营活动的实体；

（2）实行内部分工的组织机构；

（3）以营利为目的。

---

① 汉语外来语字典．上海：上海辞书出版社，1989

3. 企业的分类

企业一般按照如表 9—1 所示的两种方式进行划分。

表 9—1　企业类型表

划分标准	企业类型	定义
所有制形式	全民所有制	指以生产资料的全民所有制为基础，从事生产经营的、独立的商品经济组织
	集体所有制	指生产资料归一定范围内的劳动者集体所有，由集体投资或个人入股集资设立的企业
	私营企业	指企业财产属于私人所有，由私人投资经营的企业
	混合所有制	指由不同所有制经济成分或多种投资主体通过资产流动和重组形成的一种独立的企业组织
	外商投资	指依照中国法律在中国境内设立的，由中国投资者和外国投资者共同投资或者由外国投资者投资的企业
投资来源、组织机构以及责任形式	独资企业	指依照《个人独资企业法》在中国境内设立，由一个自然人投资，财产为投资人个人所有，投资人以其个人财产对企业债务承担无限责任的经营实体
	合伙企业	指依照《合伙企业法》在中国境内设立的由各合伙人订立合伙协议，共同出资、合伙经营、共享收益、共担风险，并对合伙企业债务承担无限连带责任的营利性组织
	公司企业	指依照《公司法》成立的以营利为目的的企业法人。我国《公司法》中所称的公司，包括有限责任公司和股份有限公司两种形式

除此之外，企业可按照所从事的经营活动为标准划分为：工业企业、农业企业、交通运输企业、商业企业、建筑企业、金融企业、服务性企业等。以企业规模为标准划分为：大型企业、中型企业和小型企业等。

4. 企业行政的含义

想要知道企业行政的含义需要先弄清楚什么是行政。行政指的是机关、企业、团体等内部的管理机构。因此，企业行政指的是企业内部的行政管理机关。

狭义的企业行政特指的是全民所有制和集体所有制企业中的内部行政管理机关。

广义的企业行政指的是包括公有制企业和非公有制企业在内的各种类型的企业内部行政管理机关。企业内部行政管理机关有不同的类型，如国有企业中的企业管理委员会，公司制企业中的董事会、经理等。

（二）事业和事业行政

1. 事业单位的含义

我国有关法律法规对事业单位的规定主要包括：

（1）事业单位是依法成立的，从事公益事业的不以营利为目的的教育机构、科学研究机构、医疗卫生机构、社会公共文化机构、社会公共体育机构和社会福利机构等。《事业单位登记管理暂行条例》1998 年由国务院发布，2004 年修订。

（2）事业单位是国家为了社会公益目的，由国家机关主办或其他组织利用国有资产主办的，从事教育、科技、文化、卫生等活动的社会活动组织。《中华人民共和国公益事业捐赠法》在 1999 年由全国人大常委会通过。

大体上事业单位的概念可以表述为：为社会公益目的，由国家机关举办或者其他组织利用国有资产举办的，依法取得法人资格的，从事教育、科技、文化、卫生等活动的不以营利为目的的社会服务组织。也就是说，事业单位是从事为党政机关和国民经济、社会生活各个领域服务的，为国家创造或改善生产条件，增进社会福利，满足人民文化、教育、科学、卫生等方面的需要，而不以给国家积累资金为直接目的的单位。它不同于国家机关、党派、人民团体，也是社会组织。事业单位是组织机构而不是个人，有自己的名称、组织机构和场所，有与其业务活动相适应的从业人员和经费来源，能够独立承担民事责任不同于企业。

2. 事业单位的特征

• 事业单位的主要职能是创造、服务和促进，其服务对象是整个社会的各个领域和各个方面是以脑力劳动者为主体的知识密集型组织，其劳动成果是知识产品和精神产品。

• 事业单位是从事专业任务的独立工作实体，主要从事教育、科技、文化、卫生等涉及人民群众公共利益的服务活动。

• 事业单位不以营利为目的。事业单位一般不从事生产经营活动，它把社会效益放在首位，同时追求与社会效应相一致的经济效应。

事业单位的分类见表 9—2。

表 9—2　　事业单位的分类

分类标准	事业单位的类型
所属部门的不同为标准	农林、水利、气象事业单位
	工业交通、商业事业单位
	文教、科学、卫生事业单位
	城市维修和其他事业单位

续表

分类标准	事业单位的类型
所有制形式为标准	全民所有制事业单位、集体所有制事业单位、民办事业单位等
预算形式为标准	全额预算事业单位、差额预算事业单位、事业单位企业化管理等
所承担的职能为标准	直接承担政府行政职能、为政府服务的事业单位，承担公共事业发展职能、为社会服务的事业单位，承担着中介沟通职能、为市场和企业服务的事业单位

3. 事业单位行政的含义

事业单位行政指事业单位的内部管理机关，如报社中的编委会、学校中的校行政领导机关等。我国的事业单位行政根据事业单位的划分，主要包括教育事业单位行政、科研事业单位行政、文化艺术事业单位行政、广播电视新闻事业单位行政、综合技术服务事业单位行政、卫生事业单位行政、体育事业单位行政、社会福利事业单位行政和农业林业水利气象事业单位行政等。

事业单位工会与企业工会的区别见表9—3。

表9—3　　事业单位工会与企业工会的区别

划分依据	依据传统政治经济学中的生产劳动和非生产劳动理论，即直接从事物质资料生产的部门创造价值，而各种服务性劳动不创造价值，前者为生产性劳动，后者为非生产性劳动；以生产性劳动为主的部门是生产部门，实行企业管理，以非生产性劳动为主的部门是事业部门，实行事业管理①
二者最大的区别	事业单位工会联系所联系的这部分职工群众主要从事非物质资料生产，并以脑力劳动为主体，他们与用人单位之间的关系主要不是劳动关系，而是劳动行政和聘用关系。诚然，机关事业单位的部分职工与用人单位事实上存在劳动合同关系（如工勤人员和用人单位之间），但这并非是矛盾的主要方面

关于工会的基层组织：工会与企业、事业行政关系中的工会指的是企业、事业单位中的基层工会组织。工会的基层组织又称为基层工会，是相对于工会组织系统中的工会上级组织而言的，它是法律规定的工会组织系统的最基本的构成部分，一般是指以生产（工作）部门或行政单位为范围和基础所建立的一级工会组织。

① 陈乐洋．机关事业单位工会工作［M］．北京：中国工人出版社，2000

（三）工会与企业、事业行政的关系

我国有关工会与企业、事业行政关系的相关规定在《工会法》《劳动法》《企业法》《公司法》《职工代表大会条例》等法律、法规、规章中均有体现。

1.《工会法》的规定

1950年颁布的《工会法》、1992年颁布的《工会法》都对工会与企事业行政的关系作出了规定。2001年修改后的《工会法》第38条规定：“企业、事业单位研究经营管理和发展的重大问题应当听取工会的意见；召开讨论有关工资、福利、劳动安全卫生、社会保险等涉及职工切身利益的会议，必须有工会代表参加。企业、事业单位应该支持工会依法开展工作，工会应该支持企业、事业单位依法行使经营管理权。”

人人都应遵守劳动法

2.《劳动合同法》的规定

《劳动合同法》第77条规定：“工会依法维护劳动者的合法权益，对用人单位履行劳动合同、集体合同的情况进行监督。”

3.《公司法》的规定

修改后的《公司法》第18条规定：“公司职工依照《中华人民共和国工会法》组织工会，开展工会运动，维护职工合法权益。公司应当为本公司工会提供必要的活动条件，公司工会代表职工就职工的劳动薪酬、工作和时间、福利、保险和劳动安全卫生等事项依法与公司签订集体合同。”“公司依照宪法和有关法律的规定，通过职工代表大会和有关法律的规定，通过职工代表大会或者其他形式，实行民主管理。”“公司研究决定改制以及经营方面的重大问题、制定重要的规章制度时，应当听取公司工会的意见，并通过职工代表大会或者其他形式听取职工的意见和建议。”

4.《基层工会工作暂行条例》的规定

1984年5月中华全国总工会书记处第27次会议通过的《基层工会工作暂行条例》第五章，专门就工会与行政的关系做出了规定。其中第21条规定：“办好社会主义企业、事业是工会和行政的共同任务。基层工会要支持行政负责人对生产行政工作行使职权，维护生产行政指挥系统的高度权威，教育职工遵守厂规厂

纪和职工守则，发动职工积极参与企业、事业的改革，努力提高经济效益和工作质量，全面完成生产（工作）任务。”第22条规定：“基层工会要组织和代表职工群众监督企业、事业单位正确执行国家有关政策和法规。在行政决定有关生产和职工切身利益问题时，工会应参加研究，提出意见，维护国家利益、企业事业集体利益和职工的正当权益。”第23条规定：“基层工会代表职工与行政签订合同或协议；受理职工群众的申诉，参与调处劳动争议。”第24条规定：“基层工会积极主动地参与企业、事业改革，根据社会主义现代化建设的需要和职工群众的合理要求，提出建议，协助行政制定改革方案，发动职工群众贯彻实施。”

5.《企业工会工作条例》的规定

2006年12月，中华全国总工会第十四届执行委员会第四次全体会议通过了《企业工会工作条例》，其中第八章“工会与企业党组织、行政和上级工会”对工会与行政的关系作出一系列的规定。该条例第52条规定：“企业工会与企业行政具有平等的法律地位，相互尊重、相互支持、平等合作，共谋企业发展。企业工会与企业可以通过联席会、民主议事会、民主协商会、劳资恳谈会等形式，建立协商沟通制度。”第53条规定：“企业工会支持企业依法行使经营管理权，动员和组织职工完成生产经营任务。督促企业按照有关规定，按职工工资总额的1.5%～2.5%、1%分别提取职工教育培训费用和劳动竞赛奖励经费，并严格管理和使用。”第54条规定：“企业行政应依法支持工会履行职责，为工会开展工作创造必要的条件。”

6.《外资企业法实施细则》的规定

细则中规定，企业应积极支持本企业工会的工作，依照《工会法》的规定，为工会组织提供必要的房屋和设备，用于办公、会议、举办职工集体福利、文化、体育事业。企业每月按照企业职工实发工资总额的2%拨缴工会经费，由本企业工会依照中华全国总工会制定的有关工会经费管理办法使用。

观点之声：确定工会与企业行政关系的哲学原理

在社会主义条件下，工会与企业行政的正确关系，应当是工会与经理相互支持、平等合作的关系。这就是说，工会要尊重和维护经理的中心地位、中心作用和管理权威；经理要尊重和支持工会代表职工利益、发挥代表职工作用，依法独立自主地开展工作。

工会与企业行政——经理的这种相互支持、平等合作的关系，是有着不以人的主观意志为转移的客观规律的。这种客观规律的基本原理，即马克思主义哲学的唯物辩证法。它突出表现为是否承认工会与企业行政的关系是共性与个性的对立统一关系。

刘少奇同志在1951年写的《国营工厂内部的矛盾和工会工作的基本任务》一文，是中国工会运动史上第一篇自觉地运用矛盾分析的方法，科学地揭示工会的特殊本质和特有的活动规律的光辉著作。他在这篇光辉著作中，从社会基本矛盾出发，论证了国营企业内部矛盾的性质，提出了两类不同矛盾的基本思想，并规定了工会在处理人民的内部矛盾中的任务、作用、方法，从而丰富了马克思主义的工会学说。他在这方面的理论贡献，主要表现在以下三个方面，这也就是正确确定工会与企业行政关系的马克思主义的客观原理。

1. 运用矛盾的客观性、普遍性原理，科学地分析国营企业内部的基本矛盾

2. 运用矛盾的特殊性原理，科学分析国营企业内部矛盾的性质，明确工会在处理人民内部矛盾中的任务和作用

3. 运用矛盾共性与个性对立统一原理，科学地揭示工会与企业行政的相互辩证关系

资料来源：高维义，刘福元. 中国工会学. 济南：山东人民出版社，1989

二、企事业行政和工会与时俱进

随着时代的进步和社会的发展，人们的生活面貌发生了极大的改变，整个世界也日新月异，企事业行政如此，工会也是如此。

（一）改革开放以来企业的发展变化

1. 国有企业改制

国有企业改制是指依照国家有关法律法规和省政府有关规定，将国有企业改制为国有独资公司、有限责任公司、股份有限公司和股份合作制企业。

企业改制的目标是建立现代企业制度，现代企业制度中最具有典型性和代表性的是公司制，公司制改造的实行，可以实现产权主体的多元化，也会带来产权结构的多元化。公司制企业指由自然人或法人单独或组合建立一种企业形式。公司具有法人性、营利性等特点，具有独立的法人资格，拥有独立的财产权利，独立承担责任。

自改革开放以来，我国政府在积极稳妥地推行经济体制改革的同时，逐步实

行了一系列劳动制度的改革。首先是政企分开，政府不再对企业直接干预，而是通过财政、税收等政策对企业实行宏观上的调控，同时企业拥有自主权根据市场需求进行自我调节。在劳动用工方面，打破了“铁饭碗”，实行劳动合同制，企业可以根据自己的需要确定劳动用工。在劳动工资方面，实行效益工资。

我国企业的所有制性质也出现了历史性的变化，已由单纯的国营、集体向国有、集体、私营、合资、外资等多种产权结构转变，劳动关系主体从模糊逐渐变为明确，出现了实质意义上的“资方”与“劳方”。

即使是在国有企业当中，由于企业资产归国家所有，职工也只是劳动者，“用人单位”与“劳方”之间的不同权利义务，构成了不同形式的劳动关系。随着企业产权关系的逐步明晰和公司法人治理结构的不断完善，“雇主”和“雇员”的概念已经得到广泛的认同和接受。

各类企业的改制方式从总体上分为整体改制和部分改制。

整体改制是指以企业全部资产为基础，通过资产重组，整体改建为符合现代企业制度要求的、规范的企业。对我国中、小型企业改制通常使用的是整体改制。

部分改制是企业以部分资产进行重组，通过吸收其他股东的投资或转让部分股权设立新的企业，原企业继续保留。我国对大型企业的改制一般采用的是部分改制。

我国现在基本上已建立了适应社会主义市场经济发展要求的新型企业组织形式。主要形式有公司制企业、股份合作制企业、合伙企业、个人独资企业。

此外，内资公司改制为外商投资企业和外商投资企业改为内资企业是比较特殊的形式。

2. 非公有制企业的产生与发展

非公有制经济是我国在建立社会主义市场经济过程中恢复和建立的，是适应市场经济发展并具有旺盛生命力的经济类型，是相对于公有制经济而产生的一个名词，主要包括民营企业、外商独资（控股）企业、乡镇企业和非国有控股或投资的股份制企业等，对推动社会主义市场经济的发展和完善起到非常重要的作用。

非公有制经济的发展大事如下：

党的十一届三中全会之后，党中央实行改革开放政策，在农村推行家庭联产承包责任制，在城乡鼓励和扶持个体经济发展，短短几年，城乡个体经济得到了迅速恢复和发展。

1992 年，以邓小平南方谈话为标志，经济体制改革进入新阶段，国民经济进入高速发展期，私营经济进入了健康稳定、蓬勃兴旺的发展新时期。

1997 年，党的十五大提出私营经济是社会主义市场经济的重要组成部分。

1999 年修改《宪法》时，把私营经济是社会主义市场经济的重要组成部分的提法列入了《宪法》。私营经济与国有经济在经济地位上实现了平等。

2004 年 3 月 14 日，第十三届全国人民代表大会第二次会议通过的《中华人民共和国宪法修正案》，提出“国家保护个体经济、私营经济等非公有制经济的合法权利和利益。国家鼓励、支持和引导非公有制经济的发展，并对非公有制经济依法实行监督和管理”，“公民的合法的私有财产不受侵犯。国家依照法律规定保护公民的私有财产权和继承权。国家为了公共利益的需要，可以依照法律规定对公民的私有财产实行征收或者征用并给予补偿”，并对非公有制经济的发展提供了法律保护。

当前，非公有制经济已成为经济增长的重要推动力量，改革开放以来，我国个体私营经济的发展速度成倍地高于全国经济增长速度。

（二）工会与非公有制企业行政的关系变化

过去，工会与企业行政的关系主要指国有企业、集体企业的工会与企业行政的关系。改革开放以来，特别是近年来，为适应非公有制经济迅速发展的形势，切实维护非公有制企业职工的合法利益，建立协调稳定的劳动关系，促进非公有制经济的健康发展，大力完善工会组织领导下的维权机制，扩大工会覆盖面，中华全国总工会提出了“组织起来，切实维权”的工作方针。在这一方针的指引和各级工会组织的努力下，非公有制企业的工会组建工作取得了很大的成绩。非公有制企业工会组建工作的发展为建立非公有制企业工会与企业行政的关系奠定了基础。

就非公有制经济而言，由于生产资料非雇主所有，因而在非公有制企业中，雇主与职工的关系表现为雇佣劳动关系，存在剥削，雇主为了最大限度地获取雇员创造的剩余价值，本能地采取要降低雇员工资、延长劳动时间、增加劳动强度、忽视安全生产等手段来达到目的。因此，劳动关系存在对抗性。不过，非公有制经济由于处在社会主义条件下，其劳动关系又与资本主义条件下私有制经济的劳资关系有很大区别。

在我国，非公有制经济中工人阶级从本质上看依然是国家的主人。因为我国工人阶级是一个整体，非公有制经济中的职工是我国工人阶级中的一部分，也是社会主义劳动者，和公有制企业职工享有同等的政治权利。

由于受社会主义基本经济关系、社会关系的影响和制约，非公有制经济中雇主和职工双方的劳动关系在正常情况下表现为受到法律保护的平等协商关系。

在我国，非公有制经济同样是社会主义市场经济的一个组成部分，为社会主义现代化建设的发展发挥着日益重要和不可替代的作用。因此，在社会主义条件下，非公有制经济中劳资关系双方又存在利益的一致性。

根据非公有制企业劳动关系的上述特点，在企业建立规范有序、公正合理、互利共赢、和谐稳定的社会主义新型劳动关系，是公有制企业和非公有制企业的共同任务。因此，非公有制企业工会和企业行政的关系也应当符合社会主义新型劳动关系的这一要求。工会和企业行政的关系，应该在对抗中求合作，在合作中求发展。不论是工会还是企业行政，双方都要严格遵守《劳动法》《工会法》《公司法》等法律法规，保护、调动、发挥好职工和企业经营者两方的积极性，做到互利、互爱、双赢，实现“共建和谐企业、共谋企业发展、共享发展成果”的目标。

工会和企业的关系已经发展得越来越密切，而从我国企业文化建设的历史来看，工会作为我国最大的群众组织，一直都是企业文化建设中的一支重要力量，又因为其群众性组织的特点，使工会参与企业工作具有先天的绝对优势。

（三）市场经济体制下工会和事业行政关系的发展与变化

改革开放以来，中国的社会事业进入了快速发展时期，但发展及改革过程中也有不少问题，主要表现为：发展过程中缺乏规划，存在不合理的扩张；政府与市场的责任边界不清；放权过度、约束不足的问题普遍存在；行政管理体制存在较大缺陷，条块分割突出，不同层级政府间的责任缺乏合理划分，等等。

一些事业单位占着国家资源、享受着财政支持，却没能充分有效地提供相应的服务和积极公正地履行应尽的职责，反而利用事业单位在性质上非政非企又亦政亦企的模糊空间，最大限度地运用、享受政府部门与企业两者拥有的权利和利益，又最大限度地游离于政府部门所受的行政约束和企业所承受的市场压力之外。其结果是扰乱了经济运行规则，破坏了社会资源的合理配置。

我国的事业单位体制改革起步于20世纪80年代中期，针对传统计划经济体制对事业单位高度集中管理的弊端，国家首先通过行政首长负责制的普遍推行，以“简政放权”为目标，逐步扩大了各类事业机构的经营管理自主权；继而通过公共资金供应机制和拨款办法的改革，将事业单位划分为“全额拨款”“自收自支”“企业化管理”等不同类型，以财政手段促进了事业单位经营管理机制的转换；同时，针对事业资源配置格局与利用方式的条块分割、相互封闭、自成体系的弊端，采取鼓励事业单位开放、联合、协作的政策，淡化了传统的单一行政隶属关系，提高了公共事业资源的综合利用效率。上述改革措施在一定程度上激发了事业单位的生机与活力，初步增加了他们面向社会自主开展经营活动的能力。进入20世纪90年代后，首先通过国家公务员制度的建立，事实上取消了以往公共组织人员普遍享有的“国家干部”身份，从而可以对“行政”和“事业”两大部门实行不同的人事管理政策；随后又通过颁布《事业单位登记管理条例》，对事业单位的性质和功能重新给以明确界定，要求所有事业单位必须依法办理登记才能事业法人资格，为建立适用于各类事业单位的统一法人制度奠定了基础。近几年，以全面推行聘任制和岗位管理为重点的人事制度改革成为主流，其目标是通过由身份管理向岗位管理、由行政管理向依法管理、由国家用人向单位用人的转换，形成一个人员能进能出、职位能上能下、待遇能高能低、有利于优秀人才充分发挥作用、灵活多样而运行规范的事业单位用人机制和收入分配机制。

当前，我国事业单位改革的一项重要任务内容是分类改革，大力调整事业单位结构，总的调整思路如下：

（1）能够撤销的，在做好相关善后工作的基础上坚决撤销。

（2）目前已承担着政府职能且不宜撤销的，应明确转变为政府部门。

公益性事务较少、可以改制为企业的，或者目前已从事大量的市场经营活动，企业色彩比较浓重的事业单位，应明确转变为企业。承担着非沟通协调职能，其服务与市场经营活动密切相关的中介行事业单位，应明确转变为市场中介组织。

（3）把国家财政全额拨款的事业单位减少到必要的限度。

（4）不宜再由政府出资兴办。且有市场前途的事业单位，可通过招标拍卖的方式，让渡给其他投资者。

根据事业单位改革的思路，未来单位改革的方向是：一部分转变为政府部门，一部分转变为企业，还有一部分保留事业单位性质，但是其组织及运行方式也将发生改变。例如，深圳的做法是或回归政府，或转为企业，或转换机制，或坚决撤销。

因此，对于转变为国家机关和企业的事业单位，其工会与行政的关系将分别按照机关、企业所规定的工会与行政的关系处理。对于仍然保留为事业单位的，随着事业单位自身改革的进展，其工会与行政的关系也将发生改变。

事业单位改革的主要内容是创新机制，强化事业单位内部管理将是事业单位面临的又一项重要任务。再通过分类改革对现有事业单位压缩规模、调整结构、规范职能、恢复性质的基础上，必须适应社会主义市场经济的要求，着力推进事业单位内部管理体制改革，形成富有活力和效率的管理运营机制。一是建立新型的法人治理机构，原则上，对财政全额拨款的事业单位，实行理事会领导下的执行人日常负责的制度。其理事会应由通过竞争方式选出的，包括出资者、业内专家等在内的若干有代表性人士组成，日常运营由执行人负责。执行人由理事会向社会公开招聘选出，并向理事会负责。形成事业单位监督机构、理事会和执行人相互间的有效制衡机制。二是建立竞争性的劳动人事制度。取消事业单位的行政级别和管理者的干部身份。全面实行管理者聘任制和全体职员竞争上岗、优胜劣汰的制度。三是建立有效的激励和约束制度，实行区别于政府部门的薪酬制度和奖励制度，根据事业单位完成任务的总体情况和具体业绩，实施对理事会、执行人的奖励和惩罚。

过去，事业单位工会和行政的关系比较单一，虽然经过最初的改革，已经被划分为“全额拨款”“差额拨款”“自收自支”和“企业化管理”等不同类型，但是，其人员依然属于国家干部，因此，事业单位工会与行政的关系更多表现为一种行政隶属关系。也就是说。事业单位行政与职工的主体地位并不明确，都具有干部身份，二者的统一性大于差异性，尚未形成类似于企业中的职工与企业行政两个独立主体的关系。但是，随着事业单位新型的法人治理结构、竞争性的劳动人事制度以及有效激励和约束制度的建立，事业单位内部行政和职工的主体地位将日趋明晰，二者的利益将逐渐分化，最终形成两个既相互独立又相互合作的利益主体。在此基础上，逐渐形成一种工会与事业行政平等合作、相互支持的新型关系。

随着社会的不断发展和进步，我们相信，在众多工会工作者、企业工作者、事业工作者的相互努力之下，工会与企事业行政将会共同进步，与时俱进。

三、企事业行政和工会相依相存

假如没有工会，企事业行政会怎样？

工人和用人单位发生了冲突，两方都没有通过一个很好的方式来解决这个矛盾，矛盾没有得到解决只能越积越多，不知道什么时候会爆发呢，最后的结果都不是人们所期待的。这样对双方都没有好处，所以工会在企事业行政里是起着很大作用的，企事业行政需要工会；那么假如没有企事业行政呢？没有企事业行政，就不存在工人和资本家，就更加不存在矛盾了，没有矛盾，工会就无用武之地了，所以，工会依附于企事业行政而存在，工会也离不开企事业行政。企事业行政和工会相互制约，相互影响，相依相存。“协调”是工会与企事业行政关系的主旋律。

党的十六届四中全会提出构建社会主义和谐社会，构建和谐劳动关系是构建社会主义和谐社会的重要内容。劳动关系稳定是社会和谐的基础和前提，社会和谐又是劳动关系稳定的体现和保证，因此，社会和谐重要的是企业、事业单位的和谐。只有高度重视并妥协处理好劳动关系问题，整合社会各方面的力量，才能为社会和谐奠定坚实的基础。

工会和企业事业行政分别代表着职工和用人单位双方的利益，双方的利益通过他们得以代表和表达。因此，在构建企业、事业和谐劳动关系中，工会和企业、事业行政处于十分重要的地位，发挥着十分关键的作用。工会和企业、事业行政关系的好坏，决定着用人单位劳动关系能否和谐。

当前，劳动关系虽然日益市场化，用人单位和职工的主体地位日益明确，两者之间的利益冲突日益明显，在一些非公有制企业中，这种矛盾和冲突有时还表现得相当激烈。但是，在我国社会主义市场经济体制下，无论事业单位、公有制企业，还是非公有制企业，都是社会主义的建设者，用人单位和职工的矛盾从根本上看属于非对抗性矛盾，解决矛盾的方法和手段也只能是非对抗性的。因此，工会和企业、事业行政的关系是相互支持、相互尊重、相互配合的关系，用人单位和职工的矛盾和冲突只能通过协商和非对抗的方式来解决。所以，在当前社会主义市场经济体制下，建立一种平等合作、相互支持、相互配合的工会与企业、事业行政的关系，对构建和谐稳定的企业、事业劳动关系具有非常重要的意义。

工会与企业行政协调关系的途径主要包括三个层次：

第一，国家加强劳动立法和监督，从总体上确定劳动标准和劳动关系模范，并通过三方协调机制进行宏观调控。

第二，在企业或行业、地区建立平等协商和集体合同制度。

第三，实行劳动合同制度，确定劳动者个人与企业的劳动关系，并加强职工参与本单位的民主管理、劳动法律法规监督检查以及劳动争议处理等机制建设，加大工会的参与、协调和监督的力度。

根据有关法规，工会与企业行政相互影响、相依相存、相互协调，主要有以下六个方面：

1. **三方协商机制**

三方协商是指由政府、雇主、劳动者组织三方代表，根据一定的议事规则或程序，通过特定的形式开展协商谈判而形成的共同参与决定、相互影响、相互促进、相互制衡的一种制度。

三方协商机制

2. **平等协商和集体合同制度**

平等协商和集体合同制度是社会主义市场经济条件下用以规范劳动关系的一种劳动法律制度，是市场经济条件下劳动关系的基本调整机制，也是维护职工合法权益的重要途径和有效手段。

3. **劳动合同制度**

劳动合同是劳动者和企业劳动关系的法律契约，是协调劳动关系的基础和前提，建立健全并切实有效地推行劳动合同制度，是维护职工合法权益、协调劳动关系的重要途径。

4. **职工民主管理制度**

职工民主管理制度是职工直接或间接参与管理所在企业内部事务。在职工民主管理制度中，比较重要是建立职工代表大会制度、平等协商制度、企业机构内职工代表制度、平等协商制度和职工民主管理的利益机制等。

5. **劳动法律法规检查机制**

劳动法律法规检查机制是要求各级人民政府劳动行政部门依法对用人单位遵守劳动法律，法规的情况进行监督检查，对违反劳动法律，法规的行为有权制止，并责令改正。

企业与工会和谐发展

6. 劳动争议处理制度

工会在企业劳动争议的调节中，要做到公正公平，既要代表和维护职工的合法权益，又要依法维护企业的合法权益，以事实为依据，以法律为准绳，独立自主地发挥调节作用。

促进企业发展得更好，工人工作得更和谐。

延伸思考

1. 如何理解工会与企业、事业行政关系的重要性？

2. 工会与企业、事业行政关系的基本特征是什么？

3. 处在企业和工人之间，你觉得工会应该怎样发展？

4. 你觉得工会与企业、事业单位将来的关系应该是什么样的，能否设想一下？

深度阅读

［1］常凯，张德荣．工会法通论［M］．北京：中共中央党校出版社，1993

［2］黄孟复，胡德平．中国民营经济发展报告［M］．No. 3（2005—2006）北京：社会科学文献出版社，2006—2009

［3］中华全国总工会研究室．2005 年中国工会组织和工会工作发展状况统计公报［M］．2006

［4］邱小平．劳动关系［M］．北京：中国劳动社会保障出版社，2004

［5］李德齐．政府、企业、工会［M］．北京：华文出版社，1998

第十章　主客之道：政府与工会

工会和政府的关系，是《工会法》调整和规范的主要内容之一。我国是工人阶级领导的、以工农联盟为基础的人民民主专政的社会主义国家。我国工会与政府之间的关系，实际上是工人阶级与自己政权之间的关系，是两者在根本利益一致基础上互相支持、互相尊重的关系。工会应当支持自己的政府，维护工人阶级领导的、以工农联盟为基础的人民民主专政的社会主义国家政权，做人民政权坚强的社会支柱。政府要保护工会，支持和扩大工会代表职工参政议政和对政府工作的民主参与和社会监督。

一、工会与政府的相互关系

《工会法》第5条规定："工会组织和教育职工依照宪法和法律的规定行使民主权利，发挥国家主人翁的作用，通过各种途径和形式，参与管理国家事务、管理经济和文化事业、管理社会事务；协助人民政府开展工作，维护工人阶级领导的、以工农联盟为基础的人民民主专政的社会主义国家政权。"这种规定和表述，符合我国工会工作的实际，有利于政府工作的开展，对于落实党的全心全意依靠工人阶级的指导方针、深化改革、扩大开放、加快我国社会主义现代化建设步伐具有十分重要的意义。

虽然工会和政府两个组织的性质不同，但彼此是平等的。工会是群众组织，作为社会团体，具有独立的利益和地位。政府是行使国家行政管理权力的机构。两者之间没有组织上的隶属关系。从法律地位看，双方是平等的。要处理好双方的关系，就必须互相尊重，平等合作。这是正确处理工会和政府关系的基本原则。

工会和政府在社会生活中的作用和活动方式既有联系，又有差异。政府通过制定经济和社会发展计划和各种政策、法规，运用具有强制力的行政手段（也可以运用非强制性的手段）来管理和组织社会生活。工会则是在政府行使行政管理权力的过程中，发挥民主参与和社会监督的作用。工会不是政权组织，不实行强制的办法，而是靠教育、靠说服的方式通过各种活动吸引群众。工会和政府都要依法办事，不能超越自己的职权去支配对方。所以，在处理两者关系时，政府是起主导作用的方面，政府更应当注意自己的工作方法，不能对工会采取行政命令的方式。

（一）管理与被管理的关系

在不同的国家和不同的时期，地方政府有着不同的地位和作用。政府在国家政治权力体系中处于最重要的地位，它是国家权力的执掌者、是统治阶级的统治意图施加于全社会的执行者，体现和维护着统治阶级的根本利益。

在改革开放之前，中国地方政府并不具有一级政府所应有的独立地位，它们更多地承担着中央政府分支机构的功能，更多地起着“中转站”的中介作用。但是，随着对中央高度集权体制的改革和权力下放的逐步深化，地方政府的地位和作用发生了深刻的变化。

处于政治权力体系顶端的政府最一般也是最典型社会政治角色，是全社会的管理者、社会政策的制定者和政策执行的监督者，它与社会公众之间以及社会组织之间最经常也是最主要的关系是管理与被管理的关系。社会中的一切政治组织、社会组织，民间团体，都被置于政府管理之下，即政府制定法律与政策，而这些组织则执行政策、服从政府管理。

工会与政府之间最基本的关系也是管理与被管理的关系，从工会组织的人员编制、设施配备、经费来源以及工作内容等方面，都能体现出工会作为管理客体的特质属性。

工会与政府的联系紧密，不能轻易分割开来。工会与政府之间的这种管理与被管理关系，使得工会组织具有国家政权体系组成部分的身份。这一身份与其会员和职工群众利益代表的身份，构成了工会组织在政治与社会关系中地位与身份的双重性。这种双重性使得它不可能完全独立于国家权力体系之外，而是其中的一个链节，是政治管理的准主体：它具有政治管理的特定权力，不仅要不折不扣地执行执政党和政府的政策、法令，同时，它还以特定的方式处理本组织内部成员之间的矛盾和本组织成员与其他相类似的政治组织、社会组织之间的矛盾。

（二）合作与共事关系

中国是在相对落后的条件下开始发展市场经济的，因此，政府在市场经济的发展中起着十分积极的作用。政府必须在市场经济发展的过程中不断进行积极的指导和推动。

在市场规则尚未完善之前，还要以较多的行政管理的手段加以补充，积极推进产业结构调整，提高和优化本地区的经济质量。到市场经济发展到较成熟阶段时，地方政府活动的范围和方式将会有大的调整，积极引导发展的作用仍起着重要作用。

权力下放的改革调整了中央与地方的关系，使得地方政府从中央政府的分支机构中分解出来，获得了相对的独立和更大的权力。地方政府因此由弱变强。

现代政府对社会以及工会等社会组织的管理已经不同于传统意义上的管理，传统意义上的政府对社会的管理基于农业社会的自然经济。

传统意义上的政府对社会的管理是自上而下的单向权力运行，是至高无上不受任何限制的王权，体现出强烈的排他性与明显的人治特征。

现代政府对社会的管理是与现代工业社会相适应的管理，它以市场经济作为自己的经济基础，并与先进的管理思想与管理技术紧密相连。社会条件决定了现代政府对社会的管理必然要更多地考虑到社会总体利益要求，而不仅仅是统治阶级的利益要求，顾及普通社会成员的利益以及在政府制定的政策中较好地体现他们的利益。

工会组织与其地社会组织一样，工会组织的存在和发展并能发挥作用，是以民主政治为制度条件和背景的。工会等社会政治组织的存在，以及开展以实现特定利益目标为诉求的各项活动，虽然加大了政府管理的难度，但这是民主制度的内在要求，是建设和发展民主社会的重要组成部分。

2012年12月，江西省包括省总工会在内的七个部门联手检查工资拖欠情况

工会联手政府解决拖欠工资问题

由于经济成分的多样性，以及不同行业、职业以及分工的不同，使得人与人之间、不同人群之间也广泛存在着利益差异和利益矛盾，也同样需要工会等社会组织发展壮大，通过自己的政治活动，进入政治过程，促进政府决策能够更好地体现职工群众的利益。

工会与政府的关系是合作性的，而非对抗性、争夺性的。在生产资料公有制基础上建立起来的社会主义制度，从根本上决定了人民根本利益的一致性，不同社会成员之间、不同政治与社会组织之间、工会与政府之间具有拥护社会主义和建设社会主义的共同利益。工会与政府之间互相合作，是为了更好地实现职工群众的利益和国家的整体利益这些共同的事业此外，工会组织以人民的根本利益存在和发展作为自己存在和活动的前提，其活动必须服从于全体人民的根本利益。

《中国工会章程》指出："中国工会维护工人阶级领导的、以工农联盟为基础的人民民主专政的社会主义国家政权，协助人民政府开展工作，依法发挥民主参与和社会监督作用。"这明确了工会与政府之间的另外一层关系，即参与和监督的关系。

维护职工群众的合法权益是工会的基本职责，也是工会的立命之处，而工会职能的履行主要是通过民主参与的方式进行和完成的。《工会法》指出，工会在维护全国人民总体利益的同时，代表和维护职工的合法权益。工会履行维护职责主要包括两个层面的内容，一是工会的各级领导机关积极参与政府立法和有关社会政策的制定，使其能够更好地体现职工群众的利益，在法律和制度源头上维护职工合法权益；二是在基层组织（企业、事业单位），通过平等协商和集体合同制度，协调劳动关系，维护企业职工劳动权益。同时，还通过职工代表大会或者其他形式，组织职工参与本单位的民主决策、民主管理和民主监督。工会的这些工作内容表明，做好民主参与工作对于工会组织来讲是至关重要的。民主参与是工会组织的工作重点，对工会领导机关来讲尤其如此。

民主参与最基本的表现形式是提出意见和建议，为了使意见和建议能够得到政府的重视并被采纳，进而会采取各种合法手段以增强影响力。这无疑是对政府管理权限的一种分权行为，会增加政府决策的困难。但工会组织的这种参与行为同样是民主制度所必需的，这正如政治学者布莱克所言："现代政府在下述意义上可以说是典型的民主的：所有的公民均在某种程度上参与政治领导人的决策的选择；个人的选择权由有效的公民自由得以保障。"① 列宁在谈及民主制度时也指出：一切民主制度都"意味着在形式上承认公民一律平等。承认大家都有决定国家制定和管理国家的平等权利"。②

参与和监督是紧密地联系在一起的，参与取得成果以及成果的保持都离不开经常性的监督与督促。因此，监督政府也是工会与政府关系中的一项重要内容。

当然参与和监督的关系是双向的。这既包括工会对政府的参与和监督，也包括政府对工会的参与和监督。工会对政府的参与和监督主要在民主制度的大框架

---

① C. E. 布莱克. 现代化的动力 [M]. 成都：四川人民出版社，1988：22

② 列宁选集（第31卷）[M]. 北京：人民出版社，1985：96

内进行，而政府对工会的参与和监督则是通过组织程序以及在法律政策方面对工会的行为进行制约，使工会活动在法律允许的范围内继续。

政府与工会的相互关系如图10—1所示。

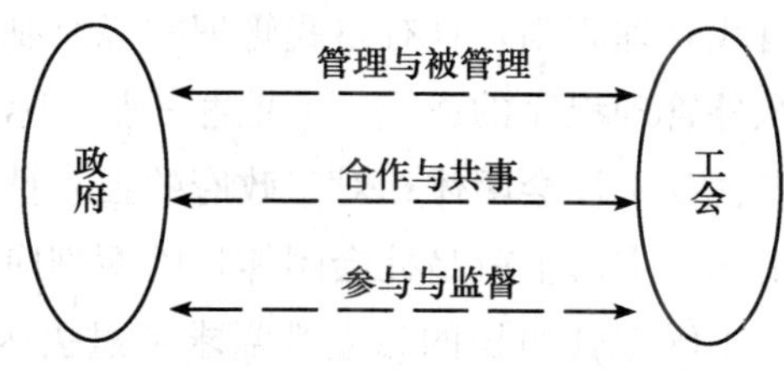

图10—1　政府与工会的相互关系

二、工会与政府的独立自主

（一）工会和政府的不同特征

1. 政治主体性质不同

（1）政府是社会生活中最主要的政治主体，也是最大的管理主体，是无处无时不在的管理者，每个社会成员都不能离开政府而独立生活。

工会组织是职工群众自愿结合的组织，以一个积极的政治主体的角色涉足政府的立法和社会管理活动，其政治性会随着时间推移以及国家政治关系的变化而变化，被称为“准政治管理主体”。

（2）政府掌握着国家的最高权力，拥有最大的行政权。工会所拥有的权利不是行政权力，它的管理支队组织内部有效，它对政府的影响来源于法律规定的权利，且不具有必然的强制力，其力量大小和方向都是可变的。

2. 职能不同

政府最主要的职能是政治统治职能和社会管理职能。

工会的基本职能是维护特定人群即那些加入到工会组织之中成为其会员的人群的利益。比较单一，而且具体。

3. 工作方式不同

政府开展各项活动的推动力主要是依靠强大的行政权力，决策是其管理的主要内容工会不具有行政权力，对会员不具有强大的控制能力，其工作方式应该是民主的、开放性的、参与性的。

（二）工会组织的独立性

将社会团体作为一类社会主体研究时，有学者指出了其基本特征：（1）非营利性。每个社会团体多以利他主义和人道主义为自己的意识形态和指导思想，不以营利为目的，是社会团体的本质特征。（2）民间性。社会团体中的各类组织机构、团体在资金来源、功能、人事制度等方面独立于政府体制之外。（3）自治性。指社会团体实行自我管理原则，具有自我管理的规章制度，享有自我管理的充分自主权，不受组织外管理程序的影响。① 上述三点实际上是社会团体核心特征的具体化，该核心特征就是社会团体相对于政府的独立性。工会是职工自愿结合的工人阶级的群众组织，本质上就是社会团体，因而理应具备社会团体的核心特征—独立性。同时，中国工会组织的独立性需求，过去因为“革命团体”“人民团体”等政治意义的身份而被遮蔽，在转型社会中又因为以下诸多原因而被重新重视。

1. 劳动者利益保护期待独立的工会组织

20 世纪 70 年代末，中国社会开启了改革开放的大幕，随着改革的不断深化，非国有经济成分逐步扩张，国有企业产权制度改革稳步推进，“产权清晰、权责明确、政企分开、管理科学”的现代企业制度正逐步建立起来，劳动关系主要表现为劳动经济关系，在劳动经济关系中前文提及的计划经济时期职工、企业、政府“三位一体”的利益链条被打破，取而代之的是三足鼎立的利益格局，三者之间势必会出现冲突和矛盾，而职工在劳动关系的各方当事人中处于天然的弱势地位，加之政府从微观管理中退隐，企业具备了经营自主权。所以，一般情况下，政府已经无权也无力直接解决职工与企业之间具体而微的利益冲突。即使在政府有权管理的领域，还存在政府保护的水平不高，比如政府执行的劳动保护标准往往只是最低标准；政府劳动保护的不作为，比如一些地方政府为了吸引投资而对企业侵害职工权利的行为置若罔闻；政府甚至可能直接侵害劳动者权利，列宁就曾说过，“我们现在的国家是这样的：全体组织起来的无产阶级应当保护自己，而我们则应当利用这些工人组织来保护工人免受国家的侵犯”。要发挥工会保障劳动者利益的功能，必须保证其相对于政府和企业的独立性。

2. 公共行政改革要求独立的工会组织

经历了市场和政府的双重失灵，第二次世界大战后，尤其是 20 世纪七八十年代以来，一场以重新审视政府与市场关系为起点、以部分公共管理社会化和放松管制为主要特征、以治理和善治为目标的公共行政改革在全球悄然兴起。这场

① 雷兴虎，陈虹．社会团体的法律规制研究［J］，载：法商研究，2002（2）

方兴未艾的改革旨在逐步实现政府与市场的分离，而为了消除政府与市场之简单的“此消彼长”的“零和关系”，需在政府与市场间形成一个“中介层面”，通过这一“中介层面”，实现政府与市场的互动。① 这样一来，大量的社会团体应运而生，并且承接了从政府转移出来的部分公共事务，实践表明，“政府履行社会职责的能力是极为有限的，而非营利部门可以发挥巨大的作用”。② 因此，社会团体顺理成章地打破了国家对社会公共事务的垄断，“在民主浪潮的推动下，国家行政逐渐向公共行政的方向转变，社会行政作为对国家行政的不足的补正方式被推上了前台”。③

随着经济体制改革的深入和政治体制改革的跟进，我国逐步实现了政企分开、政社分开，而对政府退出的领域进行有效管理的需求同样催生了大量社会团体，“政府的权力已经从单中心的政府走向多中心的自主治理”。④ 具体到劳动关系领域，很多方面政府既管不了——专事宏观调控的政府无权直接干预，也管不好——面广、量大、点多的诉求让政府力不从心。因此，政府需要一个“中介层面”，分担调节劳动关系的事务，让其首先对劳动者的诉求进行收集、梳理，提高诉求的合理性和有效性；进而代表劳动者与企业谈判、磋商，尽可能使劳动者的诉求在劳资双方的内部对话中和平地得以满足；经过上述步骤过滤之后，政府可以有更多的精力、更有效地处理那些有限的仍不能满足的诉求。一言以蔽之，这个“中介层面”可以有效防止政府直接卷入劳资冲突。同时，这个“中介层面”还可以对政府调整劳动关系的行为进行监督。当然，这个“中介层面”的前提条件是具备代表性，而工会组织当是符合此条件的不二之选。同时，“中介层面”既然要定位于政府和市场之间，“既不处于从属地位，也不处于统治地位”，⑤ 就必然要求独立于政府和市场，所以工会组织必须具有相对于政府的独立性。

3. 实在法体系中工会组织的独立性

在中国社会逐步走上法治化轨道的今天，讨论工会组织和政府关系时，完全有必要从现行立法角度对工会组织的地位予以考察，审视其在立法上独立性的现状或可能。

---

① 黎军．行业组织的行政法问题研究［M］．北京：北京大学出版社，2002：27-35

② Drucker Peter F.（1990），Managing the Nonprofit Organization Practices and Principles，Oxford Butterworth Heinemann Ltd. P. ix

③ 牛凯，毕洪海．论行政的演变及其对行政法的影响［J］．载：法学家，2000（3）

④［美］文森特·奥斯特罗姆．美国公共行政的思想危机［M］．毛寿龙，译．三联书店，1999：3

⑤［美］希尔曼．美国是如何治理的［M］．曹大鹏，译．北京：商务印书馆，1986：191

随着时代变迁，1950 年《工会法》已经远不能满足新形势的需要，全国人大于 1992 年颁布了《工会法》（2001 年进行了修改），《工会法》第 14 条规定："中华全国总工会、地方总工会、产业工会具有社会团体法人资格。基层工会组织具备民法通则规定的法人条件的，依法取得社会团体法人资格。"据此，中华全国总工会、地方总工会、产业工会从成立之日起就当然取得社会团体法人资格；基层工会组织只要具备民法通则规定的法人条件，即可取得社会团体法人资格。《民法通则》第 37 条规定："法人应当具备下列条件：（1）依法成立；（2）有必要的财产或者经费；（3）有自己的名称、组织机构和场所；（4）能够独立承担民事责任。"根据该规定，我们对工会组织进行分析：

第一，我国基层工会组织都是依据《工会法》成立的，并且在宪法和法律范围内活动。

第二，我国基层工会都拥有自己必要的财产和经费。按《工会法》和《中国工会章程》的规定，工会经费来源为：会费；建立工会组织的企业、事业单位、机关按每月全部职工工资总额的 2%向工会拨缴的经费；工会所属的企业、事业单位上缴的收入；政府的补助及其他收入。《中国工会章程》第 38 条规定："工会资产是社会团体资产，中华全国总工会对各级工会的资产拥有终极所有权。根据经费独立原则，建立预算、决算、资产监管和经费审查监督制度。实行'统一领导、分级管理'的财务体制。"

第三，我国基层工会都有自己的正式名称和组织机构，都不是临时设立的，而是具有永久性、连续性的社会组织。[①] 即使所在的企业终止或所在的事业单位、机关被撤销，该工会组织相应撤销；它的经费财产由上级工会处置；会员的会籍可以继续保留。《工会法》第 45 条规定："各级人民政府和企业、事业单位、机关应当为工会办公和开展活动，提供必要的设施和活动场所等物质条件。"

第四，绝大多数基层工会组织都能独立承担民事活动中如赔偿经济损失、支付违约金以及其他民事责任。[②] 尤其是《工会法》第 49 条规定："工会对违反本法规定侵犯其合法权益的，有权提请人民政府或者有关部门予以处理，或者向人民法院提起诉讼。"这就是工会独立承担民事责任的集中体现。

因此，我国基层工会具备法人的基本条件，经核准登记、取得法人资格后即具备社会团体法人资格。这在司法实践中也得到认可，最高人民法院在《关于产

---

① 高大慧. 试析工会的社团法人地位［J］. 载：北京市总工会职工大学学报，2002（3）

② 王江松. 新编工会法全书（上卷）［M］. 北京：中国物价出版社，2001：328

业工会、基层工会是否具备社团法人资格和工会经费欠交集中户可否冻结划拨问题的批复》中规定："基层工会只要符合《中华人民共和国民法通则》《工会法》和《中国工会章程》规定的条件，报上一级工会批准成立，即具有社团法人资格。"

综合上述，我国工会组织具有社会团体法人资格，当然基层工会组织具备社会团体法人资格的前提条件是其依法取得法人资格。同时，《社会团体登记管理条例》第5条规定："国家保护社会团体依照法律、法规及其章程开展活动，任何组织和个人不得非法干涉。"《工会法》第4条规定：工会"依照工会章程独立自主地开展工作"，"国家保护工会的合法权益不受侵犯"。《劳动法》第7条规定，工会"依法独立自主地开展活动"。可见，我国工会组织在法律上是与政府平等的法律主体而非隶属于政府。换言之，在我国实在法体系中，工会组织初步具有社会团体的核心特征——独立性。

在此基础上，可以得出中国工会发展的应然进路：工会组织应当并且可以作为一个独立的社会团体法人存在，在劳动关系领域与政府形成相互协作、相互监督的关系，而非政府的附庸。

三、工会与政府的利益与共

（一）工会与政府是利益共同体

利益共同体，是指两个以上具有相对独立性的个人或组织为最大限度地实现和保护自身利益，在理性估算的基础上，以默契、契约或制度化的安排结成类似利益联盟式的行动体，互利共存是这个行动体中利益不同的双方联合在一起的动力所在。工会组织与政府其实就是这样一个利益共同体，不过和社会生活中一般的利益共同体不同，它是国家权力体系框架内通过制度化的安排形成的，因而两者的利益联系更加密切，时间上更持久。

工会与政府的利益关系如图10—2所示。

1. 利益共同体的形成首先是两者有利益交集

中国工会是中国共产党领导下的工人阶级最广泛的群众组织。中国政府是中国共产党领导下的人民政府。从阶级的观点来看，工会与政府的根本立场是完全一致的。

政府是行使国家行政管理权力的机构。工会是群众组织，作为社会团体，具有独立的利益和地位。从法律地位看，双方是平等的。

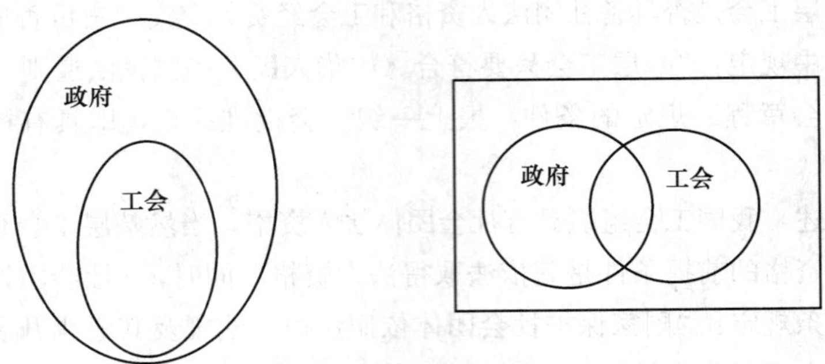

图 10—2　工会与政府的利益关系

政府的利益目标是追求全社会的共同发展，最终实现统治阶级的政治、经济关系秩序，并使这种统治秩序长治久安。在社会主义国家，政府作为无产阶级专政的工具，其基本职能之一就是在维护全国人民总体利益的同时，维护职工的具体利益。解放生产力，促进国民经济的发展，把我国建设成为社会主义强国，是政府和工会共同的奋斗目标。因此，工会与政府的根本利益是一致的。

另外，工会成员无一例外是工人阶级的成员，是社会统治阶级的组成部分。政府利益的实现，就是职工群众利益的实现，因而政府也是职工利益的代表者和维护者。正是在国家利益、工人阶级利益这一点上，工会与政府有共同利益，才可以结成利益共同体。

政府与工会的一致性如图 10—3 所示。

图 10—3　政府与工会的一致性

2. 利益共同体的形成又以承认利益差异为前提

工会和政府各自的利益追求有明显的区别，工会组织的目标是服务于特定的群众利益，并以此为活动的出发点，在实际社会政治生活中，充当特定的群众利益的代表者和维护者。政府的施政目标是服务于全社会，造福于全社会。

尽管如此，两者所追求的利益目标具有极大的关联性，任何一方为了谋求己方的利益，都要在一定程度上顾及和保护另一方的利益，不能不维护他们之间的利益关系并形成对整体利益和长远利益负责的共识。没有这一点，利益共同体就有可能瓦解，任何一方的利益都会变得唇亡齿寒。

3. 独立行为主体的联合

工会和政府两者是独立的行为主体，在社会管理关系上虽然可以说政府是管理主体，工会是管理客体，但组织上两者并不具有行政隶属关系和行政上下级的关系特点。工会组织的目标、方针、活动方式及内部组织构成，均由该组织的群众自己通过一定的程序和规则来决定。因此，工会的构成具有该组织成员自己的组织的特点。

由此，工会与政府建立利益共同体要以尊重对方的独立人格和人格平等为前提，对对方的组织活动不能包办代替，更不能完全替代其职能。否则，利益共同体可能仅仅只是一种美好愿望。

4. 如何实现工会和政府的共同利益

工会和政府必须互相尊重，平等合作。工会维护国家的政令统一，贯彻执行政府的政策法令，政府尊重法律规定的工会的地位和权利，支持和保障工会依法维护职工的合法利益，使工会成为政府的亲密合作者和坚强的社会支柱；政府通过制定经济和社会发展计划和各种政策、法规，运用具有强制力的行政手段（也可以运用非强制性的手段）来管理和组织社会生活，工会则在政府行使行政管理权力的过程中，发挥民主参与和社会监督的作用。

为此，应通过立法和完善制度，具体确定工会民主参与和社会监督的权利和义务。

（1）国务院和有关部委、地方政府和有关部门，在研究制定有关国家和地方的经济和社会发展计划，涉及职工切身利益的重大方针政策时，要有全国总工会、地方总工会或相应的产业工会参加。

（2）政府有关部门在制定劳动、工资、社会保障、物价、住房等政策时，应有工会参与，在充分听取工会意见后再作出决定。

（3）政府设立的工资、物价等有关职工利益专门机构，工会代表应作为正式成员参加工作。

（4）有些决定可由政府或政府有关部门与工会联署发布。

（5）对国家行政机关及其工作人员侵犯职工利益的行为及其他违法乱纪行为，工会有权监督、批评以至举发和控告。

（6）为了积极妥善处理各种劳动争议，建立具有法律权威的劳动仲裁机构中，工会应作为代表职工的一方，参与劳动争议的仲裁工作。当工会和政府在工作中出现不同意见时，通过民主协商对话，或依照法律程序处理。运用法律手段，调节工会与政府的关系，促进两者的关系进一步规范化、法律化，是社会主义法制建设的重要内容。由各级党的领导机构出面调解工会与政府的关系，也是正确处理工会与政府关系的有效办法。

四、工会协助政府的工作途径

工会协助政府的工作途径主要包括参政议政和民主监督两方面，如图 10—4 所示。

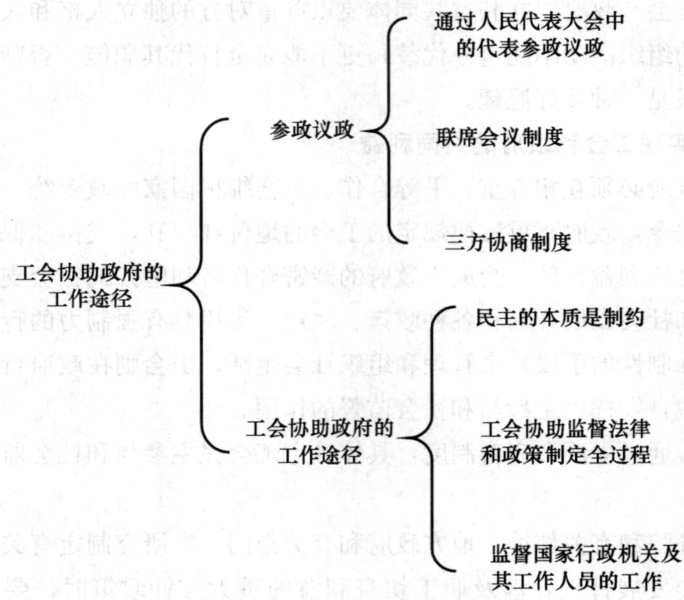

图 10—4　工会协助政府工作途径

（一）参政议政

工会与政府间建立起良好的关系，是工会与政府共同的责任。为此，双方需建立起一些双方认可、行之有效、制度化的交往方式。如上所述，从一般管理意义而言，政府是管理主体，是社会政策的决策者，而工会是管理客体，是政府决策的参与者、影响者，对工会而言，对政府各项决策的影响行为都可以看成是参政议政行为。

列宁曾指出，在工人阶级掌握国家政权以后，工会“应该发挥特别巨大的作用，应该在政治上占据最重要的地位，应该在一定程度上成为主要的政治机关”。[①] 这就必须把参政议政放在工会任务的首位。工会如果不行使参政议政的权利，工人阶级的利益就得不到保护。其结果不仅会使工会的存在失去意义，而且将改变社会主义国家的性质。所以在 1922 年，列宁为俄共中央起草的《工会在新经济政策条件下的作用和任务》决议中，明确表述了这一观点，并提出了工会参政议政的基本形式：一是“工会必须更加积极地参加无产阶级国家的一切计划机关的工作，参加经济计划、生产计划和工人物质供应分配计划的制定工作”。二是“从工人和一般劳动群众中提拔和培养行政人员”。[②]

工会组织在参政议政过程中，并不是一个简单、被动的客体，而是以一个要对对方施加影响的主体的面貌出现的。因此，在工会组织参政议政与政府所形成的关系汇总，工会又是一个行为主体。

工会参政议政是一个动态的过程，它需要工会组织不断解放思想，开拓参政议政的新渠道、新方法。

1. 通过人民代表大会中的代表参政议政

这是最高层次的参政议政。工会组织在各级人民代表大会中都有自己的代表，这是工会参与立法工作，影响政府决策，通过立法形式维护职工权利的大舞台。通过人民代表大会参政议政，主要是由工会系统的代表直接向大会提出议题和提价有关职工权益方面的议案。比如，在《工会法》制定过程中，工会组织的代表在进行调查研究的基础上，多次修改、多次向大会提交工会法修改草案，派发给其他代表进行讨论。这些活动之间促成了 2001 年九届人大常委会第 24 次会议通过《关于修改〈中华人民共和国工会法〉的决定》，进一步突出了工会的维护职能，明晰了工会的权利与义务。

人民代表大会工会代表除了直接参与提出议题和议案以外，还要站在立法过程中向其他代表、政府官员提供准确、可行、站得住脚的情报和资料。提供情报和资料的方式包括邀请他们进行专题研究，帮助他们起草法案和报告，出席立法委员会和小组委员会的听证会，就有关议案发表意见，参加政府的各种顾问委员会等。

① 列宁全集（第 28 卷）[M]. 396
② 列宁全集.（第 4 卷）[M]. 588

2. **联席会议制度**

联席会议是指地方总工会与同级政府联合召开会议，就职工群众广泛关心的问题进行讨论，共同确定解决办法的制度，是工会与政府为建立平等协商、亲密合作的关系而建立的制度。

工会是政府联系职工群众的桥梁和纽带，而政府与工会联席会议制度又是桥梁纽带的具体形式，是工会履行职责、有效维权的一个重要载体。工会要通过这座桥梁，向政府反映职工群众的呼声，表达意愿。同时还要为正确决策提供有力的依据。

联席会议制度的发展历程如图 10—5 所示。

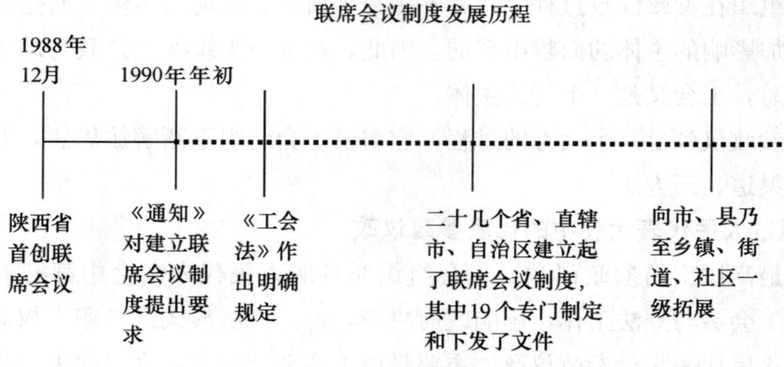

图 10—5　联席会议制度的发展历程

工会与行政的定期联席会议一般一年举行若干次，工会与行政双方轮流主持会议。会议由双方负责人参加。联席会议的主要内容有：相互通报工作情况，提出工作意见和建议、研究本行业的有关政策方案；研究有关涉及职工切身利益的问题；商议行业有关的重大决策等。

联席会议的议题设计社会广泛关注的热点、难点问题，如困难企业和困难群众的生产生活问题；企业改制过程中的职工安置、保险续接、经济补偿等劳动关系问题；劳模（劳动模范）特别是困难劳模的生活、医疗、住房等福利待遇问题；动员和组织职工在经济发展中建功立业问题，等等。

全国各省（区）充分利用联席会议这一平台，凝聚力量，协调配合，使联席会议在有效化解金融危机带来的影响、维护职工合法权益、促进社会的安定团结和地方经济发展等方面发挥了积极作用。

联席会议制度不仅有力地维护了广大职工的合法权益，强化了工会的履职能力，拓展了工会工作的空间，提高了工会的地位和形象，而且促进了政府决策的民主化、科学化，促进了政府施政的有效性。

观点声音：联席会议要讲究效率

做什么事都要讲究效率，联席会议也是如此。为了提高效率，我们坚持“三不”。

一是不开无准备的会议。每一次召开联席会议前，我们都会花很长时间提前做好准备工作。文字材料按照精炼、具体、有说服力的要求来准备。在此基础上，先与政府办公室沟通和磋商。每次会前，我们都会将政府办公室负责筹备联席会议的主任、科长请到工会，反复商讨将在会议提出的议题，反复研究议题的可行性，及对解决问题过程中可能碰到的困难，并提出解决问题的建议和意见。对一些“解决起来有政策，不解决有原因”的问题，会前都要主动向领导汇报情况，以求得领导的理解与支持。再就是做好与相关部门的衔接工作。工会组织提交政府联席会议需要解决的问题，落实起来要多个相关部门的配合和支持，有些问题还需要多个相关部门单独或联合落实。因此，会前与相关部门搞好衔接，对落实会议决定有十分重要的作用。

二是不提解决不了的问题。召开政府联席会议的目的是为了协商解决全区经济、政治、文化和社会建设的重大问题，全面完成区委提出中心工作任务，研究和解决涉及职工切身利益和工会工作重大事宜。近几年来，我们在联席会上提请政府解决的问题都是经过反复酝酿，使提出的议题具备“二有”：有政策依据。符合法律法规的规定和上级文件精神；有条件解决问题。对与地方实际有差距，一时条件不具备的议题就暂时不提。

三是不做无用功。联席会议作出的决定一定要有利于提升工会在全区的凝聚力、吸引力和社会影响力。近几年来，每年召开的联席会议解决了劳模评选、工会组织建设、工会经费代收、困难职工帮扶中心资金筹措等问题，夯实了工会工作基础。

资料来源：孝南区总工会党组书记、常务副主席杨宣云

3. 三方协商机制

(1) 关于劳动关系三方机制

劳动关系三方协商机制也称为劳动关系三方原则，根据国际劳工组织 1976 年 144 号《三方协商促进国际劳工标准公约》的规定，三方机制是指政府（通常

以劳动部门为代表)、雇主和工人之间，就制定和实施经济和社会政策而进行的所有交往和活动。[①] 即由政府、雇主组织和工会通过一定的组织机构和运作机制共同处理所涉及劳动关系的问题，如劳动立法、经济与社会政策的制定、就业与劳动条件、工资水平、劳动标准、职业培训、社会保障、职业安全与卫生、劳动争议处理以及对产业行为的规范与防范等。

三方机制协商劳动关系的机制或者说手段，是市场经济国家的通行做法，是“舶来品”，我们搞市场经济，也需要学习它、借鉴它。在计划经济条件下，劳动者与国家的利益是一体的，主要依靠行政手段调整劳动关系。随着改革开放的深入和社会主义市场经济体制的逐步建立，国家、企业、职工三方利益格局日益明晰，企业劳动关系发生了深刻变化。如今社会各种社会关系交织成一张大网，牵一发而动全身。在这种新形势下，依靠单一的行政手段调整劳动关系，显然与市场经济的变化不相适应。协调劳动关系已不仅仅是劳动保障部门的事情，通过政府、工会、企业组织建立三方协调机制已成为在市场经济条件下，保护稳定和谐的劳动关系和社会安定的必然选择。

中国是引入三方机制较晚的国家。1990 年全国人大常委会批准了国际劳工组织《三方协商促进贯彻国际劳工标准公约》，即开始着手建立全国一级的三方协商制度。截至 2002 年年底，中国 30 个省、市、自治区都建立了三方协商机制。2003 年 8 月，劳动和社会保障部、中华全国总工会、中国企业联合会联合宣布，国家将全面启动劳动关系三方协调机制建设。据统计，目前全国三方协商会议已经覆盖国家、省、市、县和县级市及市辖区，机构总数已经达到 5 600 多个。

(2) 三方机制的组成

三方机制应当由三方组成，即由代表政府的劳动行政部门、代表职工地方总工会和代表用人单位的企业代表组织（如企业联合会、企业家协会、商会等)。三方协商机制，实际上是一种平等对话的机制。政府、企业组织和工会组织三方的职能不能替代，各有侧重和相互独立，相互没有隶属关系，切实代表基层组织和会员的利益。

1) 政府代表。工会法中明确规定政府劳动行政部门是政府的代表。一直以来，我国参加国际劳工大会的政府代表也是劳动行政部门。由此可以看出，劳动

---

① 王卓菁. 法团主义视野下的中国工会：现状、问题与变革 [M]. 上海：复旦大学出版社，2008：98～102

关系三方代表中政府代表应该由政府劳动行政部门担任。

2）企业组织代表。计划经济时期，全国各地建立了企业联合会（企业家协会），应该说该组织代表的是国有企业。随着新建企业的迅猛发展，企业所有制形式呈现多元化，企业组织形式也呈现多元化，民间的商会、个体经营者协会、青年企业家协会、女企业家协会等相继出现，作为企业方代表，它们都可以成为三方协商机制的一方。目前，在中央层面，还是由中国企业联合会作为企业方代表。

3）职工代表。由于三方机制是协商劳动关系方面的重大问题，它超出了具体企业的范围。因此，代表职工参加三方机制的是各级总工会。

（3）三方机制要解决的问题

根据法律规定，三方机制解决的是劳动关系方面的重大问题。如劳动就业、劳动报酬、社会保险、职业培训、劳动争议、劳动安全卫生、工作时间和休息休假、集体合同和劳动合同等。

（4）我国三方协商机制的现状

当前，全总参与的国家三方协商机制已积极进行劳动关系的协调工作，就全国性问题进行研究和协商。一些省市也在组建三方协商制度过程中，不断拓展其工作内容。如有些地区的工会组织把当前职工反映强烈的企业欠薪欠费问题纳入到三方协商中，三方共同研究制定“建立企业欠薪追偿制度”。有的则把重点放在推行以工资为主要内容的集体协商制度，由劳动保障部门监督，实行欠薪追偿处罚，收到了良好的效果。

小资料：黑砖厂透视

2007 年山西省临汾市洪洞县广胜寺镇曹生村黑砖厂虐待农民工的事件被披露后，全国总工会立即成立了专项工作组赶赴当地了解案情。

吃人的“黑砖窑”

这个案件是在洪洞县公安局开展的民爆物品大排查专项行动中查出的，是一起涉及黑恶势力团伙犯罪的刑事案件。但是，由于其中存在非常严重地侵犯农民工合法权益的情形，作为职工权益的代表者和维护者，工会责无旁贷要维护农民工的合法权益。

在洪洞县，工作组分别听取了临汾市委市政府、洪洞县委县政府关于本案情况的介绍，也检查了市、县总工会在本案破获之后所做的一系列工作，并实地察看了案发现场曹生村黑砖厂，同时也到其他的一些“小砖厂、小煤窑、小冶炼厂”等一些小企业当中对企业用工的情况、农民工工作、生活等方面的情况进行了调查了解，也慰问了一些被解救出来的农民工。据了解，涉案的地下黑砖厂的厂主不久就被逮捕了，砖厂的资产也被依法冻结，这起案件的主犯已全部归案，其他几名参与殴打农民工的打手也基本上归案了。

善后处理工作很快就有序展开了。政府先垫资用于这些受害农民工工资、受害补偿、赔偿，同时县政府也向农民工发出了致歉信。

（二）民主监督

工会是工人阶级的阶级组织，工人阶级是国家的领导阶级，因此工会应该以主人翁姿态对自己的国家抱高度负责的态度。《工会法》规定，工会有监督行政切实执行政府法令之责任，工会这种自下而上的群众监督，是发挥群众积极性，克服国家机关领导人员中的官僚主义所绝对必需的。任何取消和削弱这种监督作用的想法和做法，都是错误的。工会系统的这种监督作用，正是体现工会为人民民主专政的社会支柱的重要方法，是民主制度的内在要求。不仅工会具有这一功能，其他社会团体以及社会公众个人都享有这样的权力。民主的本质是制约，简而言之，是对政府的制约。工会发挥监督功能是多方面、多层次的，监督内容总是围绕着如何更好地维护职工的合法权益而展开。

为此，工会应当动员和组织广大职工群众多积极参加国家生活和社会生活，促进社会主义民主和法制建设，扶持正气，压制邪气，同官僚主义、以权谋私等不正之风作斗争。同严重经济犯罪活动和其他严重刑事犯罪活动作斗争，同破坏社会主义制度和建设的各种违法犯罪行为作斗争，以保证党的政策和国家法令的贯彻执行，使国家利益和职工的合法权益不致遭受损害和侵犯。

1. 民主的本质是制约

民主是一个被广泛使用的概念，但这一概念并没有一个统一的标准。人们解释民主往往把它与“人民主权学说”联系起来，把民主说成是人民当家做主。这固然抓住了民主的实质，但现实中民主的作用却往往是通过更直观和具体的方式表现出来，即民主体现的是制约功能。这是因为不管作为民主社会中的公众个人拥有多大权力，都不可能达到人人直接管理国家，直接做主。

我们必须面对的事实是，不管是在政府组织，还是在企业组织，甚至在工会组织，目前我们都无一例外的都是采用少数人管理多数人的管理模式。也就是说，我们目前并不具备改变这种管理模式的条件，即使在最发达的国家，各种社会组织都是采用少数人管理多数人的模式，及少数人拥有最后决策权，大多数人执行决策。

衡量一种民主制的发达程度，主要是看被管理者多数人对于管理者少数人的这种制约的状况。即制约的手段和途径的多少；这些手段和途径的有效程度；多数人的这种制约要求的自觉程度和强烈程度；国家在法律上和制度上对这种制约的保障制度；在制约过程中权力运行渠道的通畅程度；社会所提供的自由、平等的质量；社会的政治文化对这种制约的适应程度，等等。只有用这些标准来衡量，才能真正看出民主发展的实际程度。

这样就不难理解为什么群众性的工会组织拥有监督政府的权利，这种权利恰恰是迎合了民主制度的本质要求。

2. 工会组织解读法律和政策制定全过程

工会组织的监督作用与其维护职能是紧密联系在一起的。履行维护职能需要监督，监督是为了更好地维护。工会组织发挥监督作用最重要的方面是确保政府的法律和政策能够最大限度地体现职工群众的利益要求，如果法律本身有损于职工群众利益，尤其是弱势群体的利益，不能体现公平和和谐发展原则，工会组织还要动员职工群众进行贯彻落实，这样的法律和政策贯彻得越彻底，职工权益受到的损害就越多。因此，确保政府的立法和社会政策体现公正和公平原则，切实照顾到普通职工群众的切身利益，是工会组织行使监督权利的主要着眼点。

3. 监督国家行政机关及其工作人员的工作

工会组织有权监督国家行政机关及其工作人员的工作，以使其切实执行有关本组织成员利益的政府法令。我国的《工会法》规定，工会有监督行政机关切实执行有关职工利益的政府法令的权利。据此，我国工会组织就可以动员和组织工人群众对劳动保护、劳动保险、劳动制度、工资分配、住房管理及市场物价等有着切身利益的政策法规的执行情况实施监督，从而维护工人的具体利益。

小资料：广州工会监督高温津贴发放 企业拒发工人可投诉

谁来为工人维权

“如果企业拒绝发放高温津贴，工人可直接向工会投诉，也可拨打12351职工心声热线电话投诉，工会将对企业高温津贴发放情况加强监督检查，切实维护职工安全健康权益。”2012年7月广州市总工会接受记者采访表示。

广州市总工会组成多路“工会防暑降温慰问团”，对广州市在高温露天场所仍坚持生产的建筑工人、造船工人、道路养护工人及环卫工等进行慰问，并为其送去清凉饮料。接下来，广州各级工会领导将带队深入厂矿、工地等艰苦场所慰问一线职工。

与往年不同的是，今年广州工会高温慰问工作的另一项重要内容就是监督检查《广东省高温天气劳动保护办法》《关于高温津贴发放的管理办法》等新规的落实情况，切实维护职工安全健康权益。

新规指出，每年6月至10月，用人单位安排劳动者在日最高气温达到35℃以上露天工作，或者不能将工作场所温度降到33℃以下的（不含33℃），即为高温作业，应发高温津贴和提供清凉饮料，两者缺一不可。高温津贴具体标准为每人每月150元（如按天数折算，每人每天6.9元）。此外，用人单位还应免费提供符合食品安全标准的清凉饮料，清凉饮料不能充抵高温津贴。

针对某些用人单位拒发高温津贴的现象，广州市总工会强调，各级工会将重点对大型建筑工地、露天作业场所、高温作业场所进行检查，特别是监督高温津贴发放情况，一旦发现拒不发放高温津贴行为，将督促企业予以发放。如果企业拒不发放，将及时报告有关部门，按规定对企业予以处罚，根据规定，最高罚款一万元。

资料来源：廖丽丽，史功汇. 中新网，广州7月11日电

五、政府与工会的主客之道

政府是国家权力的执掌者，是统治阶级的统治意图施加于全社会的执行者，体现和维护着统治阶级的根本利益。处于政治权力体系顶端的政府是最典型的社会政治角色，是全社会的管理者、社会政策的制定者和政策执行的监督者，它与社会公众之间以及社会组织之间最经常也是最主要的关系是管理与被管理的关系。一个社会中的一切政治组织、社会组织、民间团体，都被置于政府管理之下，工会作为社会组织，和政府间也存在主客关系。在处理两者关系中，政府是起主导作用的方面。

政府与工会体系如图 10—6 所示。

（一）工会是政府和职工群众之间联系的桥梁和纽带

工会与政府的关系是工会与外部其他组织形成的各种社会关系中的最重要关系。作为利益共同体的一方，工会组织对这一关系的建立与促进其发展都发挥着重要作用。这种作用是功能性的，是维持工会组织社会地位的重要依据。

1. 工会具有桥梁和纽带的功能

工会的桥梁与纽带功能是一种形象的说法，有的把它叫做“上传下达”，在西方政治学中也称为“提供情报的功能”。这一功能是指工会为其成员、政治官员，为政府或人民代表，为广大公众提供有关本行业、本社团成员及其他具体问题的信息或资料，在他们之间发挥着“桥梁”与“纽带”连接的作用。这一功能对工会组织是非常重要的。因为工会组织要动员职工群众，要使政府或人大代表等信服其观点，在很大程度上取决于它提供情报资料的数量和质量。不仅如此，这一功能还决定着工会的主要工作：一方面把本社团成员的想法和利益要求上传给政府，另一方面把政府和国家机关的政策意图传达给本组织成员，在上（政府）与下（基层群众）之间起着中介作用。

2. 政府需要“桥梁”与“纽带”

中国改革引入市场体制以后，政府职能发生了变化，由于实行“政经分开”“政企分开”，政府在许多领域由直接管理变为间接管理，已无法像过去那样单纯依靠行政强制力来贯彻其方针与政策。同时，大量游离于政府行政系统之外的企业、事业单位的出现，使政府的行政管理体系已鞭长莫及，迫切需要借助中介组织作为沟通的桥梁，加强管理，协调利益。因此，不仅职工群众需要工会组织，政府和社会也需要工会。借助工会庞大的组织体系和众多的成员，实现对社会的

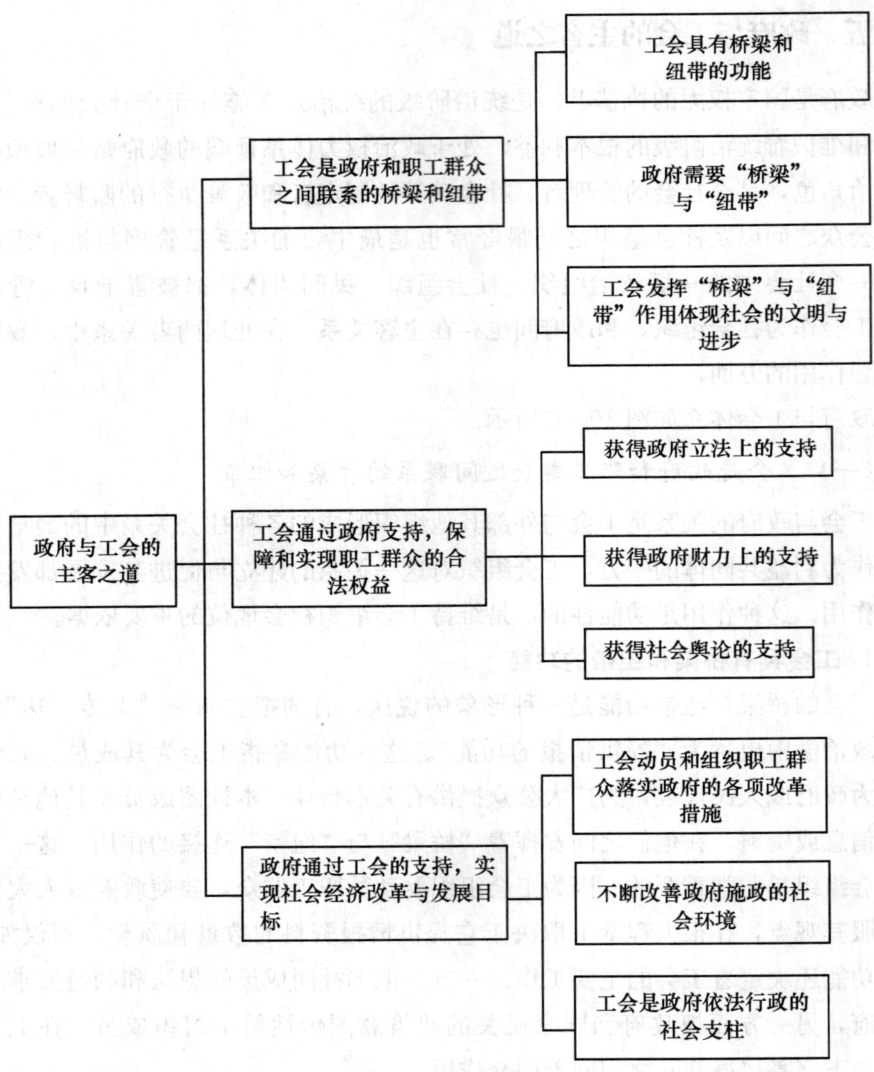

图 10—6　政府与工会体系图

有效管理，稳定社会。这正如列宁所说的那样：“要有一些把先锋队和先进阶级群众、把它和劳动群众联合起来的‘传动装置’，就不能实现专政。”①

3. 工会发挥“桥梁”与“纽带”作用体现社会的文明与进步

通过沟通的方式解决社会矛盾是社会文明与进步的标志，也是化解矛盾的有

① 列宁全集（第40卷）[M]. 北京：人民出版社，1986：201

效方法。市场经济导致利益多元化，各类社会矛盾也会不断涌现。只有借助工会等组织发挥上传下达和上情下达的功能，政府决策才能更好地适应社会不断发展的需要，顾及社会均衡发展。信息的充分沟通和交流，政府决策具有更多的透明度。因此，工会能否充分发挥出“桥梁”与“纽带”作用，是衡量社会主义社会文明进步的一个重要指标。

（二）工会通过政府支持来保障和实现职工群众的合法权益

作为工人阶级自己的政府，最大限度地追求工人阶级利益的实现是其最重要的施政目标。然而，作为社会公共权力掌管者和全社会利益代表者的政府，又不能一味追逐一个阶级的利益，而置其他阶级、社会阶层的利益于不顾。均衡发展、全面发展、科学发展，发展全国人民的总体利益，是我国现阶段政府最基本的施政理念。虽然全国人民的总体利益和职工群众的具体利益根本上是一致的，但职工群众毕竟是具有自己具体利益的社会群体，如就业、工资、工时、劳动保险、生活福利、住宅分配等经济利益，是其他社会利益群体没有或者表现不突出的具体利益。而对这些利益的态度，普通职工群众、机关领导干部、企业经营与管理者以及农民的看法显然有一定的分歧，甚至是重大差异。这些利益受保障和实现的程度，无疑是对其他社会群众乃至全国人民的总体利益部会产生影响，甚至会出现社会矛盾。但这些利益如果不妥善照顾，职工群众正当的、合法的权益不能得到有效保护，必然会挫伤他们生产和劳动的积极性，从而对实现全国人民的总体利益产生消极影响。因此，工会组织的职责就是通过一系列活动，维护职工群众的合法权益，同时又要顾及社会利益的均衡发展，而这些活动又必须得到政府的大力支持。

1. **获得政府立法上的支持**

介入到政府立法全过程，是工会组织影响政策决策的重要形式。一定的社会利益关系一旦形成法，就获得了极大的权威性、强制性、合理性和普遍性。因此，借助立法形式保障职工群众的相关权益，是工会履行其维护职能的重要手段，是切切实实的“源头维护”。中国工会组织在这方面的优势在于它选举出了自己的代表参加各级人民代表大会和政协会议，与其他代表一起商讨和决定国家大事。在我国，各级人民代表大会代表一方面以人民的整体利益为重，另一方面代表本地区、本行业、本部门、本集团的群众的利益，反映他们的呼声。因此，工会的代表得以通过人民代表大会等合法的途径来反映自己的利益要求，并影响国家的立法和政策制定。

增强职工群众的声音对政府立法的影响力度，是需要中国工会组织认真思考的问题。这不仅需要有大量翔实的材料和具体的建议说明立法要求的合理性，更要求工会的代表必须掌握一些与其他代表进行沟通、协商的艺术。

2. 获得政府财力上的支持

工会开展各项维权活动，离不开物质条件的支持，对基层工会来讲，尤其如此。由于工会与政府都是国家权力体系中的行为主体，是制度框架内的利益共同体，政府在财力上支持工会工作也是其应尽的职责。但需要明确的是，政府财力上的支持应该是制度化的而不是随意而为，更不存在“恩赐”的问题。通过制定政策和法律确定工会经费的来源与使用范围，加强工会经费管理，是促进工会工作开展的重要措施。

3. 获得社会舆论的支持

在任何国家，政府都不会放任新闻媒体的自由发展，都会对社会主流媒体进行管理与控制。政府通过其掌握的新闻媒体制造社会舆论，控制舆论导向，进而为其实施的各项社会政策提供理论根据，为其即将实施的政策做舆论铺垫。因此，工会等社会团体的政策主张要想得到广泛的社会支持，也大都要与政府发生紧密的联系，通过各种渠道介入舆论领域，借助新闻媒体的主张在社会得到足够的重视，以期产生强大的社会影响力。

工会组织要想获得舆论上的支持，不仅要通过一系列调查研究，获得第一手资料，通过总结，形成明确而合理的社会政策主张，更要在法律允许的范围内建立起坚强有力的宣传机构，通过宣传活动，让自己的声音在社会上广为传播。另外，如建立工会发言人制度、以优惠价格扩大工会组织主办的报刊发行量等，都是可以借鉴的方法。

（三）政府通过工会的支持来实现社会经济改革与发展目标

政府实现其制定的社会经济改革与发展目标，离不开全社会的共同努力，当然也无法离开已经结成利益共同体的一方的工会的支持。工会拥有数量庞大的会员，拥有强大的社会力量，工会对政府的支持，是政府施政目标实现的保障，也是政府增强其合法性的基础。

1. 工会动员和组织职工群众落实政府的各项改革措施

在社会主义中国，工人阶级执政党把发展生产力作为自己全部工作的中心。作为党领导下的工人阶级群众组织，把发展生产力作为自己一切活动的出发点也是符合广大群众切身利益要求的，符合工会的性质和宗旨。把这样的宗旨贯彻到工作中，就是要“动员和组织职工积极参加建设和改革，努力完成经济和社会发展任务”（工会章程）。

工会组织职工落实政府的经济与社会发展目标有着得天独厚的条件，首先，工人阶级的全体成员几乎都是其会员，它拥有最庞大的“人力资源”。广大职工群众与工会组织部保持着这样或那样的联系，都经常接受从工会组织那里传送来的信息与影响，在工会组织的号召下，很容易形成万众一心、齐心协力搞建设的局面。其次，不管是企业单位还是事业单位，不管是发达地区还是相对落后地区。

不管是城市还是乡镇，工会组织正在快速建立起来，形成了一个覆盖全国各地的组织网络。它不仅仅是一个数字概念，更重要的是代表和体现着社会资源和社会力量。工会通过自己的组织系统，向职工群众宣传党和政府的政策、法律，了解政府决策的背景与意义，不断激发职工落实政府各项政策的自觉性和责任感，使之变成他们自觉的行动。同时，工会作为职工群众利益的“第一知情人”“第一责任人”，帮助那些生活比较困难的职工解决实际生活问题，动员社会各种力量开展送温暖工程，促进社会就业等，一些社会矛盾在基层组织就得到了很好解决，有效弥补了政府在转换职能时期社会微观管理方面的不足，使工会组织成为帮助政府完善管理过程、保持社会良性运作和稳定发展的“安全阀”。

2. 不断改善政府施政的社会环境

工会组织对政府的支持表现在许多方面。在改善政府施政的社会环境方面，工会组织发挥着特有的作用。工会是工人阶级的群众组织，也是一所大学校。列宁在当年论述社会主义国家工会作用时就指出：“从各方面来看……工会都是一所学校，是一所学习联合的学校，学习团结的学校，学习保护自己利益的学校，学习主持经济的学校，学习管理的学校。”① 在工会组织这里，其成员不仅可以学到实用的文化和技术，而且通过参加工会组织的各项活动，了解社会生活的规则和技能，提高工作水平与管理素质，学会管理自己和管理工会。当前，面对我国低素质劳动者（文化、技能）数量众多的现实，充分发挥工会组织的学校作用是改善职工队伍状况、提高现实生产力、为政府施政营造良好环境的重要内容。

3. 工会是政府依法行政的社会支柱

《中国工会章程》指出，中国工会“是党联系职工群众的桥梁和纽带，是国

① 列宁选集（第4卷）[M]. 北京：人民出版社，1972：455

家政权的重要社会支柱”。作为国家政权体系中的重要组成部分，工会组织发挥政府施政支柱的作用，本来就是工会的应有之义，这是从宏观角度去讲；从微观角度讲，在当代社会，政府执政的合法性基础正在增加新的内容。在计划经济时期，上级政府的任命构成下级政府及其官员合法执掌政府管理权力的几乎全部内容。而在市场经济条件下，市场经济内在的竞争机制也悄然影响到政府官员的选拔及升迁。职工群众在干部的任用、奖惩方面也拥有越来越多的发言权；那些政绩良好，职工群众信得过的干部、企业管理者总是有更多的机会得到重用，政绩合法性、职工信任合法性，构成了政府及其官员合法性基础的重要内容。这一情况也加大了工会组织在造就政府依法行政和增强合法性基础方面的作用。良好的政绩，源自于良好的管理，更源自于广大职工群众的生产劳动积极性和工作责任心。在提高职工群众的积极性和工作热情方面，工会组织具有长期的经验与不可替代的组织优势。因此，工会充分履行其维护职责，提高在群众中的威信，配合政府做好企业改革各项工作，就越发显示出工会组织在支持政府依法施政方面的重要意义。

开放专栏

参政议政先要知政

——浅谈怎样提高工会参政议政的水平

发挥职工群众参政议政的民主渠道作用，代表和组织职工参与国家和社会事务管理，参与企业、事业单位的民主管理，是新时期工会的四项主要社会职能之一，工会要不断提高“参与”水平，参好政、议好政，首先就要知政。

1. 知政，是参政议政的先决条件

工会要担负参政议政的神圣职责，尽管涉及很多方面，有不少工作要做，但知政是第一位的，是打基础的工作。

首先，知政是参政议政的重要前提。参政，就是依靠人民群众参加国家和社会事务；议政，则是在管理国家和社会事务中，如何广开言路，既让人民说话，又让人民说话算数，让人民参与决策，并把他们的意志体现到决策中。工会的参政议政，是党和国家通过宪法和《工会法》等法律规定的人民当家做主的重要形式，是一项十分严肃的工作，而不是一般意义上的“进谏”。因此，它本身就要求肩负着这一光荣任务的工会组织，只有先知之，然后才行之；只有先做到知政，然后才谈得上参政议政。否则，参政，参不到点子上；议政，议不到要害处。

其次，知政是工会应当具备的基本功。工会是党政领导的工人阶级的群众组织，是党联系群众的桥梁和纽带，是国家政权的重要社会支柱。就知政这一点，具体到每一个工会组织特别是每一个工会工作者（或职工代表）来说，由于他们各自在社会生活中的差别和局限性，就不可能也不应当要求他们成为“万事通”，对什么情况都了解和熟悉。所以，工会要想真正尽职尽责，发挥作用，在这方面有所作为，就必须努力克服局限性，把知政作为自己必备的基本功，千方百计掌握所需要的情况，为参政议政打好基础。否则，到了有机会参与决策时，不是因心中无数，只好闭口不谈，就是东扯西凑，泛泛而谈。

2. 党政组织必须让工会知政

参政议政，必须先知政。这是毋庸置疑的。但能否真正做到这一点，其关键一般在工会自身，而取决于党委、政府（行政）和有关方面能否按照信息共享的原则，积极为工会知政创造条件，提供方便，向工会真心实意地提供其所需要和应当知道的情况。党政在这方面应当做到“三要”。

一要以诚相待。从整体上讲，工会知政难的问题有了很大改变。但由于多方面的原因，目前在一些地方和单位，或者在党政组织中工作的某些个人，仍对工会抱有偏见，不同程度也存在不愿意向工会提供情况的现象。

二要按法规、制度办事。为了便于工会参政议政，有些行之有效的，已分别载入《工会法》《企业法》《职代会条例》等法规或工作制度之类的文件，作为硬性规定。党政组织和有关方面的同志应该深刻领会，认真执行，真正按章办事。

三要积极提供方便。主要是在工会组织调查考察、了解情况时，党政组织有关方面要从时间、经费、交通以及接待与资料提供等方面，尽量给予方便，为他们知政创造更多的条件。同时，各级工会领导机关及其办事机构，更应当特别加强信息情报、文书处理、后勤服务等有关方面的工作，千方百计为自己的组织和工会领导人、职工代表知政提供方便。

3. 工会应当努力使自己知政

工会要在党政组织和有关方面提供情况的同时，认真学习党的路线、方针、政策和国家法律、法规，提高对事物的认识、分析能力，充分发挥主观能动性，见缝插针，广征博采，尽可能掌握自己所需要的情况。对工会领导者来说，在知政这一点上，更应该努力做到亲知、深知、真知。

总之，知政是工会参政议政前提。参政议政，就要先知政。因此，党政组织和有关方面应当从多方面创造，让工会知政；工会更要千方百计使自己知政。这样，工会知政的路子就会越走越宽，参政议政的水平就能不断提高，其作用也会更加充分地体现出来。

资料来源：郭建普，世纪论坛

延伸思考

1. 为什么说工会与政府是利益共同体？
2. 工会与政府如何相互支持实现各自的目标？
3. 工会与政府相互关系的实现形式有哪些？
4. 工会自身改革对改善和加强与政府关系的意义是什么？

深度阅读

[1] 王浦劬. 政治学基础 [M]. 北京：北京大学出版社，2005

[2] 杨体仁. 市场经济国家劳动关系 [M]. 北京：中国劳动社会保障出版社，2000

[3] 陈骥. 改革中的工会和工会的改革 [M]. 北京：中国工人出版社，1999

第十一章　工会与党：工会是党联系职工群众的桥梁和纽带

工会自其成立之时，团结了广大工人阶级，为争取工人阶级的利益作出了巨大的贡献。工人阶级是社会上一个非常重要的阶级，因而从工会的阶级性来说，工会在国家运行中必然扮演了极其重要的角色。特别是在像我国这样的社会主义国家，工人阶级作为我国的领导阶级，就更加显示了其在我国政治制度中的重要地位。所以，这一章要讨论的是我国工会与党的关系，党在执政过程中所扮演的角色及如何加强和改善党对工会的领导。

一、党是工会的旗帜

在我国政治体制中，工会同党的关系是极其重要的政治关系，深刻决定着各级工会组织能否坚持正确的政治方向，充分发挥工会组织的应有作用。工会作为一个职工的群众性组织，是凝聚广大人民群众的重要机构。工会是站在“党和国家政权之间的”。因此，党是工会的旗帜。

观点之声：工会是党联系职工群众的桥梁和纽带

中国工会第十次全国代表大会通过的工会的章程及中国工会第十五次全国代表大会于2008年10月21日通过了《中国工会章程（修正案）》上均指出：“中国工会是中国共产党领导的职工自愿结合的工人阶级群众组织，是党联系职工群众的桥梁和纽带，是国家政权的重要社会支柱，是会员和职工利益的代表。”

（一）工会组织接受党的领导的历史考察

从中国工会运动史的角度看，中国现代工会组织是在党的指导下建立起来的。1925年5月1日，中国工人运动全国性的领导机关——中华全国总工会在成立伊始，就明确宣布接受中国共产党的领导，在党的领导下，为维护工人阶级的切身利益而斗争。

在中华全国第三次劳动大会的《中国职工运动总策略决议案》中，明确提出工会组织和工人阶级政党与工人阶级的关系以及各自的地位。决议案认为："全国工人在屡次奋斗中，只学得一种组织方式，就是公开的工会组织，而且是比较原始的、简单的组织形式。我们并不否认公开的工会组织的重要，可是仅有公开的工会组织是决不够的。工人阶级的组织形式有很多种，工人阶级第一个组织形式就是工人阶级政党。工人政党在于团结目的一致和最能奋斗之工人为全国工人阶级利益而奋斗。"一部中国工会运动史，就是一部中国共产党领导中国工会运动的历史，党的领导赋予了中国工会运动鲜明的时代特征。无论是在民主革命时期、社会主义革命和建设时期，中国工会始终坚定不移地接受中国共产党的领导，保持正确的政治方向，这是我国工会组织形成的光荣传统和历史经验的结晶，也是中国工会所具有的政治优势。

正是基于上述事实，《中国工会章程》总则明确规定："中国工会是中国共产党领导的职工自愿结合的工人阶级群众组织。"

中国工会制度建设如图 11—1 所示。

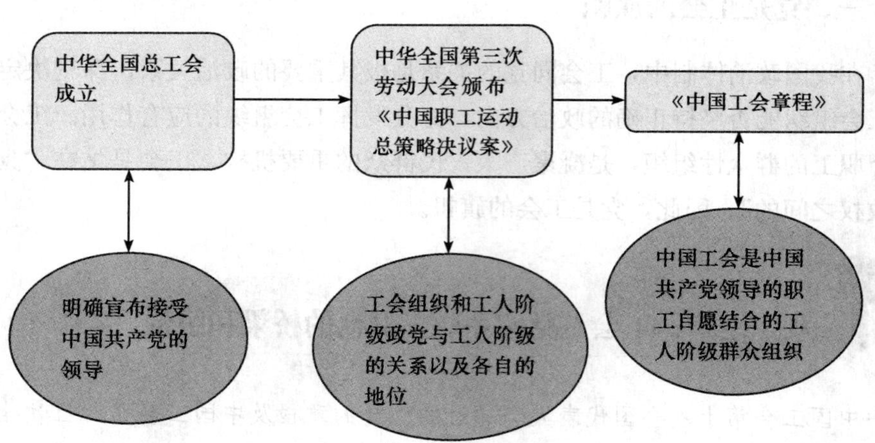

图 11—1　中国工会制度建设

（二）工会与党的关系

1. 工会组织是联系党与工人阶级群众的桥梁与纽带

工会与党的关系，本质上是工人阶级先锋队组织与本阶级大多数群众之间的关系问题。中国共产党是中国工人阶级的先锋队，是中国革命、建设、改革事业的领导核心。“党是工人阶级的先锋队，工会是工人阶级的群众组织，是党联系职工群众的桥梁和纽带，是国家政权的重要社会支柱，是职工利益的代表者和维护者。在党的领导下，中国工会动员和组织广大职工，与党同呼吸、共命运，为实现党在革命、建设和改革时期的中心任务艰苦奋斗、顽强拼搏，不断发展工人阶级的先进性，为推动历史前进和社会进步发挥了积极作用”。工会只有充分发挥自己的作用，才能起到联系党与工人阶级的桥梁和纽带作用。

2. 工会组织接受党的领导的必然性及其重要意义

马克思主义政党理论认为，群众是划分为阶级的，阶级通常是由政党来领导的。政党是一定阶级或阶层根本利益的代表，因而具有强烈的阶级性。无产阶级政党公开承认自己的政治纲领和奋斗目标，这不同于某些阶级的政党为了某种需要极力掩饰自己的政治纲领和阶级性，造成所谓超阶级的“公正”假象。

事实上，任何政党都具有阶级性，超阶级的政党是不存在的。政党与一般社会团体具有密切的联系。同一般社会团体相比，政党是“政治的，是以从事政治活动为主要目的的团体”。

从政党与各种社团组织的关系上看，它们总是处于相互联系之中，这也是政党的基本特征之一。在资本主义国家，政党为了争取更多群众的支持，拉更多的选票，总是千方百计争取或控制一些群众团体；而各种群众社团组织为了获得政治支持，也投靠某个政党或者某种政治势力。这样，政党与社会团体之间必然形成某种政治关联。

在社会主义制度下，党与社会团体联系的实质，是通过这些社会团体，广泛联系广大人民群众，宣传党的路线、方针和政策，使党的路线、方针和政策更加深入人心，反映人民群众的意志和愿望；各个社会群众团体则在党的领导下，充分发挥社团组织的重要作用，广泛联系和紧密团结本社团的会员群众，为实现党和国家的宏伟目标而奋斗。

因此，在不同社会制度下的政党与各种社会团体的关系有本质区别。

工会作为国家重要的社会政治团体，同样遵循政党与社会团体之间关系的一般规律，这就要求工会组织必须接受党的领导，并在党的领导之下，贯彻落实党的“全心全意依靠工人阶级”的根本方针，团结、组织、动员广大工人阶级，为实现社会主义而奋斗。

3. 工会组织接受党的领导是一项基本政治原则

从工人运动的历史来看，工会作为工人阶级群众组织，必然要接受一定的政党来领导。

这是因为，工会是劳动关系矛盾的产物。工人阶级反对资本家最初的斗争，是采取诸如怠工、破坏机器或生产工具等个别的经济斗争行动展开的。由于劳动阶级尚处在“自在阶级”阶段，缺乏自觉的阶级意识，因此不可能采取有组织的集体行动，长期斗争实践使工人群众认识到，组织起来，以集体的力量对抗资本压榨的重要性，于是各种工会组织应运而生。但是，自发的工人斗争只能产生工联主义，工人阶级要实现由“自在阶级”向“自为阶级”的转变，必须接受科学社会主义思想的灌输，组建代表工人阶级根本利益的政党。恩格斯曾经指出，无产阶级政党成立对于工人阶级的重要意义，就在于“使无产阶级在决定关头强大到足以取得胜利，无产阶级必须（马克思和我从 1847 年以来就坚持这种立场）组成一个不同于其他所有政党并与它们对立的特殊政党，一个自觉的阶级政党”。

此外，从工会组织同政党的关系上看，工会在组织工人群众进行经济斗争和政治斗争过程中，总是要以一定的政治纲领为指导，而工会本身没有自己的政治纲领，因此选择和接受某个政党的政治纲领，就意味着接受这个政党的影响和领导。工会如果不接受无产阶级政党的领导，就只能接受资产阶级或小资产阶级政党的影响，这是基本的政治斗争现实。尽管有的工会组织公开宣称自己是完全独立的，不受任何政党的影响和控制，但事实上，这样的工会组织是无法存在的。

在历史上，凡是进步的、革命的工会，都必然靠近且自觉接受无产阶级政党的领导。这是因为，无产阶级政党是马克思主义武装起来的工人阶级先锋队组织，是按照先进的组织原则和制度建立起来的无产阶级政党，真正代表了广大工人阶级的根本利益和意愿，代表了人类社会历史发展的前进方向，具有远大的前途。这已被无数历史事实所证明。

作为工人阶级的群众性织，工会既包括工人阶级的先进分子，也有中间的和落后的成员。应该说，如此广泛而复杂的群众性特点决定了工会组织难以发挥政党强大的政治影响力，但能发挥政治组织的社会优势，成为联系党同工人阶级群众的纽带。

由此可见，党和工会组织虽然性质有所不同，但是两者具有共同的阶级基础；虽然两者发挥的作用有所差异，但都致力于把广大工人阶级群众紧密团结在党的周围，凝聚强大的战斗力。

这表明，工会要充分发挥桥梁和纽带作用，要坚持正确的政治方向，就必须自觉接受共产党的领导。正如列宁所指出的，“工会要紧紧靠近党，这是唯一正确的原则”。

小资料：工会接受党的领导

要积极学习、宣传和贯彻执行党的路线、方针、政策。善于把党的主张变成广大职工群众的自觉行动。

工会工作中涉及全局性的问题和政策、原则性的问题，职工群众的思想状况，劳动状况和生活状况，要积极、主动地向党委反映．并提出有情况、有分析、有建议的请示报告。党委批准后，要在工会中加以宣传、解释，然后在群众中贯彻执行。

工会中的党组织和党员，要在贯彻执行党的路线、方针、政策中，以及一切群众活动中，发挥先锋模范作用，发扬谦虚谨慎、艰苦朴素、联系群众的优良作风，保证党的各项主张得到正确贯彻。

（三）工会是党领导工人阶级的群众组织

坚持党的领导，是工会工作者必须牢固树立的观点。我国工人运动长期实践证明，坚持党对工会的领导，工作就无往而不胜，否则就会迷失政治方向。工会不是党委的一个部门，也不是行政的一个机构，她是广大职工自愿结合建立起来的群众组织。在组织上，它几乎包括工人阶级的全体成员。在它的成员中不仅有先进的职工，而且有中间和后进的职工，这就是把工会同工人阶级先锋队——共产党区别开来。工会的一切工作必须注意从大多数职工的觉悟程度出来，尊重他们的意愿和要求，在党的领导下，积极主动、独立负责地开展各项活动，因此，工会必须善于把党的纲领、任务和政策同职工群众的意愿和要求紧密结合起来，坚持对党负责和对群众负责的一致性。工会越是能够按照这个要求开展群众性的

党领导下的中国工会

活动，它就越能团结和领导广大群众为实现党的总路线、总目标而奋斗。新中国成立以后一个相当长的时间里，由于“左”倾错误思想的影响，我们曾经严重忽视工会是群众组织的特点，主要表现在不能正确看待工会组织和党组织、政权组织、经济组织之间的关系，忽视根据大多数职工的觉悟程度和意愿等实际情况开展群众活动，忽视工会存在的必要性和维护职工权力的重要性，使工会不能很好地代表群众，变得同行政机关没有多大区别。这样，就不能不影响工会同职工群众的密切联系。历史的经验说明，工会只有从自己是党组织的这个特点出发，才能够在社会主义现代化建设中生气勃勃地发挥积极作用。

（四）在正确认识和处理工会与党的关系方面，还要厘清两个方面的问题

1．工会接受党的领导与工会依法独立自主地开展工作，不是绝对对立的，而是互为条件、辩证统一的。新中国成立以来，我国工会的发展史证明：什么时候工会与党的关系处理得好，工会运动就会得到蓬勃的发展；反之，什么时候工会与党的关系处理得不好，工会工作就没有起色，或者使党的事业受到损害。因此，在坚持党对工会领导与工会独立自主地开展工作这一原则时，不能把两者的关系绝对化，实际上，工会独立自主地开展工作的加强党对工会领导的题中应有之义。

2．工会接受党的领导，不是被动接受，双方的关系也不是被动领导与被领导的关系。正因为如此，工会应持一种主动、积极的态度，既要主动、自觉地争取和接受党的领导，又要主动积极、依法创造性地开展工作，这两者缺一不可。被动接受和适应党的领导，必然导致工会工作无思路、协调劳动关系矛盾无魄力、维权工作无勇气的被动局面，这完全违背了党对工会领导的初衷，抹杀了工会工作的重大现实意义。

党和工会的辩证关系如图 11—2 所示。

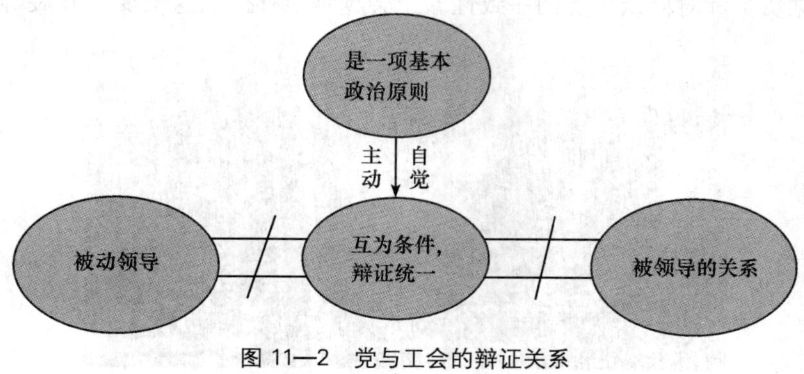

图 11—2　党与工会的辩证关系

小资料：工会主席怎样协调与企业党组织的关系

基层工会主席在协调与企业党组织关系时，一方面，工会主席要自觉接受党组织的领导，认真贯彻执行党的基本路线及各项方针政策，紧紧围绕党组织在每个时期的中心任务开展工作，并善于把党的主张经过工会的民主程序，变成广大职工的自觉行动，使之得到贯彻落实；另一方面，要坚持依照法律和工会章程独立自主、创造性地开展工作，通过贯彻上级工会的工作部署和自己的积极努力，使工会工作呈现生机和活力。为了正确把握接受党的领导和独立自主开展工作的关系，把两者有机地统一起来，工会主席在实际工作中要积极主动地加强与党组织的信息交流，及时了解和掌握党组织的决议和对工会工作的指示，及时把职工群众的意见和要求，以及工会工作的有关情况和自己对重大问题的见解向党组织汇报，以赢得党组织对工会工作的理解与支持。

二、坚持党对工会的领导与工会独立自主地开展工作的辩证关系

（一）坚定不移地坚持党领导工会的原则

2005 年 7 月，中华全总十四届六次执委会通过的《关于坚持走中国特色社会主义工会道路的决议》明确指出，工会组织必须坚持自觉接受中国共产党对工会的领导。这是工会工作的根本政治保证。忽略或违背这一原则，就会犯极大的错误，给工会工作造成极大的损失。同时，在党的领导之下，工会必须依照《工会法》《劳动法》以及同工会及工会会员相关的、法规、政策和工会章程独立自主地开展工作，这是工会组织开展活动必须遵循的重要准则。

两者不可偏废和背离，否则工会工作就将陷入被动，进而影响党的全局工作目标的实现，难以维护广大职工群众的切身利益。工会接受党的领导与独立自主地依法开展工作是辩证统一的关系，因此，要用辩证的观点看待这一关系。如果将两者对立起来或割裂开来，都是一种形而上学的观点和思想方法。在审理和处理工会与党的关系方面，要坚持反对和摒弃这种形而上学的错误观点和方法。当前，在建立和完善社会主义市场经济体制过程中，我国的社会环境、经济关系发生了很大变化，社会经济关系、劳动关系的巨大变革使工会工作面临许多新问题、新挑战。但是，不论形势发生怎样的变化，也不论面临怎样复杂的局面，坚

持当对工会的领导这一根本原则始终不能变，这是做好工会工作必须遵循的一条根本准则。

（二）接受党的领导又要独立自主地开展工作

在坚持党对工会领导这一原则指导下，客观上要求工会组织必须依法独立自主的开展工作。从法律的角度讲，法律是人民意志的体现，同时也是党的路线、方针、政策的法律化的变现形式，工会依照宪法和相关法律、法规和工会章程独立自主地开展工作，其实质也是接受党的领导。这表明，作为一项根本原则，从来都不是一句空洞的口号和抽象的教条，而是具有实实在在的内容。这一原则本身蕴涵着相互联系、不可分割的两部分，即接受党的领导和工会依法独立自主地开展工作，两者互为条件，缺一不可，对此必须全面理解和准确把握。

这就需要工会组织一方面要在坚持党对工会领导这一原则指导下，依法独立自主地开展工作，才能更好地贯彻执行党的路线、方针和政策；另一方面工会依法开展工作是由工会与党的性质决定的。工会是工人阶级的群众组织，党是工人阶级的先锋队组织，前者的群众性与后者的先进性，决定了党的活动不能脱离广大工人阶级群众，更不能以政党的先进性取代工会的群众性，独揽或包办工会的全部工作，造成党群不分的局面。党群不分，实际上是把党组织混同于一般的群众组织，降低了党的政治领导地位，使党组织难以发挥总揽全局、协调各方的作用。工会作为职工自愿结合的群众组织，必须从自身的特殊性出发，在党的领导下，依照相关的法律法规和工会章程，把广大职工群众团结和组织起来，共同为实现党的路线、方针而奋斗。

特别是随着改革开放的逐步深入，各种社会矛盾，尤其是劳动关系矛盾日益凸显的形势下，切实维护工人群众的切身利益与合法权益，保持社会稳定，确保经济建设环境的和谐有序，是党赋予的重大政治任务。工会如果不能有效履行自己的社会职能，不能更好地维护职工群众的利益与合法权益，就无法体现出党始终依靠劳动人民的先进性本质。

观点之声：

2005 年 7 月，中华全总十四届六次执委会通过的《关于坚持走中国特色社会主义工会发展道路的决议》明确指出，工会组织必须坚持自觉接受中国共产党对工会的领导。这是工会工作的根本政治保证。同时，在党的领导之下，工会必须依照《中华人民共和国工会法》《中华人民共和国劳动法》以及同工会及工会会员相关的法律、法规、政策和工会章程独立自主地开展工作，这是工会组织开展活动必须遵循的重要准则。

（三）坚持党对工会的领导和工会独立自主地开展二作的意义

正确处理工会与党的关系问题，不仅是一个重大的政治原则问题，而且是一个重要的认识方法问题。因此，在强调必须坚持政治原则的同时，必须重视其实际指导意义。

坚持党对工会的领导，在当前具有更为重大的意义。实际上，坚持党对工会的领导，就是坚持党对工会的领导权问题。争夺对工会领导权的斗争，从工会产生之日起，就一刻没有停止过，只不过是表现形式不同而已。因此，加强当对工会的领导，就要特别警惕和防止出现脱离党的领导的其他形式的非法团体或“第二工会”，牢牢把握党对工会的领导权。对工会而言，争取党的领导和自愿接受党的领导，是一种政治意识和政治责任感的具体体现，也是维护中华全国总工会团结统一的内在要求，每一名工会工作者必须上升到这个高度来认识问题。

应当清楚地看到，国际上一些反动势力一直想方设法对我进行渗透，他们寻求的突破口之一就是工会。近些年来，国内只要一有“风吹草动”，国外这些势力蠢蠢欲动，通过各种渠道介入。他们常常利用一些突发的群体事件，大肆活动，鼓励建立非法的工会组织，妄图破坏党对工会的领导，分裂工会组织，破坏我国工会的团结和统一。总之，对于坚持党对工会的领导这样一个政治原则问题，必须时刻坚持，决不能掉以轻心。

在这种情况下，加强党对工会的领导的目的之一，就是要求党牢牢把握党对工会的领导权，反对其他形式的组织出现。要做到这一点，其根本途径之一，在于工会组织必须能够充分履行自己的职责，充分发挥自己的作用，能够代表职工群众的意愿和要求，切实维护职工群众的具体利益，使职工群众真正把职工群众看成自己的组织。只有这样，才能保证工会工作的高度统一，才能避免其他组织形式的出现，只是加强党对工会领导的根本要求。如果工会不能独立自主地开展工作，不能有效维护职工群众的利益，那么就有可能出现诸如“打工仔协会”“打工妹协会”等组织，来取代工会。

因此，在工会工作实践中，必须反对两种倾向：一是把党对工会的领导变成对工会工作的包办代替，使工会事事依赖党组织，在事实上完全成为党委下属的一个工作部门，完全丧失了依法独立开展工作的主动精神和发挥作用的功能；二是淡化和脱离党的领导，鼓吹工会独立。这两种倾向都是非常有害的，都与工会工作的正确方向相背离，要时刻保持高度警惕。

观点之声：

邓小平在《党与群众团体》一文中说，党对群众团体，应加强其政治领导，不应在组织上去包办。在《工人阶级要为实现四个现代化作出优异贡献》一文中指出，全国总工会和各级工会组织在党的领导下做了许多很好的工作，对全国的社会主义革命和社会主义建设的胜利发展起了重大的作用。

江泽民深刻地阐明了加强和改善党对工会工作的领导与工会按照法律和工会章程独立自主开展工作的辩证关系。他在《正确认识工会的作用》中指出，工会应该在各级党组织的统一领导下活动。强调工会在党的统一领导下活动，决不意味着把工会变成党委的一个部门，等同于党委宣传部、组织部一样的机构。工会应该是党领导下的相对独立的工人阶级的群众组织。这两个方面都要正确把握，不可出现偏离。中国只能搞一个工会，而不能搞两个工会。

三、独立性的工会工作

（一）中国工会在中国共产党领导下独立负责地开展工作

中国共产党是工人阶级的先锋队，党的纲领代表和体现了中国工人阶级的最高利益。党要全心全意依靠工人阶级，就必须发挥工会组织的作用。中国工会只有自觉接受党在政治思想和组织的统一领导、遵循党的纲领和路线、贯彻执行党的方针和政策，才能坚持正确的政治方向。

中国工会独立负责地开展工作，是指工会在组织上不是党委的一个部门，不是在工作上事事依赖于党委，党也不包揽和干涉工会的日常事务。工会有自己的组织系统、组织章程，有自己的组织内部的民主生活，有自己工作和日常活动的特殊规律，只有在法律和章程的范围内独立负责地开展工作，才能根据职工群众的意愿和要求、习惯和爱好，生气勃勃地把广大职工群众团结在党的周围，把党的主张变为职工群众自己自愿的行动。

工会作为职工自愿结合的群众组织，必须要有自己的自主权，从自身特殊性出发，在党的领导下，依照相关的法律法规和工会章程，履行相关职能，独立开展相关活动。中国工会只有在党的领导下，根据群众组织的性质和特点，积极主动、独立负责地开展工作，才能发挥自己的社会作用，把广大职工群众团结和组织起来，共同为实现党的路线、方针而奋斗。

（二）中国工会的工作方针

中国工会的工作方针，是在一定的历史时期内，根据党的路线、方针任务和工会组织自身的特点所制定的工会方向和奋斗目标。中国工会的各级组织，在一定时期内所开展的全部活动，都是围绕着工作方针进行的。在不同的历史时期，中国工会的工作方针根据党的工作重心的转移和工会自身特点的具体体现而有所发展变化。

改革开放发来，中国工会适应不断发展产业化的新形势，工作方针与时俱进，工会理论不断创新，逐步探索出了一条中国特色社会主义工会发展道路。从工会九大到工会十一大，工会工作的基本方针逐步形成关“一个中心”“两个维护”“四项职能”。这是在改革开放的历史条件下，中国工会积极探索改革的重要阶段性成果。

1978 年 10 月召开的中国工会九大明确提出，在本世纪内把我国建设成为现代化的社会主义强国，是新时期工人运动的主要任务，把工会工作的重心转到经济建设上来。工会工作基本形成了以经济建设为中心，以推进企业民主管理为重点，坚持代表和维护职工的民主权利和切身利益，不断加强职工队伍建设和工会组织建设的格局。

1983 年 10 月，工会十大明确提出了“以四化建设为中心，为职工说话办事，维护职工合法权益”的方针，强调工会是“代表工人阶级利益、为工人阶级办事的群众性组织”。为探索工会工作的新路子，全总十届六次主席团会议提出了各级工会参政议政的任务。

1987 年 10 月，党的十三大提出，工会作为党和政府联系工人阶级的桥梁和纽带，在社会主义民主生活中具有重要作用，要理顺党和行政同群众组织之间的关系，使工作能够按照自己的特点独立自主地开展工作，在维护全国人民总体利益的同时，更好地表达和维护职工群众的具体利益。1938 年 9 月，全总十届六次执委会议，正式审议通过了《工会改革的基本设想》，在工会的社会职能上，明确了工会的“维护、建设、参与、教育”四项基本职能，强调工会在全面履行四项职能时，要突出维护职能。

随着改革开放的深化和向社会主义经济转型，工会工作面临新的机遇和挑战。1993 年 10 月工会十二大上，党中央向工会提出“积极探索有中国特色社会主义工会工作的新路子，努力开创工会工作新局面”的要求。1994 年《劳动法》

颁布，全国总工会抓住这一时机，在十二届二次执委会上，提出了以贯彻实施《劳动法》为契机和突破口，带动工会工作提高到一个新水平，在改革发展稳定中更好地发挥作用的工会工作总体思路。工会十三大进一步强调要坚持和发展工会工作的总体思路。

工会十四大至十五大，适应新世纪、新形势下中国工会面临的机遇与挑战，“坚持走中国特色社会主义工会发展道路”的理论应运而生。

工会十四大以来，中国工会坚持以马克思主义中国化的最新成果为指导，紧跟党的理论创新步伐，解放思想，与时俱进，对事关工会发展全局的重大理论和实践问题上进行深入探索。2004 年 12 月，全总十四届二次执委会议明确提出“组织起来、切实维权”的工作方针。2005 年 7 月，全总第十四届六次主席团会议，审议通过了《关于坚持走中国特色社会主义工会发展道路的决议》。2006 年 12 月，在全总十四届十一次主席团会议上，提出“以职工为本，主动依法科学维权”的中国特色社会主义工会维权观和“促进企业发展、维护职工权益”的企业工会工作原则。2008 年 10 月召开的工会十五大，肯定了工会十四大以来工会理论的创新成果，为新形势下工会工作的创新发展提供了坚实的理论支撑。

工会工作方针的演进如图 11—3 所示。

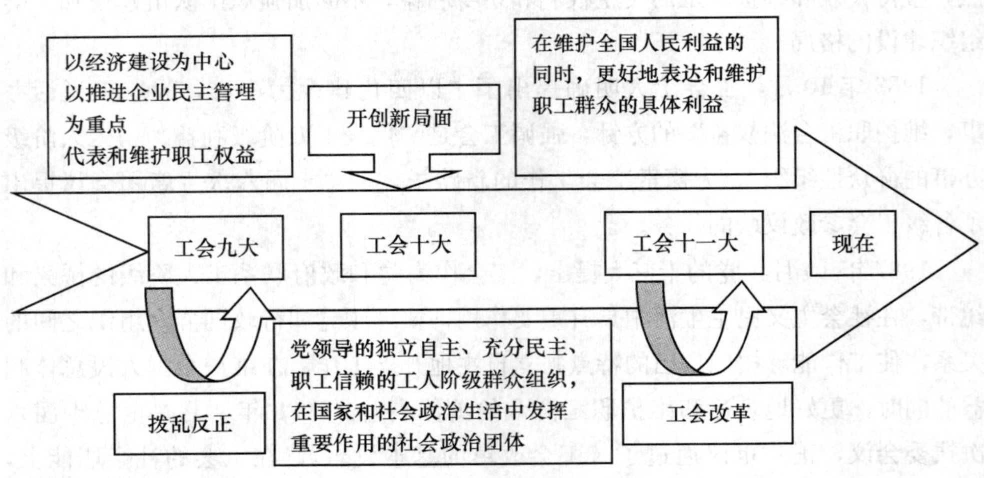

图 11—3 工会工作方针的演进

小资料："一个中心"、"两个维护"、"四项职能"

从工会九大到工会十一大，工会工作的基本方针逐步形成为"一个中心""两个维护""四项职能"（见图11—4）。

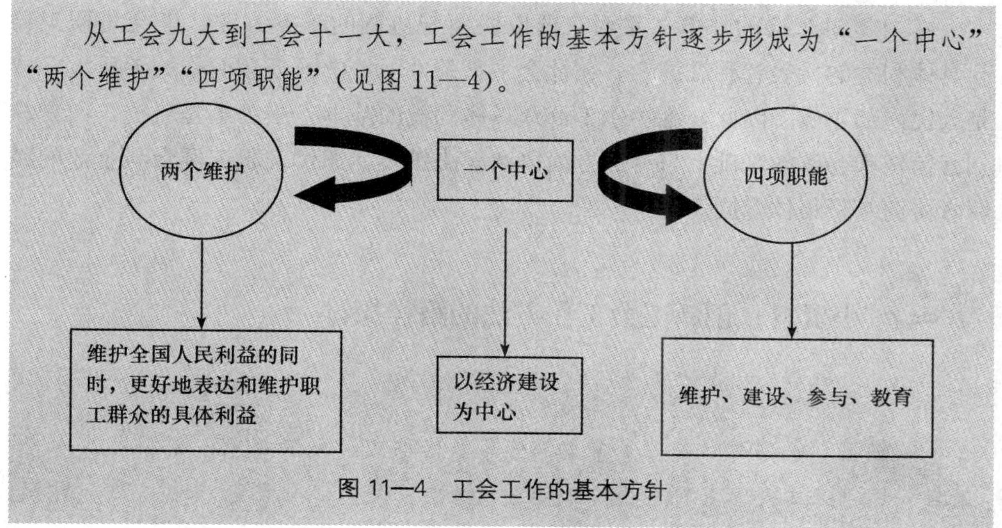

图11—4　工会工作的基本方针

（三）中国工会的工作方法

中国工会在坚持群众路线的基础上，形成了一套具有自身特色的工作方法。

1. 从职工群众的实际出发引导他们前进的方法。工会要善于提出具有广泛群众性的任务和口号；善于根据不同类型群众的特点开展相应的群众性工作；善于依靠广大群众的力量在职工中开展互助互学的自我教育活动；善于在组织任何活动和开展任何活动中启发职工群众自觉自愿地参加。

2. 把自上而下的工作和自下而上的工作有机地结合起来的方法。工会组织在群众中贯彻党的路线、方针、政策，配合党的中心工作和任务，需要做许多自上而下的工作。但是，工会能否有效地做好这些工作则取决于与职工群众的关系。因此，工会工作的基础来自于自下而上的工作。这就需要工会组织深入掌握职工群众的思想、工作和生活状况；正确对待和处理职工群众的各种意见和要求；积极支持职工群众在生产、生活、学习、参与管理等方面的首创精神和成功经验；充分发挥职工群众在执行政策、法令，纠正不正之风和克服腐败等方面的监督作用。

3. 在职工群众中开展工作时，坚持说服、诱导、启发、教育的基本方法。工会作为群众组织，其工作方法很少带有强制性，而是用事实、典型、群众的实践和经验说服职工群众。这就需要工会干部以平等的态度对待广大职工群众，取得他们的理解和信任，满腔热情地对待群众，耐心细致地开展工作，增强工会对广大职工群众的吸引力和凝聚力。

4. 在处理工会的外部关系时，要以协商与协调的基本方法。工会是职工群众具体利益的代表者和维护者。在社会主义条件下，中国工会面临的矛盾大多数是人民内部矛盾。因此，维护职工群众具体利益的基本方法已不是对抗，而是在相互信任和合作的基础上与有关方面协商解决矛盾。如代表职工群众与企业的经营者协商签订集体合同等。

小资料：创新工会工作方法的路径探讨

一是递进管理，变间接为直接。

各级工会干部要经常深入基层，了解一线职工群众的需求。做到工作决策来自一线，工作内容来自一线，工作经验来自一线，工作创新来自一线。要积极改进管理手段，树立管理就是服务的核心理念，通过各方面为基层说话办事，逐步形成服务基层和发挥基层作用两者间的良性互动。

二是理顺管理，变条块为系统。

要逐步健全上情下达、下情上知的畅通信息沟通渠道，对上级布置的工作，要雷厉风行，迅速贯彻；对基层站段反映的问题，要及时、妥善解决。排除条块化管理带来的“惰性”，发挥系统管理的优势和功能。

三是转变管理方式，变宏观为宏观和微观相结合的管理。

宏观管理和微观管理的有机结合，是发挥管理效率最大化的有效手段。要求各职能部室，既要认真研究各项政策和文件，又要根据实际，做好指导、说明、落实工作。特别是要强化微观管理有效性，不能事无巨细一把抓，也不能一竿子插到底，要科学地把握微观管理的“度”。激发管理的活力，优化管理。

（四）独立性的工会工作

独立性的工会工作包括工会宣传教育工作，工会的经济技术工作，工会劳动保护工作，工会劳动工资工作，工会劳动保险、群众生活、疗养工作，工会法律工作，工会财务与会计工作，工会信息工作，工会经济事业工作，工会国际工作等。此部分详见第十三章。

工会独立性的工作如图11—5所示。

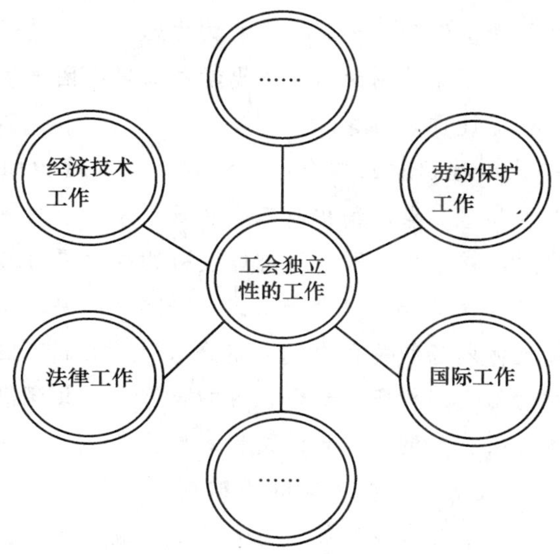

图11—5　工会独立性的工作

小资料：中国特色社会主义工会发展道路的基本内涵

中国特色社会主义工会发展道路具有丰富的内涵，包括指导思想、政治保证、根本任务、职能作用、组织体制、对外交往、内在动力等方面的基本内容。

1. 坚持以邓小平理论和“三个代表”重要思想为指导。科学理论是做好工会工作的根本指针。要深入学习领会邓小平理论、“三个代表”重要思想，深入学习领会科学发展观，并用以统领工会工作全局，全面提高运用马克思主义立场、观点、方法解决工会工作面临的实际问题的能力，确保工会工作始终朝着正确的方向健康发展。

2. 坚持自觉接受中国共产党对工会的领导。党的领导是做好工会工作的根本政治保证。要进一步提高接受党的领导的自觉性和坚定性，推动全心全意依靠工人阶级指导方针的贯彻落实，通过创造性的工作，把对党负责和对职工负责统一起来，把贯彻党的主张和反映职工的愿望结合起来，使党的路线方针政策真正变成广大职工的自觉行动。

3. 坚持服从服务于党和国家工作大局。发展是党执政兴国的第一要务，全面建设小康社会是新世纪新阶段工人运动的主题。要自觉坚持在全党全国工作大局下行动，把工会工作放到大局中去思考和部署，团结动员广大职工为推进改革开放和现代化建设贡献力量。

4. 坚持切实表达和维护职工群众的合法权益。竭诚为职工群众服务是工会一切工作的出发点和落脚点，维护职工合法权益是工会的基本职责。要切实发挥自身的职能作用，在维护全国人民总体利益的同时更好地维护职工群众的具体利益，关心职工群众疾苦，倾听职工群众呼声，反映职工群众愿望，解决职工群众困难，加大协调劳动关系力度，充分保障广大职工的经济、政治、文化和社会权益，推动形成包括职工群众在内的全体人民共谋经济发展、共建和谐社会、共享改革成果、共创美好生活的良好局面。

5. 坚持工人阶级队伍和工会组织的团结统一。高度统一的组织领导体制是事关中国工会性质和工会事业发展的重大问题。最广泛地把职工群众组织到工会中来，是维护工人阶级队伍团结与工会组织统一的前提和基础。要进一步增强政治敏锐性和政治鉴别力，旗帜鲜明地维护工人阶级队伍的团结，始终不渝地坚持工会组织的统一，增强工人阶级的整体力量，更好地体现中国工会的特点和优势。

6. 坚持独立自主地开展工会对外交往。工会对外工作是我国总体外交的重要组成部分。要按照国家外交的总体部署，在国际工运事务中坚持独立自主地开展活动，既学习和借鉴外国工会的有益经验，又不照搬外国工会的发展模式，广泛促进交流、加强国际合作、推进双边和多边活动，更好地树立中国和中国工会的国际形象，扩大中国和中国工会的国际影响。

7. 坚持推进工会的理论创新、体制创新和工作创新。创新是工会永葆生机和活力的源泉。要努力加强自身改革和建设，努力在继承中发展，在创新中前进，适应时代发展进行理论创新，围绕激发活力进行体制创新，针对重点难点进行工作创新，使工会工作更好地体现时代性、把握规律性、富于创造性。

以上七条是中国工会长期实践经验的归纳总结，是广大工会干部和职工群众集体智慧的结晶。它们是相互联系的有机整体，随着实践的发展，中国特色社会主义工会发展道路的内涵必将不断得到进一步丰富和完善。

资料来源：关于坚持走中国特色社会主义工会发展道路的决议，2005 年 7 月 4 日中华全国总工会第十四届执行委员会主席团第六次全体会议通过

四、加强和改善党对工会的领导

（一）加强和改善党对工会的领导的必要性

加强和改善党对工会组织的领导，是党的“依靠”方针所决定的。《中国工会章程》指出：“中国工会是中国共产党领导的职工自愿结合的工人阶级群众组织，是党联系群众的桥梁和纽带。”

工人阶级是我国的领导阶级，是先进生产力的代表，也是企业发展的主力军。

全心全意依靠工人阶级，是我们党和国家的政治优势，是贯穿我们工作的一项基本方针。而工会工作是党的群众工作的重要组成部分。党和国家的很多方针政策，是必须通过工会组织去贯彻落实的。

放松了党对工会组织的领导，党联系群众的桥梁和纽带作用就势必受到严重影响。所以，要正确贯彻落实党的“依靠”方针，就必须不断加强党对工会组织的领导。

加强和改善党对工会组织的领导，是由工会和党的性质所决定的。工会是工人阶级最广泛的群众组织，而中国共产党是工人阶级的先锋队，是用马克思主义武装起来的党，由工人阶级中最有觉悟的先进分子组成，是领导我们事业的核心力量。党和工会的关系，实质上是工人阶级政党与本阶级群众之间的关系，是党群关系一种重要的表现形式。因此，工会必须坚持党的领导。

只有坚持党的领导，才能保证中国工会和工人运动始终沿着正确的政治方向前进。加强和改善党对工会组织的领导，是做好工会工作的根本保证。由于工会是群众组织，这一特点决定了它自身没有也不可能有自己独立的政治纲领，不可能起到政党的领导作用，而只能作为政党的阶级基础和社会基础来发挥作用。因此，就必然选择党的纲领作为工会的纲领。

在今天的历史条件下，虽然党对工会的领导主要是党的路线、方针、政策的领导，但在坚持党对工会组织的领导这个根本问题上，绝不能有丝毫的含糊和动摇。各级党组织要从实践“三个代表”重要思想的高度，从巩固党的阶级基础、增强党的执政能力的高度，从推进国企改革和发展的高度，认清加强对工会组织领导的重大意义，坚持同级党委和上级工会的双重领导，以同级党委领导为主的原则，不断提高领导工会工作的水平，始终把工会工作摆在重要位置来抓。

观点之声：加强和改善党对工会工作的领导

改革开放以来，中央领导多次告诫全党要加强和改善党对工会工作的领导，1989年12月21日，党中央专门发布了《关于加强和改善党对工会、共青团、妇联工作领导的通知》，指出，各级党委必须牢固树立全心全意依靠工人阶级和广大人民群众的思想，充分认识加强和改善党对工会、共青团、妇联工作领导的重要意义。

胡锦涛强调，各级党委要进一步加强和改善对工会工作的领导，及时研究解决工会工作中遇到的重大问题和实际困难，支持工会依照法律和自己的章程独立自主、创造性地开展工作，防止和纠正随意撤并工会的现象。他指出，各级党委必须从讲政治的高度，切实加强对工会工作的领导。要把工会工作纳入议事日程，经常研究和解决工会工作中带有方向性、原则性的重大问题。要热情关心工会干部的成长进步，切实帮助他们解决工作和生活中的实际问题，并注意培养、选拔一批优秀的年轻干部充实和加强工会干部队伍。

（二）新形势下加强和改进党对工会工作领导

1. 充分认识加强和改进党对工会工作领导的重要意义

工人阶级是我国的领导阶级，是社会主义建设和改革开放的主力军，是党领导的工人阶级的群众组织，是党和政府联系职工群众的桥梁和纽带，是国家政权的重要社会支柱，是职工合法利益的代表者和维护者。全心全意依靠工人阶级是党一贯坚持的根本方针。加强党对工会的领导是维持党的强有力领导的基本要求。

2. 加强和改进党对工会工作领导的指导思想

党对工会的领导要以邓小平理论和“三个代表”重要思想为指导，深入贯彻落实科学发展观，坚持全心全意依靠工人阶级的根本方针，坚定不移地走中国特色社会主义工会发展道路，引导全县各级工会自觉服从服务于全县工作大局，不断扩大工会工作覆盖面，增强工会组织凝聚力，团结动员广大职工，为加快建设殷实和谐经济文化强市建功立业。

3. 加强和改进党对工会工作领导的基本要求

把握工会工作的政治方向、指导原则、方针政策和根本任务，实现党对工会工作的思想政治领导和组织领导；保障工会在政治、经济和社会生活中的地位，充分发挥工会在组织职工、引导职工、服务职工、维护职工合法权益中的重要作用；加强政策制定、干部选配、宣传舆论和关系协调等工作，为工会工作创造良好的环境；支持工会从自身性质和特点出发，全面履行各项社会职能，依照法律和章程独立自主、创造性地开展工作。

（三）加强和改善党对工会的领导的措施

1. 加强党对工会的政治领导

党对工会的领导集中体现在政治路线、政治方向、政治原则、重大决策等方面的领导。一方面，党的各级组织必须重视工会工作，并对工会工作进行正确的指导；另一方面，工会组织在开展各项工作中，凡是涉及政治方向、政治原则等重大问题时，必须事先向党组织请示汇报，主动争取党组织的领导和支持，确保工会工作始终保持正确的政治方向。

2. 要大力加强党对基层工会组织的领导

大力加强党对企业工会工作的领导。企业工会工作是工会工作的重要领域，也是处理和解决劳动关系矛盾的主要领域。在国有企业中，党组织处于政治核心地位，发挥政治核心作用。发挥政治优势的重要条件之一，就是要求企业党组织通过加强对工会的领导，把全心全意依靠工人阶级的根本方针落到实处，充分发挥职工群众的积极性，促进企业的改革与发展。对于非公有制企业，各级党组织要积极支持工会“组织起来，切实维权”的工作方针，努力提升工会“组织力”，最大限度地发挥工会维权作用，最大限度地维护职工的合法权益。

3. 强化工会组织内部的党的建设

强化工会组织内部的党的建设，具体体现在通过工会内部党组织的活动以及党员的先锋模范作用来实现党的意志，宣传贯彻党的方针政策，从而使党的主张经过工会的民主程序，变成工会组织的决议和广大职工群众的自觉行动。这也是企业党组织实施对工会领导的一个重要途径。

4. 支持工会组织依法独立自主地开展工作

加强和改善党对工会的领导，是指党要尊重工会在组织上的相对独立性，尊重法律赋予工会的地位、权利和义务，并且为工会独立自主地开展工作创造条件。

5. 从工会作为群众组织的性质和特点出发，创造性地开展工会工作

工会在党的统一领导下，遵循党的基本路线，围绕党在每个时期的中心任务开展工作。同时，党组织要支持工会依照法律和章程，执行它们上级组织的决

议，独立自主地、创造性地开展工作，使得工会组织能更好地体现各自的性质和特点，广泛地吸引和团结所联系的群众。各级党组织要根据工会工作所面临的实际，大力支持工会组织做好工作，同时还要做好指导工作，以保证工会工作始终能够坚持正确的政治方向。当前，随着劳动关系矛盾的凸显，工会的维权工作面临严峻的挑战，必须在协调和解决劳动关系矛盾、维护职工群众利益的工作实践中，不断创新工作思路和工作方法。

总之，加强和改善党对工会的领导，必须将其归结为加强党的执政能力的建设上来。将强党的执政能力建设，必须充分发挥工会组织在巩固党的阶级基础、扩大党的群众基础的重要作用。在这一方面，充分发挥工会作用与将强党对工会的领导是一致的。

对工会组织而言，面对复杂多变的劳动关系矛盾，面对职工群众合法利益的维护，时刻处理好对党负责和对职工群众负责的关系问题，这是做好工会工作的必须高度重视的一个至关重要的问题。这里涉及工会与党的关系以及工会与职工群众的相互关系问题，在这三者之间，工会对党负责和对群众负责从根本上是一致的，这是因为我们党执政归根到底就是要实现、维护和发展职工群众在内的广大人民的根本利益，工会作为职工群众利益的维护者，维护是自己义不容辞的神圣职责，在这个意义上来说，党与工会的目标是一致的。

因此，工会向党负责与对广大职工群众负责具有高度的一致性。在工作实践中，工会绝不能把对党负责与对职工群众负责对立、割裂开来，不能把对党负责当成一句空洞的口号，而置职工群众的切身利益于不顾，挫伤职工群众的积极性，从而给党和政府的工作造成被动。工会组织要时刻将向党负责与向职工群众负责有机结合地统一起来。

小资料：桓台县加强和改善党对工会领导的经验

一、健全党委对工会工作的领导制度

各级党委要把工会工作列入重要议事日程，进一步完善党委定期研究工会工作制度。每届党委任期内至少召开一次工会工作会议，就新时期工会工作的重大问题进行研究部署；各级党委每年都要听取一次工会工作汇报，研究和解决工会工作中遇到的突出问题。把工会组织建设纳入党的建设的工作目标，做到党建与工建统一部署、统一检查、统一考评。深入开展党工共建、创先争优活动，坚持党建带工建，做到共建组织、共建队伍、共建阵地。

二、加强工会领导班子和干部队伍建设

各级党委要按照干部“四化”方针和德才兼备的原则，选好配强工会领导班子。总工会主席一般应由同级党委常委或同级人大副主任、政协副主席担任或兼任；同级人大常委会和政协常委会要有总工会负责同志参加。在工会换届和调整工会领导班子时，党委组织部门应当认真执行上级工会协管的有关规定，做到事先与上级工会沟通协调、共同考察，再作出相应决定。各级党委要把工会干部纳入干部队伍建设总体规划，通过党校培训、挂职锻炼、内外交流等多种形式，加强工会干部的培养、选拔、管理和交流，为工会干部成长创造良好条件。

三、拓宽工会宏观参与渠道

各级党委要支持工会建立向同级人大、政协通报情况的制度。人大研究、论证有关职工利益和涉及工会工作的地方法规草案应注意听取和吸收工会的意见，为工会依法维权创造良好条件。重视发挥工会在人大议案、政协提案中的作用，为工会反映职工的呼声和要求提供更加有效的平台。人大、政府开展的劳动法律法规执法检查和政协开展的专项视察活动，应邀请同级工会参加。确保人大代表、政协委员中职工特别是一线工人、工会代表、劳动模范的比例，使之与我县不断壮大的工人阶级队伍相适应。工会要依法做好人大代表中职工代表候选人和政协工会界委员人选的推荐工作。

资料来源：中共桓台县委关于加强和改进新时期党对工会工作领导的意见，有修改

开放专栏

工会：政党的外围组织

改革开放以后，政党面临新的形势，国家已经从社会中逐步退出，无力像过去那样实现对社会的绝对控制。在这种情况下，如何实现对分化后社会的政治整合是政党面临一个重大问题。

作为工人阶级的先锋部队，党和本阶级是有区别的，又是有联系的。党是本阶级的一部分，是先锋部队。斯大林认为，“只要阶级还没有消灭，只要无产阶级还由其他阶级出身的人来补充，只要工人阶级还不可能全部提高到先进部队的水平，工人阶级的先进部队和其余群众之间的区别，党员和非党员之间的区别是不会消灭的”。

列宁把联系群众看作新型无产阶级政党的一个特征。斯大林对这一观点进行了系统阐述，他认为，党与群众必须保持密切的联系，才能发挥领导作用，才有力量，这是一个规律。“从党同群众的关系看，为什么党会强大有力呢？因为它在自己的周围有广大同情党的非党积极分子。如果党在自己的周围没有这些广大的同情党的积极分治，它就不能领导千百万工人阶级群众进行斗争。如果没有这些积极分子的帮助，党就不能实现对千百万人民群众的领导。这是基本的领导规律之一”。

同时，党应当同本阶级有根深蒂固的联系，才能成为工人阶级的“政治领袖”和“战斗司令部”。如果党不和非党群众联系，如果党不和非党群众结合，如果非党群众不接受党的领导，如果党在群众中没有道义上和政治上的信用，那么党就不能领导阶级。

刘少奇曾经指出：“我们党必须和广大群众保持密切的联系，如果和群众联系不好，就要发生危险……党什么也不怕，就怕这一项。”

无产阶级政党是由少数先进分子组成的工人阶级的先锋队组织，“党是阶级的觉悟的、先进的阶层，是阶级的先锋队”。

这样，在建设社会主义的过程中，无产阶级的先锋队组织如何保持与工人阶级的联系就成为一个重要的问题。工会是把无产阶级先锋队与广大工人群众连接起来的“传动装置”。作为“传动装置”，其作用发挥得好坏，直接影响社会主义的建设事业。“正像一架拥有优良发动机和头等机器的最好工厂，如果发动机和机器之间的传动装置坏了，那就不能开工，同样，如果共产党和群众之间的传动装置——工会建立得不好或工作犯错误，那我们的社会主义建设就必然遭到大灾难”。

作为无产阶级政党与阶级基础之间的“传动装置”，工会发挥着双重功能的重要作用：一方面是联系群众，将工人阶级的愿望和要求以及群众的真实情况反映给党组织，工会只有最广泛地联系群众，才能成为政党和工人阶级之间的“传动装置”。列宁认为，“联系群众，也就是联系大多数工人以至全体劳动者，这是工会无论做什么工作取得成绩的最重要、最基本的条件”。

可用以下图形来表示工会在无产阶级政党与工人阶级之间的传动装置地位。

在中国，工会是工人群众的一个代表组织，也是中国共产党领导下的一个外

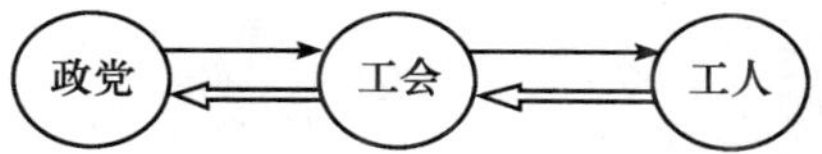

围组织，是社会主义国家最重要的社会政治团体。

资料来源：齐凌云. 政党、工会与阶级基础——对 1997 年以来工会改革的政治学研究

延伸思考

1. 为什么说工会是党联系职工群众的桥梁和纽带？
2. 试述坚持党的领导与独立自主开展工作的辩证关系。
3. 如何加强和改善党对工会的领导？

深度阅读

［1］王兆国. 高度重视和切实加强企业工会工作——在全总十四届九次主席团（扩大）会议上的讲话［N］. 工人日报，2006-07-19

［2］马克思恩格斯选集（第 4 卷）［M］. 北京：人民出版社，1972

［3］中华全国总工会中国职工运动史研究室. 中国历次全国劳动大会文献［M］. 北京：工人出版社，1957：96

［4］孙春兰. 自觉坚持党对工会工作的领导保持工会工作的正确政治方向［N］. 工人日报，2006-07-20

第十二章　工会自强：工会自身建设

工会任务的完成程度，在社会上所起作用的大小，与工会自身建设、自我完善与发展的程度直接相连，有赖于工会自身的素质与组织程度。工会建设主要有工会的思想建设、工会的组织建设、地方（产业）工会建设和基层工会建设几个方面的内容。工会自身建设加强了，才能使任务完成得好，作用发挥得充分。所以，工会在发挥作用的同时还要不断加强自身建设。

一、扩大工会组织

（一）工会组织建设的意义

斯大林说："在正确的路线提出以后，组织工作就决定一切，其中也决定政治路线本身的命运，即决定它的实现或失败。"对于党来说是这样，对于工会来说也是这样。工人阶级的伟大力量，只有在提高组织程度、实现内部的团结统一的基础上才能得以体现。

加强工会的组织建设可以更大限度地把工人吸收到工会里来，再通过工会的教育和影响，使工人阶级进一步在思想上联合起来，真正意义上地实现工人阶级内部的团结统一，从而在社会建设中更充分地发挥主导作用。所以，加强工会组织建设，是完成任务、实现工会工作方针的组织保证，也是使工会工作适应改革、推动改革的迫切需要。

（二）工会的组织原则

1. 民主集中制的原则

我国《工会法》规定，工会的组织原则是民主集中制。实践证明，民主集中制是工会根本的组织原则和生活制度。它所解决的是怎样处理好组织内部的各种关系问题，是工会组织内部关系的行为准则，也是统一工会成员的意志和行动的手段。工会民主集中制的内容（见表 12—1）如下：

（1）坚持个人服从组织、少数服从多数、下级服从上级组织的原则每个会员都有在工会会议上发表个人意见的权利，但作出表决后，担任任何职务的工会成员都必须服从上述原则。因为工会的各级组织都是由会员或由他们选出的代表民主选举产生的，在集中多数人意见的基础上决定的，工会各级领导的权利也是会员大会授予的。

在民主讨论中，会员可以保留自己的不同意见，但要服从大多数的决定；下级组织对上级组织的决定有不同意见时，可以提出，但在上级组织决定没有改变之前，仍要贯彻执行。

（2）坚持按照工会章程的规定，定期召开会员代表大会或会员大会

会员代表大会或会员大会是工会基层组织的权利机关。要把工会基层委员会置于会员代表大会或会员大会的监督和检查之下，摆正两者之间的关系。在会员代表大会中，充分发扬民主，选出成员组成领导机关。会员大会或会员代表大会一般每年召开一次，实行常任制，任期3～5年。

（3）坚持加强上下级组织之间的交流

上级工会要经常听取下级工会和会员的意见，研究和解决他们提出的问题；下级工会要向上级工会请示报告工作。

（4）坚持工会各级委员会，向同级会员代表大会或会员大会负责，接受会员监督会员代表大会或会员大会有权撤换或罢免其所选举的代表和工会委员会组成人员。

表12—1　　工会职能部门职责内容

名称	主要职责
会员大会（会员代表大会）	审议和批准工会基层委员会和经费审查委员会的工作报告 讨论并决定本单位工会工作的重大问题 选举工会基层委员会和经费审查委员会
工会基层委员会	由会员群众选举产生，向会员大会或会员代表大会负责，执行会员大会或会员代表大会的决议和上级工会的决定，主持工会基层组织的日常工作，承担本单位职代会工作机构的职责，代表本单位职工同行政签订集体合同或专项协议
经费审查委员会	代表会员群众对工会经费收支和财产管理情况进行审查监督，促进工会财产管理，促进工会经济活动规范运作，促进工会党风廉政建设等

（5）坚持集体领导和个人分工负责相结合的制度

集体领导，有利于防止产生“家长制”作风和个人专断。在重大问题上民主讨论，集思广益，作出较为正确的决策。同时要避免少数专职干部会议代替工会

委员会会议的做法。集体领导不意味着事无巨细，包揽一切。还必须实行个人分工制度，才能保证决议的落实。

坚持工会的最高领导机关是工会的全国代表大会和它所选举产生的中华全国总工会执行委员会。工会的全国代表大会享有最高的决策权、选举权和监督权。只有工会全国代表大会才有权决定工会的方针、任务和修改工会章程，选举全国总工会执行委员会，听取和审查执行委员会的工作报告。产业与地方相结合的原则产业与地方相结合是工会的组织领导原则，它所要解决的是工会的组织形式问题，即全国工会会员怎样组织，各级工会组织如何建立，怎样领导。

工会按照产业原则组织比按照职业原则（如电气工人组织的“电气工会”等）组织更为进步。但是由于我国地域差异较大，职工队伍构成也千差万别，所以产业工会难以实现全国上下对口。又因地方当政机关根据各地方特点制定了地域性的政策、法规，地方性、共性问题，如劳动关系协调、职工生活保障、养老保险等问题，必须通过地方工会协调解决。所以工会同时还需按地方原则组织联合起来开展工作。

（6）实行产业和地方相结合的原则

实行产业和地方相结合的原则，有利于发挥产业工会和地方工会的两个积极性，兼顾产业和地方的特点，使工会工作更全面展开。中国工会章程根据这一原则作出了如下的相关规定：

1）同一企业、事业、机关单位中的工会会员，组织在一个工会基层组织中。

2）同一行业或性质相近的几个行业，根据需要建立全国的和地方的产业工会组织。产业工会的组织领导体制，应与国家的经济管理体制和行政管理体制相适应，更好地代表基层工会。

3）省、自治区、直辖市、自治州、市、县（旗）建立地方总工会。地方总工会是当地工会组织和产业工会组织的领导机关。除铁路、民航、金融、邮电等少数行政管理体制实行垂直管理的产业，是以产业工会领导为主外，其他产业均以地方总工会为主。

4）企业、事业、机关等基层单位，有会员 25 人以上的，可以建立工会基层委员会。会员不足 25 人的，选举组织员一人。邻近或性质相近的若干单位的组织员可以联合组成工会基层委员会。

5）中华全国总工会是地方总工会和产业工会在全国组织的最高领导机关。

如表 12—2 所示为近年来中国工会情况。

表 12—2　　近年来中国工会情况

年份	工会基层组织数（万个）	全国已建工会组织的基层单位的职工与会员人数（万人）				工会专职工作人员人数（万人）
		职工人数	女职工	会员人数	女会员	
2006	132.4	18 143.6	6 719.3	16 994.2	6 177.8	54.3
2007	150.8	20 452.4	7 494.5	19 329.0	7 042.2	60.2
2008	172.5	22 487.5	8 168.8	21 217.1	7 773.8	70.5
2009	184.5	24 535.3	8 652.6	22 634.4	8 248.4	74.6
2010	197.6	25 345.4	9 288.1	23 996.5	8 871.5	86.4

资料来源：《2011 年中国统计年鉴》

2. 联合制、代表制的原则

工会是职工群众自愿参加、自下而上地联合起来的组织。上级工会应当是下级工会的代表者和联合体。为克服工会组织体制上的行政化倾向，充分体现工会民主、自愿的原则，工会组织制度改革的方向应是逐步向联合制、代表制过渡，即各级工会的领导机构由其所属基层工会或下级工会的代表联合组成，真正做到工会代表职工，上级代表下级，各级工会为基层、为职工服务。

城市的基层工会可按行政领导体制和产业特点，分别联合组成产业工会、联合会或区、县工会；全国和省级产业工会，其领导机构主要由所属各下级产业工会和大企业工会的代表组成；城市总工会、省级总工会的领导机构的组成人员中应有产业和下级地方工会的代表；全国总工会是个地方工会和全国产业工会自下而上联合起来的代表机关和领导机关；工会联合会为一级工会组织，有权代表各基层工会与行政主管机关协商解决问题，有权讨论决定各基层共同关系的问题和开展必要的活动。

3. 机构精简与高效能统一的原则

工会是群众团体，其主要工作在于群众活动。因此，组织机构要精简，工作效能要提高。工会机构的设置要有利于群众化、民主化；与行政管理机构相适应；要从实际需要出发，不强调上下级业务部门的对口；要明确划分工作职责。

（三）工会的组织结构

《工会法》第 10 条对建立统一的工会组织系统作了规定。工会组织系统的设置是：全国总工会、地方总工会、全国的或地方的产业工会、基层工会委员会、基层工会联合会。中国工会的组织体制，是在中华全国总工会的统一领导下，分别建立地方工会和产业工会两大组织系统，在地方工会和产业工会下还可以建立基层工会组织或基层工会联合会。

中国工会组织体系图如图 12—1 所示。

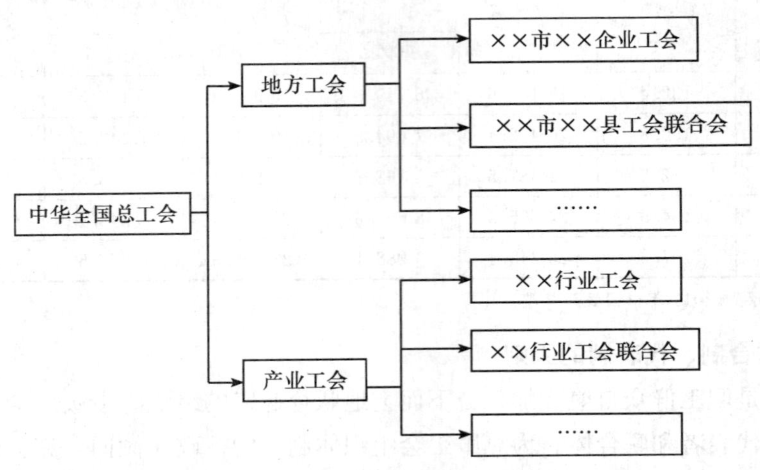

图 12—1　中国工会组织体系图

1. 中华全国总工会

中华全国总工会是各地方总工会和各产业工会全国组织的领导机关。它领导全国工人运动，指导工会工作，在国际活动中代表中国工会组织。全国总工会机关设立若干业务职能部门，对下级工会组织的相应业务工作进行指导。每个工会组织都应设立工会委员会，中华全国总工会的工会委员会称为中华全国总工会执行委员会，由中国工会全国代表大会选举产生，是中国工会全国代表大会的执行机构。在中国工会全国代表大会闭会期间，执行委员会负责贯彻执行大会的决议，领导全国工会工作。并由主席团行使执行委员会的职权，主席团下设书记处，主持全国总工会日常工作。

中华全国总工会旧址

由于我国工会实行的是民主集中制的原则，我国工会的最高权力机构是工会全国代表大会（每五年举行一次，由中华全国总工会执行委员会召集，选举新的执行委员会）。中国工会全国代表大会的代表，是由各省、直辖市、自治区工会代表大会和产业工会全国代表大会民主选举产生的，因此，中国工会组织自下而上是统一的。中国工会全国代表大会的职权是：（1）审议和批准中华全国总工会执行委员会的工作报告；（2）审议和批准中华全国总工会执行委员会的经费收支情况报告和经费审查委员会的工作报告；（3）修改中国工会章程；（4）选举中华全国总工会执行委员会和经费审查委员会。

小资料：中华全国总工会主要职责

中国工会是中国共产党领导的职工自愿结合的工人阶级群众组织，是党联系职工群众的桥梁和纽带，是国家政权的重要社会支柱，是会员和职工权益的代表。全国总工会是各地方总工会和各产业工会全国组织的领导机关。全国总工会由中共中央书记处领导。其机关主要职责是：

（一）根据党的基本理论、基本路线、基本纲领和工运方针，围绕党和国家工作大局，贯彻执行中国工会全国代表大会和执委会议确定的方针、任务和作出的决议。

（二）依照法律和《中国工会章程》，组织和指导各级工会坚定不移地贯彻落实党的全心全意依靠工人阶级的根本指导方针，进一步突出和履行维护职能。

（三）对有关职工合法权益的重大问题进行调查研究，向党中央和国务院反映职工群众的思想、愿望和要求，提出意见和建议；参与涉及职工切身利益的政策、措施、制度和法律、法规草案的拟定；参与职工重大伤亡事故的调查处理。

（四）负责工会理论政策研究，研究制定工会的组织制度和民主制度，监督检查《中国工会章程》的贯彻执行；研究指导工会自身改革和建设；指导各级工会组织开展以职工代表大会为基本制度的民主选举、民主决策、民主管理和民主监督工作，推动建立平等协商、集体合同制度和监督保证机制的工作。

（五）协助省、自治区、直辖市党委管理省级总工会领导干部，协助中央国家机关有关部委（局）管理全国产业工会的领导干部；监督、检查全国总工会机关和直属单位党员干部党风廉政建设情况；研究制定工会干部的管理制度和培训规划，负责市以上工会和大型企事业单位工会领导干部的培训工作。

（六）协助国务院做好全国劳模的推荐、评选工作，负责全国劳模的管理工作；负责全国“五一”劳动奖章、奖状获得者的评选表彰和管理工作。

（七）负责工会经费和工会资产的管理、审查、审计工作；研究制定工会组织兴办职工劳动福利事业的有关制度和规定；负责对工会兴办职工劳动福利事业的指导、协调工作。

（八）负责工会国际联络工作，发展同各国工会的友好关系；负责与香港、澳门特别行政区和台湾地区工会的交流工作。

（九）承担党中央、国务院交办的其他事项。

资料来源：中华全国总工会网站

2. 地方总工会

《工会法》第10条第3款规定：“县级以上地方建立地方各级总工会。”目前，我国各级地方工会组织的建立和国家行政区划相统一，分为三级：省、直辖市、自治区总工会，省辖市、自治州总工会或省、自治区地区工会办事处，县（市）、旗总工会。地方总工会是当地地方工会组织和产业工会地方组织的领导机关。

中国工会第十次全国代表大会

工会的地方各级领导机关，是地方各级代表大会和它所产生的地方各级总工会委员会。在代表大会开会期间，一切由代表大会决定；在代表大会闭会期间，地方各级总工会委员会就是最高领导机关，负责执行上级的决定和同级工会代表大会的决议，领导本地区的工会工作，定期向上级总工会委员会报告工作。

根据工作需要，省、自治区总工会可在地区设派代表机关，直辖市和设区的市总工会可在去建立区一级工会组织或派出代表机关。

3. 产业工会

《工会法》第10条第4款规定：“同一行业或者性质相近的几个行业，可以根据需要建立全国的或者地方的产业工会。”

产业工会的设置主要分为全国产业工会和地方各级产业工会。按照国民经济部门分布情况，经中华全国总工会批准，目前共有10个全国产业工会，其中铁路、民航、金融3个全国产业工会实行产业工会和地方工会双重领导，以产业工会领导为主的体制；其余 7 个全国产业工会均实行全国产业工会和地方工会双重领导，以地方工会领导为主的体制。

产业工会全国委员会可以按照联合制、代表制原则组成，也可以由产业工会全国代表大会选举产生，任期为 5 年。各级地方产业工会组织的设置，由同级地方总工会根据本地区的实际情况确定。除实行垂直领导的产业工会外，其余产业工会组织不要求上下对口，建立委员会和工会领导机构的原则大体与全国产业工会相同。

建立产业工会是非常必要的。因为在同一行业中，职工为完成共同的生产目标，从事着大致相同的生产劳动，有的则组织在一个生产过程中，彼此有共同语言，有共同要求解决的问题，一起交流思想、交流生产经验比较方便。他们中间存在的共同性问题和要求，也可以得到集中反映和解决。同时，同一行业区别于其他行业的一些特殊问题，也便于通过产业工会组织系统集中起来，进行必要的协调。

4. 基层工会

基层工会是工会组织体制中最基本的组织单位，是整个工会组织的基础。在建立工会组织后，依法成立工会委员会，组织会员展开活动。基层工会委员会的基本任务主要有以下几个：

（1）执行会员大会或会员代表大会的决议和上级工会的决定，主持基层工会的日常工作。

（2）参与协调劳动关系和调解劳动争议，与企业、事业单位行政方面建立协商制度，协商解决涉及职工切身利益问题。帮助、指导职工与企业、事业单位行政方面签订劳动合同，代表职工与企业、事业单位行政方面签订集体合同或其他协议，并监督执行。

（3）监督有关法律、法规的贯彻执行，特别是劳动法律、法规。协助和督促而不是代替行政方面，做好劳动保险、劳动保护工作，办好职工集体福利事业，改善职工生活。

5. 基层工会联合会

《工会法》第 10 条第 2 款规定：“企业职工较多的乡镇、城市街道，可以建立基层工会联合会。”这一规定明确了基层工会联合会这一工会组织形式。

乡镇、街道所辖区域内企业数量和职工人数较多，各个企业可以建立基层工会委员会，在乡镇、街道按照联合制、代表制的原则，由所属企业基层工会民主选举的工会主席适当比例的有关方面代表组成县镇、街道基层工会联合会。基层工会联合会作为企业基层工会的上一级领导机关，负责领导所属的基层工会。

（四）工会会员发展

1. 工会会员的基本条件

《中国工会章程》规定：“凡在中国境内的企业、事业、机关单位中，以工资收入为主要生活来源的体力劳动者或脑力劳动者，不分民族、种族、性别、职业、宗教信仰、教育程度，承认工会章程，都可以加入工会为会员。”

职工入会的条件可以归纳为两点：（1）以工资收入为主要生活来源。以工资收入为主要生活来源是工人阶级的特征。工会是工人阶级自己的组织，所以加入工会的应该是工人阶级的成员。而衡量一个人是不是工人阶级，最重要的一点就是看他在社会经济生活中所处的地位。在经济上，工人阶级和其他阶级最根本的区别，就是它不占有生产资料。那些个体工商户、学生、农民等不是以工资收入为主要生活来源的人，是不能加入工会的。（2）必须承认《中国工会章程》。这个章程是指导工会会员行动的准则和行为规范。只有承认了这个章程，才能使全体会员有共同的目标、共同的利益、共同的行动，才能使工会成为一个统一的、有战斗力的组织。

2. 会员入会程序

（1）本人自愿申请

中国工会章程知识问答实物图

中国工会会员证实物图

由要求入会的职工写出自愿加入工会的书面申请交给其劳动或工作所在的工会小组长，也可以向工会小组长提出口头申请，填写入会申请登记表。

（2）工会小组讨论通过

工会小组长接到职工入会申请后，组织本小组全体会员进行讨论。觉悟高低、工作好坏等不应作为能否入会的条件。凡是工人阶级的一员，不论先进还是落后，只要申请参加工会，工会就不应该拒绝。

（3）工会基层委员会批准

工会小组讨论通过后，将填好的职工入会登记表交给车间工会主席，由车间工会主席上报基层工会委员会。基层工会委员会批准后，发给工会会员证，并通知本人从何月起开始缴纳会费。

职工加入工会是《宪法》规定的一项政治权利，因此，凡被依法剥夺政治权利的人是不能加入工会的。因违法乱纪被判处徒刑缓期执行的职工和因严重违反厂规厂纪被开除厂籍、留厂察看的职工，在缓刑期间或留厂，暂时不吸收入会。

3. 工会会员的义务和权利

为什么要对工会会员规定权利和义务呢？这是因为，工会是工人阶级为了革命而结合起来的组织，这个组织的成员就应当承担一定的义务，服从一定的纪律约束，同时也有权从这个组织得到应有的保障。正如列宁说过的："无产阶级国家应当从权利和物质方面鼓励工人参加工会组织。但是工会如果不尽义务，就不应当有任何权利。"

（1）工会会员的权利

1）选举权、被选举权和表决权。这一规定体现了每个会员在自己的组织里当家做主的精神。所有工会的领导成员，都要由会员或他们的代表民主选举产生。

2）批评工会组织和工会任何工作人员的权利。工会的干部是会员们选出来给大家办事的。要把工会办好，就必须发动大家办工会，大家都来关心工会。

3）向工会提出改进工作的意见和建议的权利。会员对工会的工作和领导干部提意见，是好事，不是坏事，应当欢迎会员提意见，凡事正确的批评，要诚恳接受，认真改正。

4）当会员的正当利益和民主权利受到损害时，有要求工会代为申诉并遵照国家法律给予保护的权利。邓小平在工会"九大"的致词中，号召工会组织必须密切联系群众，使广大工人感到工会确实是自己的组织，是工人信得过的、能提工人说话、替工人办事的组织。我们必须坚决贯彻执行这个指示。

5）有享受工会所举办的各种集体福利事业和文化事业待遇的权利。工会一定要努力办好疗养院、文化宫、俱乐部等集体福利事业和文化事业，为广大职工服务，丰富职工的物质和文化生活。

6）有在工会会议和工会报刊上，参加关于工会工作和职工关心问题讨论的权利。

（2）工会会员的义务

1）学习政治、经济、文化、科学、技术和工会基本知识。会员作为领导阶级的一员，必须不断提高自己的素质，而且要在自己的工作岗位上，努力完成好本职工作。

2）积极参加民主管理，努力完成生产和工作任务。

3）遵守宪法和法律，维护社会公德和职业道德，遵守劳动纪律。这是因为国家是工人阶级的国家，同时，工人还是国家公民和生产者。

4）正确处理国家、集体、个人三者利益关系，向危害国家、社会利益的行为作斗争。

5）维护工人阶级内部的团结和统一，发扬阶级友爱，搞好互助互济。

6）遵守工会章程，执行工会决议，参加工会活动，按月交纳会费（各国工会会员普遍要承担的基本义务）。

（五）会员的会籍管理

会员会籍是每一个会员参加工会的身份证明，是会员的组织关系，因此，管理好会员的会籍和组织关系是一项经常性的组织工作。根据《中国工会章程》和中华总工会的有关规定，工会会员会籍处理工作一般有以下几项：

1. 建立会员档案

根据职工入会时填写的工会会员登记表，经批准加入工会的职工的入会申请书和会员登记表作为会员的档案资料，由基层工会组织负责保存管理。基层工会要对所负责管理的会员情况进行统计、登记，建立名册或卡片，并按照上级工会的要求，及时将会员情况统计、上报。

2. 会员会籍处理

会员会籍处理工作的政策性很强，必须认真对待，否则，很容易脱离群众，产生消极影响。会籍处理的主要内容包括：

（1）退会或自动退会

会员退会由本人向工会小组提出，工会组织了解其情况，搞清退会原因，并加以劝说后本人仍坚持退会的，由工会基层委员会宣布其退会并收回会员证。会员没有正当理由连续6个月不交纳会费、不参加工会组织生活，经教育拒不改正，应视为自动退会。

（2）保留会籍

会员离休、退休和待业，可保留会籍。保留会籍期间免交会费。但是，会员保留会籍即意味着离开了原来的单位和工作岗位，已无法履行会员的权利和义务，因此，不再享有选举权、被选举权和表决权，并且不再享受会员的同样待遇。

（3）恢复会籍

保留会籍的职工，除了离退休职工外，都有自己的特殊情况。一旦这些职工保留会籍的条件变化，需要恢复会籍时，工会组织就应当及时办理恢复会籍手续。

（4）开除会籍

对不执行工会决议、违反工会章程的会员，给予批评教育。对严重违法犯罪并受到刑事处分的会员，开除会籍。开除会员会籍没要经过会员所在工会小组全体会员讨论，提出书面意见，由基层工会委员会讨论决定后，报上一级工会。

一般情况下的会员处理内容见表 12—4。

表 12—4　　一般情况下的会员处理内容

一般情况	会籍处理
离退休职工的会籍处理	会员离退休后保留会籍。若职工办理离退休手续后，经组织批准继续留在原单位帮助工作，可暂时不办理保留会籍手续；若职工办理会籍保留手续后被外聘继续工作，可以将组织关系转移到新单位，聘用期满后，会籍保留在原单位
下岗失业职工的会籍处理	若已与用人单位解除劳动关系或所在企业破产并已实现再就业的会员可将会员组织关系转入新的用人单位工会组织；若在就业单位并未建立工会，则组织关系应保留在会员居住地工会；若为再就业，则会员会籍保留在原用人单位
长期借调到外单位工作的职工的会籍处理	若其组织关系仍在员工所在单位，一般情况下，其会籍可不作处理；若本人有要求，可将在原工作单位办理临时工会组织关系，转到借调单位。当回到原单位工作再在原单位恢复会籍
脱产学习的职工会籍处理	只要其人事关系、工资档案保留在原单位，其会籍不作处理；不带工资上学的职工，则已不属在编职工，应办理保留会籍手续
开除厂籍留厂察看者的会籍处理	开除厂籍留厂察看的人员，在察看期间不能加入工会，已加入的，则可不处理会籍。直接开除厂籍不留厂察看的，要同时开除会籍
因违纪被辞退或被除名的职工的会籍处理	若原是会员，可在原单位办理保留会籍手续，待找到有工会的单位重新工作后，再办理恢复和转移会员关系手续
依法判处徒刑的犯罪分子的会籍处理	凡事依法判处徒刑的犯罪分子和依法剥夺政治权利的人，一律开除会籍

二、提高基层工会建设的科学化水平

基层工会组织，又称基层工会。在工会法中，是这样定义基层工会的：工会基层组织是相对于工会组织系统中的工会上级组织而言的，即工会基层组织是该法律所规定的工会组织系统最基本的构成部分，一般是以生产（工作）部门或行政单位为范围和基础所建立的一级工会组织。根据中国工会组织的划分方法，我们知道基层工会是工会组织的基础，是工会领导机关与会员群众保持密切联系的纽带和桥梁。所以，基层工会建设的规范化就成为工会自强的一个重要环节。

（一）基层工会建设的意义

工会改革建设的关键，在于增加基层工会的活力。从工会性质来看，它是一个职工群众自愿结合的组织，它代表的就是工人阶级的利益，而广大职工群众主要生活和工作在基层，所以工会的工作重心最终必须落实到基层。只有基层建设搞好了，才能发挥它应有的作用，整个工会工作水平的提高才有了坚实的基础。正是因为基层工会这种特殊地位，它的组织建设也就成为工会组织建设中的一项基础性工作。

做好基层工会工作的目的在于实现工会组织的群众化和民主化，增强工会自身的活力，使工会组织真正赢得职工群众的信赖。

（二）基层工会的建设的科学化

中国工会十一大报告提出要把工会建设成为“能够在错综复杂的社会矛盾中，根据本单位的实际情况和职工群众的意愿，独立地决定自己的工作，自主地开展各种活动，敢于维护职工的合法权益，善于吸引和团结职工为推动本单位的改革和发展共同奋斗”的充满活力的战斗集体。要实现这一建设要求，就必须加强基层工会组织建设的科学化水平，即从加强以下几方面建设入手：

1. 建立健全基层工会组织工作的组织制度

工会代表的是最广大职工群众的利益，正是工会的这一性质决定了工会必须充分发扬民主。因此，邓小平同志在工会九大致词中总结了历史经验教训，指出：“工会要为工人的民主权利奋斗，反对形形色色的官僚主义，它本身就必须是民主的模范。”

（1）定期召开会员大会或会员代表大会

工会的会员大会或会员代表大会是基层工会的最高权力机关。只有定期召开会员大会或会员代表大会，才能充分体现其作为工会最高领导机关的作用，才能更好地把党的中心任务及对工会工作的要求深入到广大职工群众心中，才能切实加强和改善各级工会的领导，实现工会组织的群众化、民主化。

工人的后盾

（2）基层工会委员会会员选举制度

建立会员选举制度，即从制度上改革工会领导成员事实上的委派制，因为委派制是不符合工会的性质和组织原则的。基层工会委员会的成员和主席、副主席的候选人，应由会员群众自下而上提名，在由上届工会委员会根据提名名单，提出建议名单，报经同级党委和上级工会审查同意后，提交会员大会或会员代表大会通过。最后进行直接选举和差额选举。

（3）重大问题的民主决策制度

民主集中制是工会的组织原则。在基层企业、事业单位，从工会基层委员会到下属各分会各工会小组，涉及工会工作的重大问题，都应经过集体讨论民主决策。工会工作的各项决策只有建立在民主和倾听会员意见的基础上，工会的实际工作才能取得会员的支持。反之，若基层工会的各项决策由少数工会领导主观武断制定，就会使工会工作背离群众的意愿和要求，从而得不到落实，发挥不了工会的实际作用。

（4）会员监督评议制度

工会基层委员会的各级干部和工会工作者，应自觉接受广大会员的监督。一方面，通过会员大会或会员代表大会，将工会各个时期的工作计划向群众公布，并征求意见，采纳好的方面。另一方面，工会主席、副主席和各业务工作委员会负责人，应定期向会员大会或会员代表大会进行述职报告，介绍有关工作的开展情况，增加工会工作的透明度。特别是经费收支要向全体会员公开，接受会员的监督。同时，会员有权对不称职的工会干部提议给予罢免，并实行民主评议制度。

（5）日常工作分工制度

实行日常分工制，就是按照工会工作的各项决策意图和工作部署的统一要求，将具体工作加以分解，使工会各业务工作委员会和各分会明确分工，各司其职，各负其责，出色完成各自本职工作范围内的工会工作。

2. 在基层工会中建立分会和工会小组

在基层工会组织中，一般会在基层工会委员会下设各类工作委员会，这些委员会是根据工作需要和工会业务活动要求设立的专门的工作机构，由工会委员会推选或聘任，其中多数成员为兼职。在企业中，基层工会一般设立民主管理、组织宣传、劳动保护、生产生活、财务、女工等委员会。其中分厂、车间（科室）工会委员会和工会小组是重要环节。

（1）分厂、车间（科室）工会委员会

基层工会是一个总体概念，就各行各业来看，基层工会人数不一。那些较大的基层工会，单靠企事业基层本身的建设是远远不够的，以至于加强分厂、车间（科室）工会委员会建设显得尤为重要。在基层工会组织中，分会是处于基层工会和工会小组之间的一级工会组织。一般是企事业单位按生产（工作）单位、经营管理机构的设置和职工人数多少及分布情况，建立分会和车间（科室）分会。

（2）工会小组

工会小组是工会最小的单位，是工会组织的细胞，是工会密切联系群众的关键环节，工会工作任务的落实，要通过工会小组和工会会员来实现。

随着我国经济体制改革的深入，工会小组的作用越来越重要。从它的主要工作任务就可见一斑。首先要开展全组会员的思想互助和谈心活动，了解会员的意愿和要求。其次是组织职工积极参加企业民主管理活动，选好职工代表，向职工代表大会提出方案，贯彻落实职代会的决议。再次是组织小组生活互助互济活动，帮助困难家庭职工解决困难。最后是组织小组职工参加政治、文化、技术学习，参加基层工会组织的文艺、体育等各项活动。

工会小组活动

3. 依靠积极分子办工会

（1）工会积极分子的定义

工会积极分子，是指同职工群众密切联系、热心为群众办事、热爱工会工作、不脱离工作岗位并被工会会员或工会聘请，担任工会的某项工作的人。他们主要利用业余时间进行工会工作，是工会专职干部的助手。

（2）工会积极分子的选拔培养

1）选拔。工会积极分子的选拔方式主要有群众推荐、组织推荐、干部推荐和自荐等，然后由工会组织进行考核，包括调查、面谈等。符合条件的，即可先聘请他们从事某项具体的工作，经过考察或指导后，再向会员推荐。而且这项工作具有经常性，这样可以使更多的职工有机会加入到积极分子中来，使职工有一个努力的方向。同时，有利于积极分子队伍的新旧更替，保持积极分子队伍的活力。有利于扩大工会在职工中的影响，使更多的职工认识到“大家办工会”的含义。

第一次工会积极分子代表会议徽章

2）培养。积极分子的培养是做好积极分子工作的重要环节。在实践中，一要大胆使用积极分子；二要加强对积极分子工作的指导，发现不妥之处及时引导，帮助他们顺利地展开工作；三要以老带新，充分发挥老积极分子的传、帮、带作用，使新一批积极分子尽快成长。在理论学习上，要及时组织积极分子学习上级的有关文件，不断提高他们的思想政治觉悟。还要组织积极分子系统学习工会工作的基本知识和有关业务。同时可以针对某一方面的工会工作，采取一事一训的方法，组织有关人员训练使之掌握技能，明确要求，联系实际，做好工作，并从中提高。

三、组建农民工工会

农民工的职业是工人，却不被承认是工人。由于身份模糊，他们长期以来被排斥在政府的劳动政策之外，甚至连《劳动法》中也没有出现“农民工”这样的概念。自 2004 年珠三角地区出现了“民工荒”，吸收农民工加入工会，切实保护农民工利益，从而维持经济建设的稳定，已经成为工会工作的一个重要环节。

（一）农民工现状

1. 农民工是工人阶级的一部分

从理论上看，农民工无疑是工人，是整个工人阶级的一部分，具有工人阶级的基本特征。工人阶级，是指由与社会化的生产相联系，以工资收入作为主要生活来源的体力劳动者和脑力劳动者所构成的社会集团。而农民工打工，不同于在自家承包地里以户为单位进行的农业生产，其生产的产品不是自己使用，而是用来满足社会需要，这就具备了工人阶级的第一个特征；与此同时，农民工进城打工后其主要生活来源就不再是自家地里的农产品，而是打工所得的工资收入，这就具备了工人阶级的第二个特征。

从法律上讲，只要他们是在企业、个体经济组织等单位工作，与企业或个体经济组织形成劳动关系，那么，他们就是劳动者，与城市里的工薪劳动者一样，都享有劳动法规定的权利和义务，无论他们过去是什么身份，从事什么职业，他们都是劳动者。

由上述条件可以看出，农民工已经成为产业工人的重要组成部分，并为城市创造了巨大的财富。他们不仅是工人阶级的一部分，并且也是人数最多且越来越多的一部分。但是，与其他工人阶级相比，他们是最弱势的群体。因此，把农民工组织起来，建立农民工工会具有十分重要的意义。

2. 农民工生存状况

农民工的本质属性和基本特征不仅揭示了农民工是一个过渡性的群体，而且反映了农民工所处的独特的社会地位和生存状态。《边缘人》的作者刘开明将农民工称为“边缘人”。农民工在工作性质、居住分布、社会地位、经济地位、社会心态、继承性以及家庭模式方面都呈现出边缘化的特征。虽然，在 2006 年 3 月国务院出台了《国务院关于解决农民工问题若干意见》，作为国务院首份关于农民工问题的综合性文件，但是它并没有从根本上解决农民工收入低、处境困难等基本问题。

我们也是工人?

（1）农民工自身的主要特点

1）农民工以初中文化的青壮年为主。[①] 外出农民工平均年龄比较轻，也是农村劳动力中受教育程度比较高的群体，但是总体素质仍然偏低，多数只能从事简单的体力劳动。如图 12—10 所示为 2004 年农民工的年龄结构。

---

① 常凯，乔健．中国劳动关系报告——当代中国劳动关系的特点和趋向［M］．北京：中国劳动社会保障出版社，2009

2）农民工以自发性外出为主。目前，农民工外出务工主要依托以亲缘、地缘关系为基础建立起来的社会信息网络。自发性外出主要靠亲友介绍或帮带，就业成本低且成功率高，这也是与农民工获得就业信息的渠道少、对社会职业中介机构诚信的认同感低有关。

3）农民工以中西部为主要输出地。2004 年，中部地区外出农民工 4 728 万人，占全国农民工总量的 40%；西部地区外出年农民工 3 161 万人，占 26.7%。

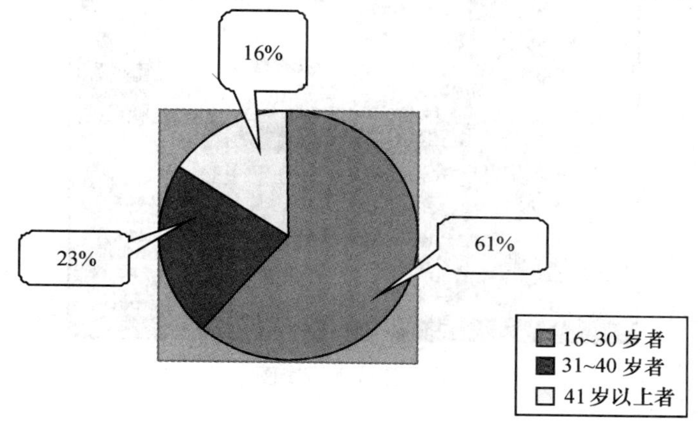

图 12—10　我国 2004 年农民工结构

4）农民工主要从事行业为制造业、建筑业和服务业

在不同地区，农民工就业的主要行业也有所不同。在东部地区制造业占的比重最大，而在中部和西部地区建筑业的比重则是最大的。

（2）农民工劳动关系中的主要问题

农民工工资水平普遍低下，欠薪问题仍然存在。企业往往把最低工资标准当作实际支付给农民工的工资标准，农民工工资水平与物价和生活消费水平的提高不成比例，与社会平均工资的差距实际上是不断扩大的。同时，农民工的工资拖欠问题仍未得到根本解决。

农民工超时间、超强度劳动现象非常普遍，休息的权利没有保证。

据国家统计局 2004 年所作的典型调查，农民工日工作时间 11 个小时，每月工作时间超过 26 天。且有 76%的农民工在节假日加班未享受过加班工资。

农民工的社会保障待遇普遍缺失。

由于现行的社会保障制度的安排，绝大多数农民工享受不到基本社会保障。一是工伤保险参保率低，伤残医治赔偿困难；二是医疗、养老保险空缺，后顾之忧难以解决。

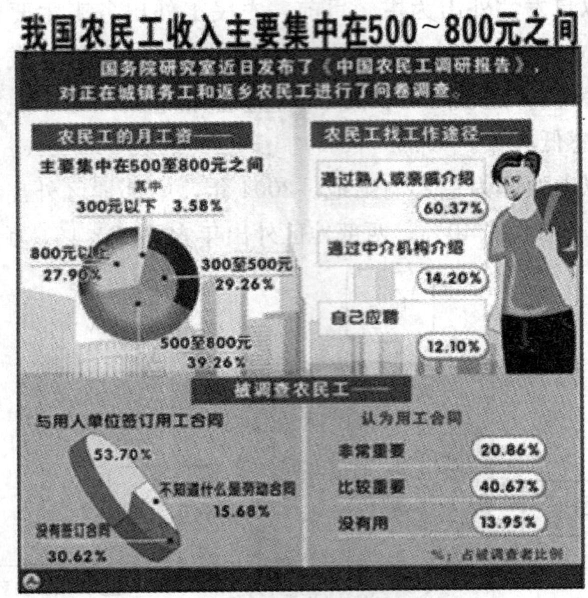

农民工收入调查图

农民工劳动安全卫生条件差，缺乏最基本的劳动保护。因为农民工的文化水平普遍低下，所以他们集中在劳动密集型产业和劳动环境差、危险性高的劳动岗位。但是企业又不配备必需的安全防护设施和劳保用品，在农民工中发生职业病和工伤事故的比例非常高。

（二）组织农民工的必要性

农民工问题的发生、发展有一个演变过程，人们对农民工的认识也在逐步深化。农民工刚刚出现时，有人还认为是“盲流”，甚至是城市治安的隐患，于是想方设法阻止他们进城，以致驱逐、遣返，歧视、排挤更是屡见不鲜。然而，改革开放使农民工脱离土地步入城市，从事非农业劳动的历史发展趋势是不可逆转的。进入 21 世纪，农民工已经成为城市产业工人的重要组成部分，是工人阶级的一分子。农民工问题与社会发展联系在一起，远远超出了其作为劳动力的经济意义。所以，作为工人阶级的群众组织，作为党联系群众的纽带，作为国家政权的重要支柱，作为全国统一的组织，工会把农民工组织起来非常有必要。

观点之声：献给农民工的歌

候鸟（词：田井军　曲：崔志斌）

农民的心声

背着汗迹斑斑的行囊
疲惫的双脚带我远走他乡
怀揣着美好的希望
我在亲人的视线里起航
把困难和艰辛扛在了肩上
让泪水肆意地流在那胸膛
为兑换自己的理想
我迁徙在打工漂泊的路上
我是一只候鸟
在陌生的城市里辗转流浪
穿过岁月沧桑
我要追逐梦想
我是一只候鸟
在钢筋水泥的丛林里飞翔
不管狂风暴雨我都无比坚强
（献给农民工的歌）

1. 把农民工组织起来是落实党“全心全意依靠工人阶级”的重要措施

从理论上讲，农民工是工人阶级的一部分，他们和城市里的其他职工一样，都是劳动者，享有同等的权利和义务。但是，在现实生活中，不争的事实是，农民工是工人阶级中的最弱势群体，他们的劳动权益屡受侵犯，表现为拖欠农民工工资，超时劳动却不付加班费、农民工的生命安全得不到基本的保证，频发的矿难事故中伤亡的几乎全是农民工，而且他们绝大部分没有享受社会保障。

既然农民工已经成为工人阶级的一部分，我国《宪法》规定工人阶级是领导阶级，全心全意依靠工人阶级是我党的政治理念，如何把宪法中规定的“领导”地位体现出来，把党的执政理念落到实处，全心全意依靠工人阶级，不能只是一个响亮的政治口号，还应有相应的政策和具体的措施来配套。把农民工组织起来，切实维护好其权利就成为落实全心全意依靠工人阶级的重要举措。

2. 把农民工组织起来是构建和谐社会的需要

劳动关系的和谐社会的基石。在劳动关系双方的力量对比上，劳动者一方相对于用人单位一方，处于弱势地位。而农民工则是弱势中的弱势群体。与国有企业职工相比，他们文化水平低，权利意识薄弱，没有自己的组织，他们的利益更容易受到侵害。

当他们的利益受到侵害时，他们就会从心底里产生一个强烈的愿望，要求组织起来，有一个组织来替自己说话，维护自己的利益。如果工会组织不去“组织起来，切实维权”，劳动关系就不会稳定和谐，企业生产和国民经经济也不可能健康发展。更严重的是，如果没有一个正规组织把他们组织起来，维护他们的合法权益，他们可能会自发组织起来维权，现在一些地方出现的诸如“打工者协会”“同乡会”“劳权会”就是明显的例子。如果他们得不到正确引导，很容易成为治安隐患，这样更加不利于社会治安的稳定建设。

3. 把农民工组织起来，切实维护农民工的合法权益，是党和政府的重要工作内容

早在“十一五”的开局之年，中央领导同志就维护农民工合法权益作出了重要批示，全国各级工会迅速行动，组织展开了内容丰富、形式多样的各项活动，全社会叫响了“农民工有困难找工会”的口号。农民工维权成为工会工作的一个新重心。

当时，温家宝主持召开国务院常务会议，审议并通过《国务院关于解决农民工问题的若干意见》，把农民工问题上升到“关系全局与长远”的高度，并实实在在地提出了5个原则和7项重点工作。这样的高度关注和明确要求，表明党和政府解决农民工问题已经到了系统操作和全面启动的阶段。

（三）农民工组建工会的难点

由于农民工的特殊属性和社会环境的影响，要在农民工中组建工会，把农民工吸收到工会中来，还面临着一些难题：

1. 农民工组织起来后如何开展工作的问题

农民工“候鸟”式的生活，流动频繁，居住地、工作单位等更换频繁，工作形式灵活，不像机关单位朝九晚五式的工作状态，也不像国有企业那样的8小时工作制，什么时候有工作就什么时候开始工作，并且工作后很多农民工经常超时加班工作。他们还属于分散的、流动的个体状态，少数的亲友、同乡小团体只靠感情维系，平时单打独斗式的维权，并没有能将农民工有效组织起来。又因为他们处于松散、混乱的状态，给他们登记入会不难，难的是入会后怎样开展活动，进行统一管理。

2. 农民工对工会的认识不足的问题

农民工的文化程度普遍不高，对社会保障部门、工会组织等一系列劳动权益保障机构的认识并不充分。正如购买社保、医保等保险需要先支付费用，后享受保险保护等项目，他们可能考虑流动性和经济性问题，而不愿意购买一样，加入工会需要定期交纳会费。但因为他们看不到可得的利益或者是没有享受到工会维权带来的好处，一旦出现拖欠工资等利益纠纷时，他们一般直接去找工头，甚至采取上塔吊、跳楼、包围威胁等方式去解决，而不是去找工会。

3. 用人单位和企业方面的问题

还没有建立工会的一些非公企业，认为建立工会就要按职工工资总额的2%拨缴工会经费，造成企业成本加大，同时也不愿意自己出钱组建一个监督自己的组织，因此，对组建工会表现出消极的态度甚至阻挠工人建会；而已经有工会的国有企业或改制企业，由于被吸收农民工入会会引发的后续问题困扰，如经费拨缴问题、同工同酬问题、深化保险问题、福利待遇等——目前没有明确地法律依据和有效的解决办法——也不会积极吸收本单位充当临时工、合同工的农民工入会，避免自找麻烦。

（四）组建农民工工会的模式

面对这些难题，各地各级工会对农民工组建工、入会形式和入会后统一管理进行了积极探索，并且还在不断创新中。目前，农民工入会基本已经有了以下几种模式：

1. 源头建会模式

源头建会模式即在农民工外出打工之前，先组建工会，再外出打工，或者已经外出打工的农民工在自己的家乡所在地加入工会。这样的工会优缺点并在，首先它在农民工家乡组建工会，可以帮助农民工解决子女上学、土地代耕、关照老人住宅安全的问题，农民工的后顾之忧得到了保障。同时，还能加强工会在农民工之间的影响力，在农民工权益受到侵害时，可以协助农民工现所在地的工会解决农民工问题。但不能及时有效地解决农民工维权问题，定期组织农民工展开会员活动，统一管理是源头建会模式的最大缺点。

但不可否认这一建会模式在维护农民工权益上取得的成就。各地也相继出现了这一类型的工会，例如，河南信阳市总工会以市、县、乡（镇）、村四级组织网络，成立领导小组和工会联合会，把即将外出打工的农民工发展成会员，并由家乡工会在信阳农民工务工集中地建立“农民工维权服务中心”。山西省平遥县总工会，通过发放维权卡的方式把外出打工的农民工组织在家乡的乡镇农民工工会联合会里。在卡片上印有《工会法》目录，农民工权益维护的内容、维护的途径以及有关劳动保障监察部门电话、工会系统的求助热线等内容。还有重庆南川市，该市各乡镇（街道）以党委、政府的名义寄发了《给外出务工农民工的一封信》。信中把农民工工会的性质、作用、维权方式及外出务工农民的后顾之忧的解决办法一一道明，外出务工农民工寄回申请就可以加入工会。农民工工会在各村建立了分会，他们帮助农民工维权的同时，还积极帮助农民工解决后顾之忧。此外，辽宁、山东聊城、青海等地也采取了农民工在输入地入会的办法来组织农民工。

小资料：大连信阳共创“大连模式”为农民工撑起保护伞

“源头建会，齐抓共管，属地为主”，这是河南省信阳市总工会与辽宁省大连市总工会共同创造的“大连模式”，这一模式为信阳市新县在大连打工的农民工撑起了“双重保护伞”。

新县有 6 000 多名农民工在大连从事房屋拆除工作，这项工作危险性高、工时短，农民工基本不签订劳动合同。因此，他们的权益极易受损。2003 年 11 月 20 日，“大连·信阳（新县）进城务工人员工会联合会”挂牌成立，这是河南省也是大连市首个在农民工输入地建立的工会组织。大连市总工会责成西岗区总工会负责管理。

源头建会，即发展会员及管理由“联合会”负责。“联合会”成立之初，加入工会的农民工只有 300 余人，如今达到 4 300 多人，2/3 的农民工加入了工会组织。

西岗区总工会更是积极为“联合会”开展工作创造有利条件。他们将“联合会”主席袁继斌补选为西岗区总工会委员，将“联合会”按照区总直属工会管理。维护农民工合法权益是“联合会”最重要的工作，西岗区总工会 2004 年实施法律顾问制度时，第一批为“联合会”配备了法律顾问；西岗区总又与区司法局联系，在“联合会”建立了“人民调解委员会”组织，有 3 名西岗区总推荐的律师为其工作；还帮助建立了“大连市西岗区司法局农民工普法园地”。

3 年多来，“联合会”调解劳动纠纷 100 多起，为农民工追回工伤补偿、欠薪等 400 多万元。

2007 年“五一”前，“联合会”主席袁继斌荣获河南省五一劳动奖章、大连市五一劳动奖章，“联合会”也先后荣获信阳市五一劳动奖状、大连市西岗区五一劳动奖状。袁继斌说，我们的工会骨干基本都是新县在大连打工的领军人物，过去想的是让个人腰包鼓起来，参加了工会工作，有了荣誉感、责任感，现在更多想到的是要为农民工兄弟多做点事。

资料来源：记者顾威，通讯员陈利民. 工人日报，2007 年 5 月 13 日

2. 项目入会制

项目入会制主要使用于建筑行业。建筑业是进城务工人员最集中的行业，占进城务工人员的 30.0%以上。其中施工一线工人中，农民工又占 90.0%以上。2004 年年初，中国海员建设搞好出台了《关于进一步加强建筑业进城务工人员组建工会工作的指导意见》，提出发挥产业工会优势，与建设主管部门密切配合，按照建筑劳务队伍“谁使用谁主管，谁帮助协调建会”的原则，多种形式组建基层工会组织。一些地方的建设部门对组建工会作了一些规定，主要规定在劳务资质审批程序中，组建工会后才予以批准，没有工会的不予审批。同时规定，工会组织要建在项目上，重点是从工程项目入手抓好进入施工企业的零散队伍的建会。上海建工集团、武钢建工集团、北京二建公司都有类似的建会经验。根据全国总工会的统计，全国约有 4 000 万进城务工的建筑业农民工中，有 35%加入各地工会组织。

小资料：上海建工集团九成外包队伍组建工会

拥有近 6 万名进城务工人员的上海建工集团，大胆探索、实践多种组建模式，最大限度地吸纳务工人员入会。迄今为止，该集团外包队伍工会组建率及务工人员入会率分别达到 90%和 85%以上。

近几年来，上海建工集团承接了一系列重点工程，引入大量进城务工人员。为了有效维护他们的合法权益，集团工会出台了《关于进一步做好进城务工人员组建工会工作的意见》。

在该集团工会指导下，所属各基层单位结合实际，积极探索各种组建模式，将务工人员组织起来。直接吸纳式，即凡与用工单位直接签订劳务合同（劳动合同）的务工人员，由用工单位工会直接吸纳入会；团体入会式，是由专业分包单位务工人员填写入会登记表，建立团体会员登记名册，并对团体会员单位张榜公布；挂靠式入会，对在原单位包括地区劳务中介公司已入会的务工人员，将他们的工会组织关系接转至用工单位，由用工单位进行日常管理。与此同时，该集团针对目前分包单位（分公司级）往往几个项目交叉施工、务工人员经常要在多个工地流动的普遍情况，采取项目入会方法，即以项目为单位，成立项目工会联合会等。

该集团根据建筑业进城务工人员流动大的特点，还实行了“持证通用、进出登记”的会籍管理制度。务工人员入会后，只要在集团内流动，凭会员证就能接转工会组织关系，避免了会员流失，确保务工人员维权工作落到实处。

资料来源：工人日报天讯在线，2004 年 10 月 27 日

3. 广覆盖式，建楼宇、街道、社区、乡镇、村工会

即建立完备的工会组织网络，吸纳零散就业的农民工入会。工会大门向农民工敞开，农民工只要有人愿意入会，随时可以就近跨进工会的大门。对城市社区街道里零散就业的农民工，则他们务工所在地的大楼、街道、社区工会吸纳他们入会。如美容美发、餐饮小吃、家庭保姆、钟点工、家庭装修工等，从事这些工作的农民工，他们的工作场所分散，工作时间灵活，雇主不是正规的企业法人，其工作内容具有很强的生活服务性。

开放专栏

工会维权机制创新与农民工维权

维护农民工的合法权益，工会具有不可替代的政治优势、组织优势和职责优势。即使发生了事后维权，涉及诉讼、仲裁等方面，通过工会出面调解、救助和干预，也比农民工单枪匹马要强。在新的历史条件下，必须创新工会的维权机制，使其真正成为农民工维权的主要依靠力量。

（一）改革传统的工会组织方式，构建适合农民工特点的新型工会组织机制。

要适应农民工工作的临时性、流动性强的特点，以拓展年农民工的建会领域，畅通农民工的入会渠道，简化农民工的入会手续。一方面，依托在建楼宇、街道、社区、乡镇、村工会建立完备的工会组织网络，吸纳零散就业的农民工入会的广覆盖式；另一方面，要推进工程项目工会、楼宇工会、市场工会等多种建会形式，把农民工较为集中的地区和企业工会联合起来，在把农民工组织进去。最后也可建立源头工会。

（二）工会要努力转变传统的地域性强的工作方式，使城间工会联合起来，构建网络式的组织运行模式。

城际维权机制适应了农民工自身的特点，有效消除了农民工临时性、季节性、流动性等特点带来的各种负面影响。通过这一机制，工会维权将实现城际工会之间的维权资源整合，优势互补，有效地维护农民工权益。

（三）完善事前、事中、事后统一连续的维权联动机制，全方位保护农民工的权益。现实中，农民工往往在出现问题之后才想到维权，工会也常以事后维权为主。所以工会应依照《劳动法》等法律，督促农民工与公司签订劳动合同，推动有关部门规范企业用工制度，从源头保证农民工与城市工人同薪同酬。

（四）构建以工会为主体的农民工社会化维权机制。

工会作为一个缺乏执行权。缺乏直接有效处置手段的群众组织，扮演的主要是协调的角色。维护农民工的合法权益是全社会的责任和义务，应改变工会在维权中势单力薄的状况，建立多方联合维权机制。如建立工会与人大、政协、司法机关、新闻媒体、群团组织、企业等多方面的维权联动机制，扩大工会的维权关系网络。

农民工是中国特殊的社会群体，他们的出现和存在反映了中国社会转型的特点。利用工会把农民工组织起来，维护他们的合法权益，对于构建和谐社会、维护社会稳定具有重大的政治意义和深远的社会意义。

资料来源：肖香龙. 非公有制企业工会建设与发展和谐劳动关系. 杭州：浙江大学出版社，2012

延伸思考

1. 在一些大型的基层工会组织中，都特别设有女职工委员会，为什么要特别设立一个女职工委员会？

2. 什么是董事会、监事会？职工代表参加董事会、监事会有什么规定和意义？

3. 为什么说工会组织建设的核心问题是“工会组织群众化”？

4. 农民工组织加入工会和我国社会主义建设有哪些具体联系？

深度阅读

[1] 常凯，张德荣著. 工会法通论 [M]. 北京：中共中央党校出版社，1993：7

[2] 陈秉权著. 中国工会的改革与建设：1984—1993 [M]. 北京：中国工人出版社，1996：1

[3] 冀时中，张安顺编著. 工会法简明读本 [M]. 北京：中国物价出版社，2002

[4] 中华全国总工会组织部. 新时期基层工会组织建设问答 [M]. 北京：光明日报出版社，1991：11

[5] 高维义，刘福元著. 中国工会学 [M]. 济南：山东人民出版社，1989：5

[6] 李培荣编. 工会学 [M]. 北京：北京航空航天大学出版社，2001：3

[7] 黄锟著. 中国农民工市民化制度分析 [M]. 北京：中国人民大学出版社，2009：2

[8] 常凯，乔健著. 中国劳动关系报告——当代中国劳动关系的特点和趋向 [M]. 北京：中国劳动社会保障出版社，2009：3

第十三章 工会核心工作：工会在劳动关系中的作用

一、工会的集体协商与集体合同工作

《工会法》明确规定："维护职工合法权益是工会的基本职责。工会在维护全国人民总体利益的同时，代表和维护职工的合法权益。工会通过平等协商和集体合同制度，协调劳动关系，维护企业职工劳动权益。"

这就深刻表明，建立集体协商和集体合同制度，是落实《工会法》协调劳动关系的重要机制，是贯彻党的全心全意依靠工人阶级根本指导方针的重要制度保证，也是工会组织履行基本职责、维护职工合法权益的重要法律手段。

工会组织必须坚持以人为本和合法合理合情相结合的原则，积极运用集体协商的工作机制，滚动拓展集体合同的内涵条款，共同营造公司与员工共同成长的和谐氛围，为企业的持续发展和全体员工的权益保障发挥积极作用。

集体协商也称为平等协商，是指用人单位与职工方就签订集体合同以及其他与劳动关系有关的事项进行平等商谈的行为，是签订集体合同的法定程序。

集体合同是指用人单位与职工方就劳动关系有关事项，通过平等协商签订的书面协议。只要双方的主体、程序及内容符合国家法律、法规的相关规定，就具有法律效力。集体合同的期限不得短于一年。

小资料：开展集体协商和集体合同工作的法律依据

"企业职工一方与企业可以就劳动报酬、工作时间、休息休假、劳动安全卫生、保险福利等事项，签订集体合同。"

《中华人民共和国劳动法》第 33 条

"工会代表职工与企业以及实行企业化管理的事业单位进行平等协商，签订集体合同。集体合同草案应当提交职工代表大会或者全体职工讨论通过。"

《中华人民共和国工会法》第 20 条

（一）集体协商

集体协商的直接目的是就涉及劳资双方利益的一些问题进行交涉和协商，从而达到某些妥协和双方都能接受的条件和权益，从而进一步培育民主平衡、制约劳资双方的力量冲突转化的有效渠道。

1. 集体协商的内容

（1）有关劳动标准与劳动条件的条款

包括劳动报酬、劳动合同管理、工作时间、休息休假、补充保险和福利、劳动安全与卫生、女职工和未成年工的特殊保护、职业技能培训、奖惩与裁员等事项。

（2）有关集体合同本身的一般性条款

包括集体合同期限，变更、解除、中止的条件，双方的权利和义务，违约责任，履行集体合同发生争议时的协商处理办法等。

（3）双方认为应当协商的其他内容

集体协商的意义作用意义是双重的，对雇员来讲，通过集体行动，可以有效抑制雇主一些不合理的、侵犯劳动者利益的行为发生，为劳动者争得平等的地位、必要的劳动条件和基本的生活保障等一些合法权益。对雇主来讲，通过协商方式可以加强劳资双方的沟通与合作，促进劳动关系的稳定，推动企业目标的实现和企业效益的提高。

劳资博弈示意图

2. 我国的集体协商制度的主要内容

（1）我国集体协商的主体及结构

我国的集体协商一直以来以企业级别为主，近几年逐步开始辅以行业性或地域性集体协商。

（2）集体协商的进程分为协商准备、确定协商代表和具体协商。

（3）我国劳动立法与诚信谈判责任

我国劳动立法虽然没有直接使用“诚实谈判”责任的用语，但在一些法规和规章如2004年《集体合同规定》、2000年劳动和社会保障部颁布的《工资集体协商试行办法》等中却包含相应的内容。

工会工作中常遇到不当劳动行为，我国法律对不当劳动行为也进行了规定。

我国法律对不当劳动行为的界定为实行差别待遇、拒绝集体谈判、控制干涉工会。我国法律对不当劳动行为的救济：关于妨碍职工行使结社权和阻挠工会建会工作的法律责任，关于对工会工作人员打击报复、侮辱诽谤或人身伤害的法律责任，关于解除参加工会和从事工会工作的人员的劳动关系应当承担的法律责任，关于阻挠工会依法行使职权的法律责任，关于保障工会经费收缴的规定。

（二）集体合同

集体合同具有的特性有一般协议的主体平等性、意思表示一致性、合法性和法律约束性等。

此外，集体合同还具有一些自身特征：集体合同是一种劳动协议，不是工会组织（或职工代表）与企业之间达成的民事协议，它以劳动关系为存在的基础，本质是提升劳动条件，是规定全体职工与企业之间整体性的劳动权利和劳动义务的一种协议。

集体合同是特定当事人之间订立的协议，即劳动力使用者（企业和事业单位）和劳动力所有者（全体劳动者）。集体合同必须是书面合同，其生效要经过特定程序。

法律规定，集体合同双方当事人必须就有关内容达成集体合同文本，并将文本提交劳动行政主管部门审核通过，集体合同才具有法律效力。

《劳动法》第33条第1款规定：“企业职工一方与企业可以就劳动报酬、工作时间、休息休假、劳动安全卫生、保险福利等事项，签订集体合同。”

小资料：集体合同的大体内容

• 规定本企业的劳动报酬标准。

包括用人单位工资水平、工资分配制度、工资标准和工资分配形式，加班、加点工资及津贴，工资调整办法，工资、奖金等的发放办法，工资发放时间，各个岗位的劳动定额等。

• 规定本企业的工时制度。

• 包括上下班时间、加班加点制度、倒班办法、特殊工种的工作时间、劳动定额标准的规定等。

• 规定本企业的休息、休假办法。包括本企业有关日休息时间、周休息日安排、年休假办法，病假、事假、探亲假及相应的报酬的规定等。

•规定本企业劳动安全卫生的各项措施。

•包括安全卫生的具体规程、操作制度、工作服与劳保用品的发放，为改进劳动条件和卫生状况所提出的各种举措等。

•规定本企业职工社会保险和福利问题。

•包括保险金各项待遇的发放办法，为改善职工住宅、生活条件，发展文化、体育活动，子弟学校、幼儿园、育婴室、浴室的修建和各项保健设施计划的实施，以及亲属福利制度等。

•女职工和未成年工的特殊保护。

•包括女职工和未成年工禁忌从事的劳动，女职工的经期、孕期、产期和哺乳期的劳动保护，女职工和未成年工的定期健康检查，未成年工的使用和登记制度。

•规定本企业职工培训问题。明确职工培训的形式、计划、基金来源和对培训基金的管理与使用，培训目标，培训后安置与使用等。

•劳动合同管理。

•劳动合同的签订时间，确定劳动合同的期限的条件，劳动合同变更、解除、续订的一般原则及无固定期限劳动合同的终止条件，试用期的条件和期限等。

•规定劳动纪律问题。

•制定本企业规章制度，明确奖惩范围和程序，使职工遵纪守法。

•裁员问题。

•包括裁员方案、裁员程序、裁员的实施办法和补偿标准。

•其他涉及职工合法权益的问题。

针对本企业的特点、职工最关心的一些问题，经过协商谈判达成协议。

（三）工会在集体协商与集体合同工作中的作用

集体合同由工会代表企业职工一方与用人单位签订，这是法律赋予工会的权利，也是工会义不容辞的责任。工会在集体协商与签订集体合同中的作用主要体现在以下几个方面：

第一，加大了工会的维权力度。职工与企业签订劳动合同主要以集体合同为依据。因此，工会通过集体协商和集体合同制度，提高了维护职工合法权益的力度。

第二，促进企业和谐发展。签订集体合同，明确了企业和工会相互承担义务和责任，把经济责任、经济效益和经济利益结合起来，一方面把企业的生产经营目标作为双方的共同目标，另一方面要在保证企业生产经营目标的基础上，改善职工的劳动条件和生活条件，把职工注意力吸引到关心企业、搞好企业上来，这就为企业的和谐发展提供了可靠保障。

第三，落实劳动者的法定权利。由工会代表职工与企业签订的集体合同既是法律制度，也是工会自身性质、基本职责以及职工的要求决定的。工会是职工自愿结合的工人组织，是职工合法权益的代表者和维护者，因此，由工会代表职工与企业签订集体合同不仅顺理成章，而且只有如此，才能落实劳动者的法定权利。

第四，工会工作水平得到提升。集体合同签订后，企业更注重发挥工会的作用，这样使企业有了坚实的群众基础。企业工会也更加自觉地围绕实现企业发展和生产经营目标，独立自主地开展工作，工会各项工作得到加强，工会的职能得到更好发挥，从而促进了企业工会工作整体水平的提高。

（四）中国工会的集体协商和集体合同工作

适应规范化、法制化的劳动关系调整工作的要求，集体协商和集体合同制度作为市场经济条件下调整劳动关系重要和有效的手段之一，在我国的劳动关系调整工作的作用日益显露。

1. 我国集体协商的发展及其存在的问题

我国在计划经济体制时期通过计划配置劳动力，也就不存在集体谈判制度。在向市场经济过渡中，劳动力通过市场进行配置，劳动就业制度产生了根本改变，以劳动合同为基础的“雇主—雇员”关系取代了终生雇佣关系。20 世纪 90 年代初，我国开始引入集体协商制度。1994 年颁布的《劳动法》对集体协商和集体合同制度作了原则性规定，1996 年正式建立劳动争议仲裁的三方机制，同时，重点建立平等协商和集体合同制度，2001 年新通过的《工会法（修正案）》也对工会参与集体协商提供了法律保障。

集体协商在实践中也得到很好的推进。但是总体上讲，集体谈判制度在我国还处于初级阶段，集体谈判的机制还没有真正形成。集体谈判制度在协调劳资矛盾、规范劳动力市场秩序方面还没发挥更大的作用。劳动争议的数量仍然呈不断上升趋势。劳动争议的不断增加，说明了我国的协调机制并没有发挥必要的作用。

集体谈判制度在我国的推行和发展仍面临诸多问题与困难。

（1）工会的代表性和独立性的问题

集体谈判机制有效运行的前提是谈判双方具有独立性和代表性。工会的代表性，主要是解决工会与劳动者在集体谈判中的关系和地位问题，工会的独立性则主要是指工会与管理方之间的关系问题。工会是劳动者利益的“代表者”，是为了维护劳动者利益而同雇主进行交涉的“谈判者”，处于同雇主相对独立的地位。这样，工会才能同雇主进行平等协商，签订符合雇员利益的劳动合同，保护劳动者利益。

但是在我国的实践中，与中央级别的工会组织强势相比，企业级别的工会组织地位日渐下降。一些企业的工会在改制中被撤并，一些企业虽然设置有工会，但是仍然是延续计划时期的政治职能和福利功能，其职能没有随着市场经济的深化而进行相应变革。在管理体制上，工会组织隶属于企业，许多工会领导人员都是兼职，在国有企业，工会的领导者（工会主席）一般是兼任的。在这种制度安排下，当企业目标和职工目标发生冲突时，工会组织当然更加偏向企业的目标。同时，在工会倾向于通过内部协调雇员与管理方的利益分歧，而不是代表雇员与管理方进行谈判。在这样的情况下，工会不能真正代表雇员的利益，在集体谈判中也就没有讨价还价的动因，即使最终通过协商签订了集体协议，也大多流于形式。

所以，解决工会的代表性和独立性问题，不仅关系到工会能否代表和维护劳动者利益，而且也是集体谈判制度推行的关键。

（2）工会的参与率虽然很高但分布很不均匀

与发达国家相比，我国工会参与率并不低，远高于发达国家的水平，但是工会的影响力和组织程度却远不及发达国家。可见，工会参加比率并不能很好地衡量工会组织程度和影响力。

从工会的分布来看，国有企业、集体企业和机关事业单位的工会组建数量和工会会员数较多，而其他非公有制企业的工会组建数量和工会会员数都相对较少，工会的规模相对比较小，难以发挥作用。

（3）集体协议制度发展不平衡且缺少针对性和可操作性

签订集体协议的国有企业、集体企业的比例较大，合资企业较少，私营企业更少。

在业已签订的集体协议中，合同条款大多是照抄现行的法律法规规定，原则性条款多，具体规定少；照抄法律条文的多，结合企业实际的少，很多条款缺乏细节性的补充，往往很模糊。有些工会甚至为了完成签约数量，使用统一的范本，其结果是多数企业集体合同雷同、内容空洞，缺少灵活性和针对性，没有结合本企业实际，进行具体量化细化，致使合同缺乏操作性。

（4）协商环节缺位

集体协商是签订集体协议的前提和必经阶段，集体协议只是谈判的最终结果。集体协商的过程就是雇主和雇员双方经过多次讨价还价、不断妥协、最终达成一致、消除分歧的过程。没有实际的协商过程，就发挥集体协商应有的功效。

我国重集体协议的签约、轻集体协商的现象普遍存在，没有建立相应的谈判机制。甚至把集体合同当成一项达标任务，只追求合同的数量。签订的合同大多没有经过协商，流于形式。协议合同也仅仅停留在纸面上，没有发挥必要的作用。集体谈判的核心是形成谈判协商机制，形成雇主和雇员相互沟通、达成共识的制度。但目前我们欠缺的是这种形成谈判的机制，并且使这种机制发挥应有的作用，去解决问题，规范劳动力市场秩序，协调劳资矛盾。

2. 我国集体合同制度存在的问题

（1）观念陈旧

集体合同在我国的历史并不长，也没有积淀成为我国法律文化的重要内容。据对温州企业的一份实地调查表明，不管在政府机关，还是在企业、社区，更多遇到的是干部和职工对集体合同制度缺乏了解，有的甚至一谈起集体合同就以为是劳动合同，根本不知道有集体合同。集体合同制度相关主题的思想观念陈旧，造成订立的集体合同存在“五多五少”现象：完成任务指标的多，出于职工自身需要的少；集体合同条款虚的多，实的少；集体合同的内容从法律法规规章中摘抄的多，反映企业和工会谈判成果的少；知道签订了集体合同的多，知道进行了集体协商的少；集体合同生效的多，向全体职工公布的少。

（2）政府在推行集体合同制度中未转变职能

我国在集体合同制度的推行方式上与其他国家有明显不同。“这突出表现在集体合同制度首先由政府通过立法确定，其推行主要通过自上而下的方式进行。这种自上而下的指标分派、文件下达、限期达标的方式明显带有计划经济模式的烙印，不能适应市场经济体制的要求，集体合同制度不是源于职工协调劳动关系的需求，而是为完成上级的指标和任务”。对政府而言，以集体合同为核心的劳动关系市场调整机制难以形成，必然导致政府成为劳动关系体制中保障劳动者权益的首要责任主体。本来属于劳资之间利益冲突的劳动关系矛盾往往会演变成为职工与政府的矛盾。

（3）立法漏洞

目前我国有关集体合同制度的法律法规远远滞后于调节劳动关系的实际需求。《劳动法》关于集体合同的规定只有四条，《工会法》关于集体合同的规定也只有三条，《劳动合同法》也仅有六条，并且这十三条规定仅仅是勾勒出了我国集体合同制度的框架，为进行专门的集体合同立法提供了依据。原劳动和社会保障部依据《劳动法》《工会法》制定了《集体合同规定》和《工资集体协商试行办法》，但是这两个部门规章的内容也极不完备。对于违反集体合同的违约行为缺乏一整套行之有效的处罚措施，没有相应的法律规定，这就弱化了集体合同的法律效力。

3. 完善集体协商和集体合同制度的相关措施

（1）转换工会的职能。工会是代表雇员的组织，维护雇员利益是根本职能。工会要具有同雇主谈判的能力，也就是必须保持独立性和代表性。目前，工会领导成员存在大量兼职现象，这样就很难保持其独立性，代表性也大打折扣。尽量减少工会领导成员的兼职，是确保独立性的一项重要举措。

（2）强化工会的独立性与代表性。工会在劳动关系调整体制中的角色是多元的，如劳动权益的监督者、集体谈判代表者、劳动争议调解者、仲裁参与者等。但由于工会最初设立的目的在于代表会员职工进行集体谈判，集体合同制度是市场经济缺乏处罚规定下劳动关系调整的核心制度，因此，工会在市场经济下的体制完善也必须以集体合同制度为核心展开。作为集体合同的主要要约方，工会应当保持在劳动关系中的主体身份。

（3）加强非公有制企业工会的建制问题。工会主要分布在公有制企事业单位，大量非公有制企业工会建立艰难。而在当前和今后一段时间内，非公有制将在国民经济发展中占有重要地位。如果不建立相应的协商机制，处于相对弱势的劳动者的利益必然得不到有效的维护。

（4）我国《劳动法》第 33 条规定，“企业职工一方与企业可以签订集体合同”，结果许多企业据此认为既然可以签订集体合同，那么也可以不签订集体合同，是否进行集体协商由双方选择，因此拒绝同工会进行集体协商。

我国在立法中应明确以下三点：首先，规定集体协商是职工代表与企业确定劳动关系时的义务，而不仅仅是在发生利益争议时的利益争议解决途径。其次，对集体协议的合法性、合理性的保障应以加强企业工会的独立性为条件。最后，在利益争议的处理制度中应建立起自愿仲裁制度，由双方在集体合同中规定仲裁协定，一旦发生纠纷依集体协定仲裁，仲裁裁决应具有法律约束力。

二、工会的劳动保护工作

1. 何为劳动保护

工会的核心工作是通过集体协商和集体合同的形式，争取并维护劳动者的合法权益和保障劳动者的福利。近几年，工会在劳动关系中的作用愈发突出。

劳动保护是指为了保障劳动者在生产劳动过程中的安全与健康，从法律、制度、组织管理、教育培训、技术、设备等方面采取的一系列综合措施。

在实际生活中，“劳动保护”与“劳动安全卫生”“安全生产”可视为同义。

对劳动保护的认识

2. 对劳动者实施劳动保护的原因

生产事故伤亡和职业伤病是生产劳动的“伴生物”，为了保障劳动者的人身安全和身心健康，在从事生产劳动的同时必须对其实施劳动保护，这是一种客观的需要。同时，用人单位对劳动者实施劳动保护是其一项法定的义务。

加强工会劳动保护工作是工会履行维权职责的重要内容。

第一，保护职工的生命安全是工会职责最基本的要求，只有职工的生命健康权益得到了切实保障，才谈得上维护职工的其他权益。

第二，工会劳动保护工作是工会保护职工生命健康权益的重要手段，通过开展职工劳动保护工作，提高职工自主安全的主动性，就抓住了安全生产的决定因素和中心环节，就意味着认识到安全生产的客观规律。

第三，强化企业工会对本单位安全生产工作的监督参与，推动企业实现安全生产自我约束，自我完善，有利于夯实企业安全生产基础，有利于落实安全生产责任制。

第四，随着企业改革的不断深化和发展，出现了压缩，一些新问题、新情况，一些企业专门的安全生产管理机构被裁减，基层安全管理被压缩，安全生产监督缺乏力度，出现监管死角，需要工会劳动保护工作作为重要一环加以补充。

3. 劳动保护做些什么

从劳动法学的意义来说，劳动保护具有广义和狭义两种解释。根据《劳动法》，劳动保护主要包括三个方面：劳动安全卫生、工作时间与休息休假和女职工与未成年工的特殊保护。

（1）劳动安全卫生

1）劳动安全技术

劳动安全技术主要是指为了预防职业伤害事故，保障劳动者的人身安全采取的技术性措施。

具体内容有：紧紧依靠科技进步，大力发展安全科学技术，以改造传统产业和企业。从设计、工艺、技术装备上保障安全生产，从硬件上做到安全，从本质上为遏制或减少重特大事故发生提供技术手段，使企业的安全生产转移到依靠科技进步的轨道上。大力采用先进的科技成果，淘汰落后的生产技术、工艺和设备，从而减少伤亡事故的发生。

2）劳动卫生技术

劳动卫生技术主要是指为了预防职业危害及职业病，保障劳动者的身心健康而采取的技术性措施。

基层企业工会，有责任督促并协助行政有计划地对治理粉尘污染、噪声污染、射线污染等职业危害工艺、环境进行技术投入和改造。同时协助行政开展生产现场科学管理，有效改善职工的生产作业环境。

3）劳动安全卫生综合管理

主要是指加强劳动安全卫生管理的措施，包括相关的法律规章及监督机制等。

观点之声：工会劳动保护监管现状——十分严峻

中国 2010 年重大煤矿事故一览：

• 2010 年 3 月 1 日内蒙古乌海煤矿透水事故。

• 2010 年 3 月 1 日在建的神华集团骆驼山煤矿发生透水事故，31 名被困者全部遇难。

• 2010 年 3 月 15 日 20 时 30 分，河南新密市东兴煤业有限公司主井西大巷第一绕巷发生电缆着火事故。当班入井 31 人，截至 16 日 2 时整，抢救工作结束，6 人安全升井，25 人遇难。

• 2010 年 3 月 31 日河南伊川煤矿爆炸。

• 2010 年 3 月 31 日河南伊川矿井下发生煤与瓦斯突出事故，共致 108 人死。

• 2010 年 6 月 21 日河南省平顶山卫东区兴东二矿发生火药爆炸事故，47 人死亡。

目前，很大一部分职工的工作环境存在巨大的安全隐患，劳动者生命健康保障也缺失。主要体现在以下方面：

一是设备陈旧，条件落后，环境恶劣，安全生产基础薄弱。大量中小型非公有制企业、私营企业主利欲熏心，只管赚钱，不管安全。

二是劳动安全卫生防护用品欠缺，不发放或不按期发放，职业危害难以避免。不少中小企业，为降低生产成本，肆意减免国家明文规定的劳动防护用品。

三是任意延长劳动时间，加班加点情况严重。一些企业打着实行计件工资制的旗号，随意抬高工作定额，变相强迫工人加班加点。

四是随意剥夺职工接受安全教育培训的权利。许多企业错误地将安全教育培训与业务操作培训等同起来，甚至将安全教育培训与生产经营对立起来，为降低成本，企业首先削减的是安全教育经费。

五是企业安全生产管理薄弱。企业安全生产管理体制和制度不健全，管理人员匮乏；用工行为混乱，不依法与职工签订劳动合同等。

六是女职工特殊保护远远不够。突出表现为一些企业女职工长期在粉尘、有毒有害化学物质环境下工作，普遍存在劳动时间过长等问题。

然而，工会劳动保护现状与工人权益保护的实际需求仍有不小的差距。

一是工会目前拥有的群众性劳动保护监督检查网络和体系的覆盖面还很

有限。

二是工会在劳动保护方面的权力难以有效落实：组建工会难，建立了工会开展劳动保护工作难，工会自身在劳动保护工作上存在种种不到位。对劳动保护工作存有侥幸心理，在人力、物力等安排上非常有限，很难建立起一支具有专业知识和实践经验的相对稳定的工会劳动保护干部队伍；非公有制企业工会组建有待加强。一些企业没有依照《工会法》组建工会组织，已组建工会的企业也存在工会作用难以发挥的问题，在这些企业中，侵犯职工合法权益的情形时有发生。

（2）工作时间与休息休假

保障劳动者的休息时间、保障劳动者享有假期、保障劳动者获得养老待遇同归属于维护劳动者合法休息权的范畴。

休息权承载着个体利益与公共利益，对于个体劳动者意味着身心的恢复，对于社会整体意味着公众的生活质量。由于在劳动关系中，劳动者处于用人单位的指挥监督之下，劳动者仅能够出售其自身的劳动力以获取生活资料，由此产生的弱者性使之难以与用人单位就劳动条件进行谈判。① 在劳动条件中，无论对用人单位还是对劳动者而言，工作时间与休息休假都是一个核心问题。劳动者休息意味着用人单位生产经营的暂停，而工作则意味着劳动者体力的消耗。在休息与工作这两个对立状态之间的取舍与平衡不仅决定劳资双方的利益，而且涉及劳动者的家庭生活以及与此相关的社会生活。②

在当前我国经济发展水平和劳动生产率相对较为落后的情况下，我国劳动者的实际工作时间往往长于法定工作时间。③ 延长工作时间在法定休假期间工作的

---

① 劳动者虽然可以自由地选择雇主，但无可避免的是劳动者必须将其劳动力出售给某一雇主，也就是说，劳动者阶层是依附于雇主阶层的。劳动者的这种“自由”被称为“鸟的自由”（Vogelfreiheit），即与天上的飞鸟一样随时有被射杀的危险，是一种没有实质意义的自由。参见：黄程贯．劳动法［M］．台北：国立空中大学出版社，1996：6. 劳动者的这种“自由”无法赋予劳动者等同于一般民事主体的谈判能力，故而关于劳动条件的谈判一般都是由用人单位主导的。

② 休息与工作时间是对立统一的整体。工时是劳动者为了工资而必须付出劳务的时间范围，付出多少时间可以换得多少工资固然重要，但能保留给自己以及其家人多少时间，甚至是能否参与社会生活也同样重要。工时过短，不但影响整体生产力劳动者可能无法维持生活，工时过长，劳动者的家庭生活、社会生活变成十分有限，尤其严重的，可能构成健康上的危害。参见：黄越钦．劳动法新论［M］．北京：中国政法大学出版社，2003：226

③ 据国务院研究室课题组的一项调查显示，目前我国农民工每天工作大多超过 8 小时。在被调查者中，每天工作时间 8 小时以内的仅占 13.7%，8～9 小时之间的达到 40.3%，9～10 小时之间和 10 小时以上的分别占 23.48%和 22.50%。参见：国务院研究室课题组．中国农民工调研报告［M］．北京：中国言实出版社，2006：199.

应得薪酬也常常得不到保障。[①] 在侵害劳动者休息权的诸多事件中，“过劳死”作为最极端的情形引起了较多的社会关注和讨论。

因此，我国宪法和劳动立法都作出了明确规定，将休息权作为一项法定权利，以切实保障劳动者的工作时间与休息休假，保护劳动者的合法休息权。

保护劳动者的合法休息权，严格规定好合理的工作时间和安排合理的休息休假是劳动保护中重要的一环，必须加以重视。

（3）女职工和未成年工的特殊保护

女职工和未成年工的特殊保护是世界各国劳动法和劳动保护工作的一个重要组成部分。女职工和未成年工本身的特点决定了应当在法律上给予女职工和未成年工特殊的劳动保护。[②]

我国《劳动法》规定，国家对女职工和未成年工实行特殊劳动保护。我国《劳动法》中所指的女职工，包括所有从事体力劳动和脑力劳动的已婚、未婚的女性职工。由于女职工的生理特点，往往在劳动和工作中遇到一些特殊困难；同时，她们还承担着生育和抚育婴幼儿的天职。如果在劳动中对于女职工的这些特点不予注意，不加以保护，不仅会影响女职工本身的安全和健康，而且会影响下一代的安全和健康。我国《劳动法》中所指的未成年工，是指年满 16 周岁未满 18 周岁的劳动者。未成年工正处在成长发育时，过重和过度紧张的劳动，高温等不良的工作环境，不合适的劳动工具等因素，都可能影响未成年工的健康，甚至引起疾病。因此，为保证女职工和未成年工在劳动过程中的安全和健康，就应当为女职工和未成年工提供特殊的劳动保护。

在我国的现实生活中，歧视妇女的现象仍然继续存在，在一些地方还有蔓延和发展的趋势。有些单位在招工中重男轻女，一些企业在实行承包时排斥女工，说是“宁要武大郎，不要穆桂英”。妇女的哺乳休息时间和经期、孕期的保护措

---

① 据共青团广东省委的一次调查显示，珠江三角洲的农民工每天工作 8 小时或以下的仅占 19.4%，80.6%的农民工工作超过 8 小时，工作 8～12 小时者占 72.7%。每月没有休息日的占近一半。北京市统计局统计数据显示，就业人口平均每周工作 5.9 天，约合 47.2 小时。2007 年东方时空与智联招聘联合就职场人的加班问题进行了调查，近 15 000 位职场人参加了该调查，调查显示，只有 4%的被调查者是从来不加班的，有 44.5%的被调查者是偶尔加班的。16.6%几乎每天都加班，34.8%经常加班。61.7%的人都属于被动加班，38.7%属于主动加班。在调查中，61.3%的被调查者都表示自己所在的单位是没有关于加班的规定或制度的，因而加班得不到相应的回报。参见：张志伟．劳动者休息权保护路径探析［J］．法制与社会，2008（12）：76

② 我国对女职工劳动保护的相关法律有《宪法》《劳动法》《妇女权益保障法》《女职工劳动保护规定》和《女职工禁忌劳动范围》等；我国对未成年人的劳动保护的相关法律有《宪法》《劳动法》《未成年人保护法》和《未成年工特殊保护规定》等。

施在一些单位中被非法取消。有的女职工在孕期、产期被企业以种种理由非法辞退，还有的单位在增加工资时排斥女工，不实行同工同酬。少数三资企业中，女职工遭受污辱的事也时有发生。一些企业对于未成年工的保护也未予以应有的重视，有的企业往往对未成年工不加以区别，和成年工一样使用。雇佣童工的现象在《禁止使用童工规定》实施以后有了好转，但在一些地方仍然存在，有的甚至还比较严重。

因此，为使《劳动法》关于女职工和未成年工特殊保护的规定得到真正落实，工会组织应当在全社会广泛深入地学习、宣传、贯彻《劳动法》，督促提高企业、事业单位、个体经济组织等用人单位对女职工和未成年工进行特殊劳动保护重要性的认识。

各级工会组织应当积极维护女职工和未成年工的劳动权利，对各种侵犯女职工和未成年工劳动权利的行为进行有力监督，女职工和未成年工应当自觉维护自己的劳动权利，同各种违法行为做坚决斗争。

三、工会的职工劳动福利事业工作

无论从历史角度还是现实的角度，维护劳动者的社会保障权益始终是工会的一项基本职能。工会与社会保障有着不解之缘，工会保障工作始终与社会保障制度建设息息相关。

（一）做好职工生活福利工作的重要性

新中国成立后，中国工会十分重视维护职工的经济利益，通过工会的各级组织，动员广大职工群众，发扬互助精神，关心职工生活，努力解决职工生活中的困难。

改革开放以来，我国工会针对职工生活中存在的新问题，既发扬优良，又重视方式方法上的创新，努力做好新形势下的职工生活工作。

1. 提高生活福利待遇是劳动者的基本权利

国家重视对职工生活福利提供基本保障，努力提高职工生活水平并在相关规定。例如，《劳动法》第 76 条就规定“国家发展社会福利事业，兴建公共福利设施，为劳者休息、休养和疗养提供条件。用人单位应当创造条件，改善集体福利，提高劳动者的福利待遇”。这就要求党和政府、企事业行政和工会等各方面都要重视做好群众生活工作，在发展生产的过程中，努力提高职工群众的生活水平，保障劳动者的合法权利。

2. 做好职工生活福利是工会的重要职责

我国工会是党领导下的工人阶级的群众组织，工会的性质规定了工会是职工利益的重要代表者。社会主义制度的建立，为职工群众的生活福利提供了保障。但是，党和国家制定有关社会生活和福利方面的政策时，一般从全局出发，而且职工生活方面的许多问题也不能完全靠政府解决。因此，工会要从维护职工群众的利益出发，把搞好职工生活工作作为自己的重要职责，发挥工会群众组织优势，关心职工生活，帮助职工群众解决生活中的困难。

3. 做好职工生活福利工作是深化改革的需要

建立和完善社会主义市场经济体制，必然要全面深化改革，从而使社会利益重新调整。各种改革方案和措施的制定和实施，都将间接或直接地影响职工群众的物质利益。因此，工会组织要深入调查研究，反映职工群众基础的意愿和需求，及时提出可行性建议，参与到各项改革决策和实施的全过程去，维护职工的物质利益，保障职工生活。工会十四大报告在强调改革重要性的同时，十分强调节器要把推动改革与维护职工利益有机结合起来，提出群众利益无小事。凡是涉及职工切身利益和实际困难的事，再小也要竭尽全力去办。也只有在改革中，保障职工的利益，改善职工的生活福利，才能使职工该感受到深化改革才是自己的真正利益之所在，从而转变观念，真正成为改革的主大军。

（二）工会应当重视企业职工福利的举办与完善

职工福利又称为职业福利、员工福利，通过建立职工福利基金，为满足职工物质文化生活需求，保证本系统、本行业、本单位职工及亲属的一定生活质量而提供的工资收入以外的各种补贴、物质帮助、设施和服务活动的福利项目的总称。由于其内容涉及生活领域，所以通常又称为职工生活福利。职工生活水平的提高，与职工福利的发展关系密切。如何对我国现行职工福利制度进行定位和加强管理，值得探讨。

1. 当今职工福利的弊端

第一，企业不堪重负。

福利刚性的驱动下，企业福利基金收支严重失衡，企业不堪重负。而且职工福利基金管理混乱，缺乏必要的监督约束机制，甚至出现“开支无边”。

第二，重复建设现象严重。

企业在后勤服务上搞重复建设，导致功能过剩，效率低下，不利于资源的优化配置。

第三，“小工资、大福利”的分配格局。

名目繁多的福利项目，使企业内部形成“小工资、大福利”的分配格局，加剧了收入分配的均化倾向，弱化了工资分配的激励作用。

低工资、泛福利制度的安排是计划体制的必然选择。由于承担过于庞杂的社会福利功能，企业办社会，大而全、小而全，加剧了企业内的隐性失业。

2. 职工福利制度的改革与发展目标

（1）由封闭福利型过渡到开放经营性

按照建立现代企业制度要求，把企业所承担的大量社会职能从企业母体中分离出来，从实际出发，逐步将大多数企业现有的后勤服务设施推向社会和市场，逐步改变“企业办社会”的格局，由封闭福利型过渡到开放经营性，成为社会化第三产业的重要部分。

（2）改革收入分配制度

在提高工资的同时，将现有带工资性质福利补贴纳入工资分配范畴，简化、压缩企业福利补贴项目，促进收入分配货币化、工资化、明晰化。

（3）兴办必要的集体福利

单位按照需要与可能，自主决定兴办必要的集体福利，以增加吸引力和凝聚力。

改革总趋势是通过完善社会福利制度来弱化企业福利。

当前我国改革发展正处在关键时期，新情况、新问题层出不穷。目前，就业形势依然严峻，分配领域的问题相当突出，完善社保体系的任务十分艰巨，困难职工的问题仍然很多。随着经济结构的调整，公有制为主体、多种所有制经济共同发展的基本经济制度的完善，我国职工队伍的构成发生了明显变化。劳动关系矛盾呈现出多样性和复杂性，调处劳动关系矛盾的方法还不能与之相适应，劳动争议和劳动纠纷持续增加，工会维护职工合法权益、维护社会稳定的任务更加繁重。工会保障工作不仅面广事多，而且情况复杂。工会保障工作，特别是工会领导机关的保障工作，应当抓好三个工作环节，即加强源头参与、积极推动督促落实、努力办好实事。另外，要更加强理论学习和理论研究，要更加注重围绕和服务大局开展工作，要更加注重

差别怎么这么大呢

调查研究，要更加注重工会保障工作的改进和创新，要更加注重求真务实的工作作风。只有进一步转变工作作风，改进工作方法，才能适应形势发展的要求，做好新形势下的工会保障工作。

小资料：工会是否提高了工人的福利？

——来自 12 个城市的证据

中国工会组织在近几年取得了巨大成就。根据全国总工会《2006 年中国工会维护职工合法权益蓝皮书》（以下简称《2006 蓝皮书》），截至 2006 年 9 月，基层工会组织数已达到了 132 万个，比 2003 年同期增长了近 50%；全国工会的成员达到了近 1.7 亿人，其中，农民工会员 4 097.8 万人[①]。与此同时，一些著名的外资企业，如沃尔玛，最终同意在其中国的总部以及分支中建立工会组织。而在美国，沃尔玛依然保持着坚决抵制工会的传统。

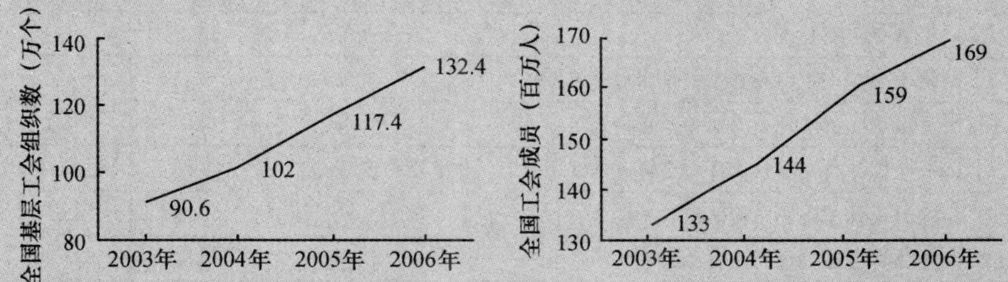

近年来中国工会组织的发展

然而，伴随着这些成就的获得，越来越多的人开始怀疑，中国的工会究竟能否有效地提高工人福利。在西方媒体看来，中国工会与美国工会在职能上有着明显的差异。2004 年 12 月 1 日，《华盛顿邮报》上刊登了一篇题为《沃尔玛喜欢中国工会》的文章，文中指出："隶属于中国政府的工会很少会致力于提高工气的工资和劳动生产安全。事实上，基层工会是由企业的某些管理层人员领导的。"不仅国外观察者持有这样一种观点，国内工人对工会的作用亦有很多争论。一些工人认可工会在组织集体谈判以及争取工人福利上的能力和愿望，而另外一些工人则认为工会的作用仅限于在春节等节假日前发放一些生活日用品。

① 中国工会的迅猛发展与世界上主要市场经济国家以及其他转型国家中出现的工会力量的下降趋势截然相反。陆铭（2001）讨论了全球工会参与率下降背后的制度原因。

中国的工会究竟能否提高工人的福利？本文借助实证研究来回答这个问题。近一次覆盖全国12个城市1 268家企业的调查为我们提供了这样一个机会。初步的数据分析有力地支持着工会能够提高工人福利的观点。表13—1中的前4项显示，工会企业组支付的小时平均工资比没有工会的企业组高出0.94元，而所要求的每月平均劳动时间少了约10个小时。在养老保险以及失业保险方面，两组企业的表现差异更大。相比无工会企业组，有工会的企业组平均养老保险覆盖率高出了20%，而平均失业保险覆盖率高出了近25%。

工会企业组与无工会企业组的比较见表13—1。

表13—1　工会企业组与无工会企业组的比较

	比较项目	工会组	无工会组
1	小时平均工资（元）	6.1	5.2
2	每月平均工作时间（小时）	178	187
3	养老覆盖率（%）	76.7	55.9
4	失业保险覆盖率（%）	69.2	45.8
5	企业的工人平均在企业工作几年（年）	7.7	3.4
6	企业的支援平均在企业工作几年（年）	8.5	4.1
7	过去三年内发生几次员工就待遇等方面的问题和企业交涉（次）	0.81	0.44
8	允许集体工资谈判的比例（%）	56.4	46.7
9	有集体工资协议的企业的比例（%）	34.4	18.9
10	企业是否和普通工人签订合同（%）	83.5	63.2
11	企业是否和职员签订合同（%）	83.4	68.8

对于样本企业进一步分析还揭示了工会提高工人福利的作用途径。表13—1中的第7项给出了两组企业过去三年内发生的员工就待遇等方面的问题与企业交涉的次数，工会企业组的平均次数是1次，远高于无工会企业组的平均次数0.44。此外，第8项显示，在工会企业组中，“允许集体工资谈判”的企业比例为57%，高于无工会企业组的10%。类似的，如第9项显示，在工会、企业组中，“没有集体工资协议”的企业比例达35%，超过无工会组的15%。而最后两项显示，在工会企业组中，签订劳动合同的比例达到83%，比无工会组高出近20%。

以上这些分析都支持这样一个论断。即工会能够通过组织工人与企业交涉、组织集体谈判、签订集体工资，协议以及劳动合同等方式来提高工人的福利。

然而，已有的关于工会作用的文献提醒我们，在建立工会与工资之间因果关系时，需要更多的谨慎。当观察到有工会的企业支付给员工更高的工资时，一种可能的解释是工会的努力推动了平均福利的改善。然而，存在另一种解释，即那些经营状况良好、能够支付较高工资的企业更有可能允许工会的建立，更愿意接受集体工资协议，以及集体劳动合同。

图13—1中支持了这样一种可能性的存在。首先按小时工资将样本企业分为3组，每组企业数约占总数的1/3，图13—1显示，小时工资越高的企业中工会的比例越高。类似的，我们按每周工作时间将样本企业分成3组，每组企业数分别占总数的44%、38%和18%。图13—1显示，随着工作时间的上升，工会的比例显著下降，由于工会与福利之间存在反向因果关系的可能性，长久以来，经验研究文献一直将工会视为工资方程中的一个内生变量。

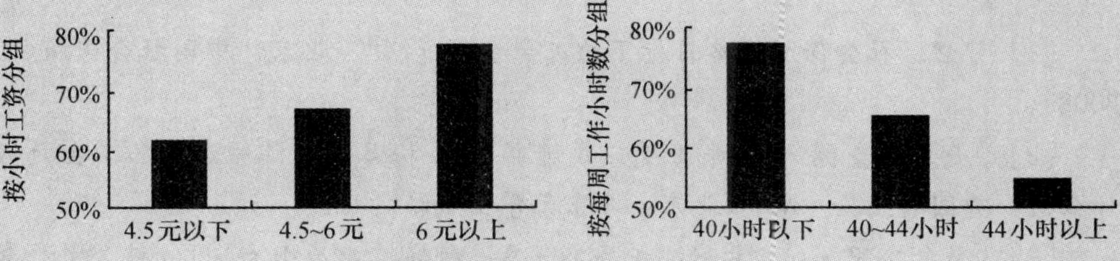

图13—1　按工资和工作时间分组的工会比例比较

此外，也有些文章关注于工会在诸如医疗保险等额外福利（fringe benefits）上的影响。Freeman（1981）以及Freeman and Medoff（1984）提出，在没有工会的企业中，进入和退出是主要的调节机制，雇用的人数以及工人的福利是由年轻的、流动性高的“边际”工人决定的；反之，在有工会的企业中，工会会考虑年长的、流动性较低的工人的偏好，进而通过集体谈判提高企业在“额外福利”上的支付。他们和后来Buchmueller（2002）等的研究都得出结论：工会能够显著、大幅度地提高工人获得养老、医疗等保险的概率。

上面考察了工会在事关工人福利的三个主要方面的影响，包括企业支付的小时平均工资、企业要求工人每月工作的小时数，以及养老保险的覆盖率。

材料中建立起两组关联来确定工会作用于工人福利的途径：第一组关联是有工会的企业更有可能组织起集体工资协议并督促劳动合同的签署；第二组关联是集体工资协议和劳动合同能够显著提高工人的福利。基于这两组关联可以看出，中国的工会能够通过签订集体工资协议以及劳动合同来改善工人的福利。

资料来源：世界经济文汇. 2008（5），姚洋，钟宁桦（北京大学中国经济研究中心）；有改动

延伸思考

1. 工会组织在职工劳动保护方面存在哪些问题？是什么原因导致的？
2. 如何加强和改进职工劳动保护工作的对策？
3. 金融危机下社会保障制度建设中的工会起到了什么样的作用？

深度阅读

[1] 曾煜. 社会保障战略目标下的工会参与 [M]. 北京：中国社会出版社，2008

[2] [美] 理查德·B. 弗里曼，詹姆斯·L. 梅多夫. 陈耀波译. 工会是做什么的：美国的经验 [M]. 北京：北京大学出版社，2011

[3] [美] 哈里·C. 卡茨，托马斯·A. 科钱，亚历山大·J. 科尔文. 李丽林，吴清军. 集体谈判与产业关系概论 [M]. 大连：东北财经大学出版社，2010

[4] 常凯. 劳动关系学 [M]. 北京：中国劳动社会保障出版社，2005

第十四章　工会财务：经费管理与财务工作

工会经费是工会组织的物质基础，是工会为职工群众说话办事提供物质保证的基础。如果没有工会经费，工会就不能生存；如果没有工会经费，工会就不能维护工人阶级的利益；如果没有工会经费，工会事业就不能发展壮大。因此，务必充分认识到工会经费计拨工作的好坏不仅是工会组织凝聚力、战斗力的物质保证，而且是工会组织社会地位、与社会事务能力参高低的集中体现。

一、工会经费的来源在哪里

（一）什么是工会经费？

工会经费，是指工会依法取得并开展正常活动所需的费用。按《工会法》，工会经费的主要来源是工会会员缴纳的会费和按每月全部职工工资总额的2%向工会拨交的经费这两项，其中2%工会经费是经费最主要的来源。

《工会法》第42条规定，工会经费的来源：

（1）工会会员缴纳的会费；

（2）建立工会组织的企业、事业单位、机关按每月全部职工工资总额的百分之二向工会拨缴的经费；

（3）工会所属的企业、事业单位上缴的收入；

（4）行政的补助；

（5）其他收入。

《工会法》第42条规定

（二）工会经费的来源

根据以上规定，我国工会经费的来源有五项：

1. 工会会员缴纳的会费

工会会员缴纳的会费是工会经费的重要来源之一。工会会员缴纳会费是会员应尽的义务，同时也是会员在工会组织内享受权利的物质基础。它是会员组织观念的体现，有利于会员之间互助互济，增强阶级友爱和团结。中华全国总工会1978年工发101号通知规定，工会会员每月应向工会组织缴纳本人每月基本工资收入0.5%的会费，工资尾数不足十元的不计缴会费；无固定收入的会员，可按本人上月所得工资收入计算交纳会费；会员所得各种奖金、津贴、稿费收入以及按劳动保险条例或其他法律、法规所领取的各种补助费、救济费、退休金、退职金等，均不缴纳会费。

2. 企业、事业及机关单位

企业、事业及相关单位按全部职工工资总额[①]的2%向工会拨缴的经费，此项拨缴的经费可在税前列支。这也是工会经费的主要来源。国家统计局为了统一工资总额的计算范围，保证国家对工资进行统一的统计核算和会计核算，经国务院批准发布了《关于工资总额组成的规定》（［1990］1号令），工资总额组成包括计时工资[②]、计件工资[③]、奖金、津贴和补贴[④]、加班加点工资、特殊情况下支付的工资。特殊情况下支付的工资包括：根据国家法律，婚丧假、事假、探亲假、定期休假、停工学习、执行国家或社会义务等期间按计时或计件工资标准的一定比例支付的工资。

3. 工会所属的企业、事业单位上缴的收入

工会所属的企业、事业单位上缴的收入，是工会经费的来源之一。“上缴的收入”是指工会所属的企业和事业单位以自身的业务收入抵补各项支出后的净收益，按照规定上缴主管工会的一部分收入，作为主管工会的经费来源之一，用来弥补工会活动经费的不足和发展工会事业。

---

① 这里所说的“全部职工工资总额”，是指各单位在一定时期内直接支付给本单位全部职工的劳动报酬总额。工资总额的计算应以直接支付给职工的全部劳动报酬为根据。

② 计时工资是指按时工资标准（包括地区生活费补贴）和工作时间支付给个人的劳动报酬。

③ 计件工资是指对已做工作计件单价支付的劳动报酬。

④ 津贴和补贴是指为了补偿职工特殊或额外的劳动消耗和因其他特殊原因支付给职工的津贴，以及为了保证职工工资水平不受物价影响支付给职工的物价补贴。

4. 人民政府和企业、事业及机关单位的补助

这些补助，是中央、地方政府财政或企业、事业主管部门给工会的补贴、基建费用、活动经费或专项经费。

5. 其他收入

其他收入是指个人、社团及海外侨胞、友人的捐助，工会变卖财产收入，银行存款利息收入等。

基层工会不仅有必要的满足活动需要的经费，而且由于是永久性组织，为开展活动要添置必要的设备，所以大多数基层工会还拥有一定的动产和不动产。

（二）工会财产

1. 什么是工会财产

工会财产是指各级工会及其所属事业单位依法占有、使用的固定资产、材料和低值易耗品，属于工会社团集体所有的财产。包括工会购置、行政拨入和其他单位或个人支援、捐赠的财产，以及工会拥有或控制的除货币以外的动产①、不动产②和无形资产③，如房产、地产、家具、设备、设施、办公用品、交通运输工具、著作权等。

从广义上讲，工会财产由三部分组成：

（1）各级工会组织及其所属的企业、事业单位依法占有、使用、收益、处分的固定资产、材料和低值易耗品；

（2）工会经费；

（3）国家依法拨给工会占有、使用、收益的不动产，即国家依法拨给工会使用的办公场所、职工文艺体育活动场所和相关设施等工会占有、使用、收益的不动产。

从狭义上讲，工会财产指的就是工会资产。

2. 工会财产的来源

工会财产的一个来源是各级人民政府，各级人民政府为工会开展活动提供必

---

① 动产：指能够移动而不损害其经济用途和经济价值的物，一般指金钱、器物等。

② 不动产：指依自然性质或法律规定不可移动的土地、土地定着物、与土地尚未脱离的土地生成物、因自然或者人力添附于土地并且不能分离的其他物，包括物体实体及其相关权益。如建筑物及土地上生长的植物。

③ 无形资产：指企业拥有或者控制的没有实物形态的可辨认非货币性资产。广义的无形资产包括货币资金、应收账款、金融资产、长期股权投资、专利权、商标权等，因为它们没有物质实体，而是表现为某种法定权利或技术。狭义上的无形资产即专利权、商标权。

要的物质条件，是我国的一贯政策。另一个来源是工会用经费购置的动产和不动产，主要包括由工会自己购置的各种办公设备和办公用品，职工文化、教育、体育等设施和设备，以及工会兴办的经济实体。这一类财产在工会财产中的比重越来越大。因为政府和企业、事业行政直接拨缴给工会的财产大部分是一次性的，随着工会事业的发展，工会需要更多的物质保障，这些物质方面的需要，主要靠工会的经费与工会自筹的资金来解决。

小资料：拖欠工会经费纠纷案

2009 年 3 月，原告上海国际贵都大饭店工会（下称贵都大饭店工会）于 1991 年 5 月依法成立。被告上海国际贵都大饭店有限公司（下称贵都大饭店）迟至同年 12 月才拨付部分工会经费，至 1993 年 7 月共拨付工会经费人民币 9 万元。经上海市总工会经费审查委员会对贵都大饭店工会的工会经费收支情况进行检查、审计，确认贵都大饭店从 1991 年 5 月起至 1993 年 7 月，按规定应拨付给其工会经费 422 508.48 元（其中包括外汇兑换券 240 356.48 元），实际拖欠工会经费 332 508.48 元。1993 年 9 月 6 日，上海市外商投资企业工会联合会致函贵都大饭店，通报了上述经费审计情况，并通知其于 1993 年 9 月 12 日前将上述欠付经费拨付给贵都大饭店工会，否则每日按欠付金额的万分之五计算滞纳金。贵都大饭店系中外合资经营企业。其中中方认为，国家法律规定中外合资经营企业每月应按全部职工工资总额的 2%拨付工会经费，企业就应如数拨付；外方认为，只能按中方员工工资总额的 2%拨付工会经费，外方员工工资部分不应包括在内。因不能协商解决，贵都大饭店工会向上海市中级人民法院提起诉讼，请求判令贵都大饭店即行拨付拖欠的工会经费人民币 332 508.48 元，并支付每日万分之五的滞纳金；判令贵都大饭店自 1993 年 8 月起，依法按全部职工工资总额的 2%每月拨付工会经费。

资料来源：熊雯毅．中国工会财会，2009（4）

观点之声：2%工会经费来源和实质

工会会员交纳的会费自然是属于其劳动力价值的一部分，对此没有什么争议。目前存在争议的主要是针对2%工会经费部分。引起争议的直接原因是这部分经费不是通过工会会员以会费交纳的方式，是通过行政拨交的方式，从而引起人们对它的来源和实质存有分歧。

争议主要有如下四种观点：

• 第一种观点认为其本质属性应该是劳动力价值的一部分（也把它称之为劳动价值补偿），这是大多数人的观点，也是政府的观点。

• 第二种观点认为其本质属性应该是对剩余价值的分配，这是一小部分人的观点。

• 第三种观点认为其是属于生产资料的内容，这是极少数人的观点。

• 第四种观点认为是混合性的，认为既有属于劳动力价值的部分，也有属于生产资料的部分，这同样是一小部分人的观点。

总的来说，目前观点主要集中在第一种和第二种，并且是比较对立的。

二、怎样管理工会财务

（一）工会的经费管理原则

《工会法》第44条规定："工会应当根据经费独立原则，建立预算、决算和经费审查监督制度。"

《工会法》第44条

工会经费管理的基本原则是收足、管活、用好。该收的工会经费应依照法律及时收齐、收足。经费管理无论是集中统一管理，还是下放分散管理，要做到"管而不死，放而不乱"。用好工会经费就是要加强工会经费支出的管理与核算，少花钱多办事，取得实质性效果。具体来说坚持以下几个原则：

1. 坚持经费独立管理原则

这是我国工会经费管理的一个基本原则。要独立建立银行账户，实行单独核算。根据审定的预算，工会经费开支，由工会主管财务主席“一支笔”审批。

2. 坚持遵纪守法原则

严格执行国家财经政策、规定和开支范围、标准，认真执行工会财务制度，遵守财务纪律。

3. 坚持“统筹兼顾、保证重点、量入为出、收支平衡”的原则

基层工会经费应重点用于维护职工权益、开展职工教育和职工群众活动方面。

4. 坚持预算管理原则

一切费用均应纳入预算，并按上级工会要求，认真编报和执行。

5. 坚持勤俭节约原则

要少花钱，多办事，办好事，节约开支，依靠职工用好经费，提高经费的使用效益。

6. 坚持民主管理原则

要定期公布账目，接受会员监督和经审会审查。

7. 坚持为职工服务原则

工会经费不得用于非工会活动的开支，不得支付社会摊派或变相摊派的费用，不得为单位和个人提供资金拆借、经济担保和抵押。

8. 坚持群众监督原则

工会财务实行垂直领导，专业管理，接受同级经审会审查监督，执行会员代表大会的决议。

（二）工会的财务管理体制

工会经费实行“统一领导，分级管理”的管理体制。

根据《工会法》和《中国工会章程》及《会计法》的规定，中华全国总工会制定了中国工会会计制度，使我国工会在经费管理上实现了系统化和规范化。其具体内容为：

1. 工会预算制度

工会预算是指经过一定程序制定的工会及其所属企业、事业单位的年度财务收支计划。工会建立预算制度，为贯彻落实工会财务的工作方针和任务、保证工会工作方面顺利开展提供了保障。它是工会有计划地组织收入、合理分配支出、促进增收节支、充分发挥工会财力作用的重要手段，为发扬工会财务民主，接受群众监督创造了有利条件。

2. 工会决算制度

工会决算是工会预算执行的总结，它反映年度工会预算收支的最终结果，也是工会活动在财务上的集中反映。通过编制工会决算，可以从财务上总结一年来的工会组织各项活动的主要经验和问题，为工会决策提供可靠的资料和数据信息。因此，在年终认真及时编制决算，不仅是预算管理工作的一项重要内容，而且是整个工会工作不可缺少的一个重要环节。工会决算的组成与预算的组成相一致。

3. 工会经费民主管理制度

工会经费民主管理，就是再工会经费的收、管、用各方面，都要充分发扬民主，实行群众监督。工会经费的预算、决算、收入、支出、事业经营、活动费用、财产管理以及账目等工会财务工作，都要广泛听取群众意见，并置于群众监督之下。其具体要求为：基层工会要按月向会员公布会费的收支情况和收支账目。基层工会的预算，要经会员或积极分子讨论。各级工会组织要在代表大会上报告经费收支情况。除此以外，工会在经费管理上，还必须接受经费审查委员会的审查监督。

（三）工会财务管理的职责权限

工会各级财务管理机构及其领导下的机关、事业单位财务管理机构，都有一定的管理权限和管理职责。

1. 县以上工会财务管理的职责权限

（1）宣传、贯彻、落实党和国家有关方针、政策和中华全国总工会的统一规定，并结合本地区、本单位的事情，制定补充规定或实施办法。

（2）收好、管好、用好本级各项经费。按规定上缴经费，在本级所管范围内合理分配经费。可根据中华全国总工会的规定，在本地区范围内，决定所属单位的经费分成、预算拨款和经费调剂。

（3）及时编报本级预算、决算，并按规定审批和汇总下级工会的预算、决算，有权调剂本级经费余缺。

（4）组织、领导、检查、督促下级工会及本级所管单位做好财会工作，并有计划地了解情况，调查研究，发现和总结交流先进财会工作经验，指导和推动全面工作。

（5）检查、分析财务收支情况、预算执行情况中所存在的经验和问题，研究提出改进建议，及时向本级领导和上级工会反映。

（6）逐级培训干部，不断提高工会财会人员的思想、政治、职业道德和业务技术素质。

（7）发扬财务民主，接受本级经费审查委员会的审查监督；向本级工会委员会或代表大会定期报告财务工作；同时对下公布账目，接受下级工会和职工群众的广泛监督，根据各方面的意见，研究改进工作。

2. 基层工会财务管理的职责权限

（1）宣传、贯彻、落实党和国家有关方针、政策和上级工会制度的各项财务规章制度，结合本单位的实际情况，制定具体管理办法并组织实施。

（2）编制工会预算，根据批准的预算，采取有效措施，积极配合组织委员依靠会员群众收好会费，督促行政方面及时足额拨缴经费；根据经费开支原则和开支范围，结合群众意见，合理节约掌握开支。

（3）及时办理各项财务收支，编制工会决算，定期监督、检查和分析财务收支情况。

（4）加强财务管理，定期进行财务财产清查，保证工会资产的安全完整。

（5）定期向群众公布账目，接受群众监督，主动向经费审查委员会报告工作，在会员大会或会员代表大会上报告财务工作和财务收支情况。

（6）遵守财务纪律，按规定办理财务交接，管理好财务档案。

（四）工会经费管理方法

工会经费的管理方法是工会财务部门对工会经费进行宏观控制的手段。它是围绕各级工会任务和事业计划的实现，以工会经费为主线的经济管理活动。其主要管理方法如下：

1. 预算管理法

工会独立管理经费的特点决定了工会必须实行预算管理，工会各项收支计划都要纳入预算轨道，成为财务管理的一部分。对各级工会及事业单位所需的资金，要有计划地筹集、分配、安排和使用，使之有利于充分发挥经费的使用效力。

2. 定员定额管理法

这是工会参照国家规定的单位人员编制，以及各种物化劳动和活劳动消耗的指标额度，进行的经费管理方法。这种方法也是控制经费支出、防止浪费、合理分配、调动大多数人员积极性、推动目标化管理的好方法。

3. 收支挂钩管理法

收支经费是前提条件，因此，必须克服“重支轻收”的思想，切实加强收入管理。多收多支，少收少支。收支挂钩可以有效调动各级工会的积极性，体现收入与支出之间责任、权利、利益的完整统一。做到合理调度，及时供应，提高工会经费的使用效果。

4. 评比激励法

按照《工会法》的规定，下级工会必须接受上级工会的领导和业务指导。上级工会不能采用某些硬性的行政手段简单地实施管理，而应采取具有群众组织特点的竞赛方法。确定一个以工会经费为主要内容的竞赛方案，明确管理指标，做到有赏有罚，充分调动各级工会加强经费管理的积极性。

5. 民主监督管理法

要自觉接受群众的监督和工会经费审查委员会的审查，保证工会经费管理不走弯路。这样，对于保证党和国家各项方针、政策的贯彻落实，坚持工会经费的使用原则，加强工会廉政建设，建立完善的财务制度都有十分重要的意义。

（五）截留、挪用的处置

各级工会组织必须按照“统一领导、分级管理”的财务体制，以及全国总工会制定的经费分成和上解比例的规定，按时、足额上解工会经费，不得截留、挪用。截留、挪用应上解的工会经费属于违纪行为。

下列情形均属于截留、挪用应上解工会经费行为：

1. 收到本单位行政拨交的或下级工会上解的工会经费后，未按规定的分成比例和期限上解工会经费的。

2. 擅自改变全国总工会或省级工会的规定，降低上解工会经费比例，减少上解经费的。

3. 收到本单位行政拨交的或下级工会上解的工会经费后，采取不入账，少入账或另设一套账等手段，弄虚作假，隐瞒实际收入，减少上解工会经费的。

4. 擅自将应上解的工会经费挪用于本级工会或补助下级工会的基本建设，或挪用于所办企事业的投资或其他用途，少上解、不及时上解工会经费的。

5. 同意所属工会少上解或不上解工会经费，影响上级工会经费分成收入的。

6. 以其他手段或借口少上解或不上解工会经费的。

（六）拖延或者拒不拨缴工会经费的处理

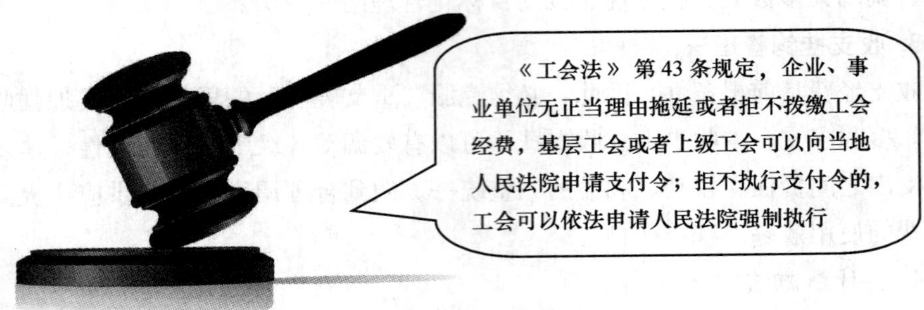

《工会法》第43条规定

（七）工会经费的审查与监督

实践证明，要提升工会财务管理水平，离不开经费审查委员会的审查与监督。同时坚持工会经费独立，也需要有经费的审查监督来保障、维护，在“收好、用好、管好”上进行切实的审查监督，才能使工会经费真正用在“刀刃”上，用在维权、为职工服务、发展工会事业上。工会经审工作是工会民主办会的重要标志，也是工会干部队伍反腐倡廉的重要保证。

1. 工会经费审查与监督的性质

工会经费审查监督（见图14—1）的性质主要是群众性和相对独立性。

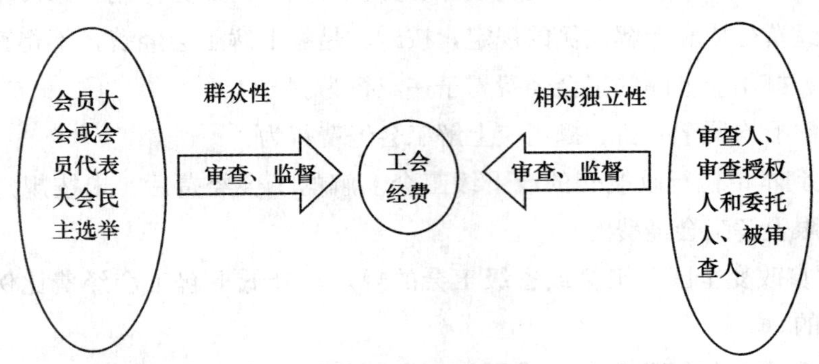

图14—1　工会经费审查示意图

群众性主要表现在各级工会经审组织及成员不是委派、任命的，而是由会员大会或会员代表大会民主选举产生的。同时，经审工作的群众性也表现在经审工作的公开性上。工会经审组织提出的审查结论、意见、建议，要征求被审计单位、人员的意见，如有不同意见，可向上级工会和经审组织反映。

相对独立性主要表现在工会经审工作是由审查人、审查授权人和委托人、被审查人三方面构成的。工会经审会及办事机构的人员是审查人、会员大会或会员代表大会是审查授权人和委托人，工会组织和工会举办的企业、事业单位及其经营管理者是被审查人。审查人和审查委托人具有相对独立性，他们不参与被审查人（单位）的经济活动和管理工作，不受外来或内在因素的影响、干扰，并且他们所审查和维护的，正是他们自己的利益。这种相对独立性，能使工会经审工作认真负责不受干扰地进行。

另外，审查人能对被审查人（单位）的问题独立作审计结论或审计决定。

2. 工会经费审查监督机构

（1）工会经费审查委员会的设置

《中国工会章程》第 13 条专门对经费审查委员会的设置作了规定：各级工会代表大会选举产生同级经费审查委员会。中华全国总工会经费审查委员会设常务委员会，省、自治区、直辖市总工会经费审查委员会和堵路管理经费的全国产业工会经费审查委员会，也可以设常务委员会。工会经费审查委员会向同级会员大会或会员代表大会负责并报告工作；在大会闭会期间，向同级工会委员会负责并报告工作。

工会经费审查委员会是代表会员群众对工会及所属企业、事业单位经费收支和财产管理的真实完整、合法及效益进行审查监督的组织，是工会内部设立的经费审查监督机构。工会经费审查委员会必须通过工会会员代表大会或者会员大会选举产生。《中国工会章程》里讲的各级工会代表大会选举产生同级经费审查委员会中的“各级”，是指建立一级工会财务管理的工会组织。工会的财务管理体制是“统一领导、分级管理”。管理级次分为中华全国总工会、省级总工会或自管经费的全国性产业工会、地市级总工会或自管经费的省级产业工会、县级总工会或自管经费的地市级产业工会、基层工会五级。

经费审查委员会成员，应坚持四项基本原则，密切联系群众、热心工会经审工作、懂得财经政策、求实公正、廉洁奉公。

（2）工会经费审查委员会的职责

工会经费审查委员会应承担的职责是：通过对同级工会及其所属企业、事业单位的经费收支和与之有关的经济活动进行审查，监督贯彻执行国家的财经纪律和工会财务工作的方针、规章、制度，以协助同级工会组织收好、管好、用好工会各级经费，管好工会财务，提高工会各项经费使用的效益，更好地为职工群众和工会事业服务。

3. 深刻认识工会预算审查监督工作的意义

预算管理是财务管理的核心，依法进行预算审查监督是工会经审工作的重点，预算审查监督是实现民主理财、保障会员群众权益的客观要求。法律赋予工会独立管理经费的权力，也同时赋予工会收好、管好、用好经费的义务和责任。要实现收好、管好、用好工会经费的目标，不仅需要科学编制和严格执行工会预算，而且需要形成事前、事中、事后一体化的预算执行动态监督机制。工会经费审查委员会必须在强化预算审查监督、保障会员群众权益上发挥积极作用。

预算审查监督是深化预算分析、提高经费使用效率的重要途径，也是分析预算科学性、完整性和可操作性的过程。参与预算审查的经审委员来自各个层面、各条战线，具有广泛的代表性，对预算能否保证工作工会工作开展，是否体现工会经费的使用原则具有发言权。因此，通过预算审查监督，能促使预算编制指导思想更加清晰，总体要求更加明确，预算收入更加符合实际，预算支出更加合理规范。

预算审查监督是提高预算执行约束力的重要措施。经审会在预算审查监督过程中，会提出许多科学合理的意见和建议，待财务部门修改预算后，再由经审会全体委员表决通过，使预算履行法定程序，这是依法治会的重要标志。预算方案一经批准，必须严格执行，不得随意更改，若确实需要调整预算，必须严格履行预算调整审批程序，提高预算的约束力。

4. 正确把握预算审查监督工作的方式方法

预算审查监督要求经审会对预算进行集体讨论和审议，并形成集体决议。正确把握预算审查监督工作的方式方法，开好经审委员会会议，将起到事半功倍的效果。

（1）会前，认真做好筹备工作，厘清预算审查监督思路。

一是深入调查研究，全面掌握全年工会工作的指导思想和主要目标任务，筛选哪些是常规工作，哪些是重点工作，哪些是需要重点保证的工作，理顺“先”与“后”、“重点”与“一般”的关系。二是做好上年度工会经费预算执行情况审计，审查经费收支预算完成情况，掌握经费超收或歉收、超支或结余总量；审查经费收支的合法性和真实性，分析下年度经费收支增长或下降的影响因素；审查政府和上级工会各种补助资金基数，分析下年度有无增长的可能性等。三是算好经费收支账，准确把握本年度经费收入规模、构成和工会工作的资金需求，做到心中有数。

（2）会中，重点审查预算，广泛吸纳审查意见。

会议审查，是强化工会预算编制过程中民主决策和民主监督的重要环节，必须邀请分管财务的主席参加预算审查会议，注意调动和发挥经审委员的积极性，提出科学、合理的意见和建议。一是要读懂、读透预算，掌握工会工作目标任务、工会经费使用侧重点；全面总结上年度工会经费收支成绩，认真分析存在的问题，为审查预算奠定基础。二是对预算进行反复论证和对比，审查预算编制是否符合"统筹兼顾，保证重点，量入为出，收支平衡，真实合法，精细高效"的原则，避免预算支出偏离方向；要审查预算的完整性，看预算是否全面、真实，避免遗漏预算项目，出现体外循环，失去监督；审查预算的绩效性，看预算草案是否发挥最大的绩效，避免预算粗糙，造成不必要的浪费。三是归纳整理，提出修改预算建议。在充分听取委员意见和建议的基础上，提出修改预算的具体建议，敦促预算编制部门现场修改。四是对修改后的预算方案，由经审全委会表决通过，并由经审主任签字，履行必要程序。

（3）会后，强化预算监督，严格预算执行。

预算的执行，关系到工会工作方针和各项任务的落实，关系到工会的社会影响和服务水平的提升。预算一经批准，必须严格执行。经审会要加强预算执行监督，建立事前、事中、事后一体化预算执行动态监督机制。根据财政部《关于进一步加强预算执行管理的通知》的精神，树立"收支与管理并重，使用与绩效并重"的管理监督理念，切实履行好对预算执行监督的职责。要建立健全工会财务监督控制制度，每项支出必须在预算约束范围内，要经得住审核。要规范预算调整行为，提高预算执行约束力，对确需调整预算的事项，必须说明具体原因和依据，按照规定的程序调整审批预算。要建立健全预算执行情况审计和向全委会报告制度，公开预算执行情况，接受会员群众监督。

观点之声：解析工会经费2%限额规定

《中华人民共和国企业所得税法实施条例》第41条规定，"企业拨缴的工会经费，不超过工资薪金总额2%的部分，准予扣除"。有些企业认为，这一规定在新旧企业所得税法下没有变化，但如果我们仔细分析则会发现，工会经费在新旧企业所得税法下的扣除规定还是存在差异的。

扣除基数有变化。原内资税法规定的扣除基数为计税工资总额，《国家税务总局关于修订企业所得税纳税申报表的通知》（国税发［2006］56号）第4条对于工会经费的扣除基数作了明确解释，“《国家税务总局关于工会经费税前扣除问题的通知》（国税函［2000］678号）中所称每月全部职工工资，是指按税收规定允许税前扣除的工资额。该数额是允许税前扣除的工会经费的计算基数。”

外资企业规定的扣除基数为职工实发工资总额，《外资企业法实施细则》第69条规定，“外资企业每月按照企业职工实发工资总额的2%拨交工会经费，由本企业工会依照中华全国总工会制定的有关工会经费管理办法使用”。

新企业所得税法下的扣除基数为工资薪金总额，《企业所得税法实施条例》第41条规定，“企业拨缴的工会经费，不超过工资薪金总额2%的部分，准予扣除”。而《企业所得税法实施条例》第34条对工资薪金有着明确的规定，即“工资薪金，是指企业每一纳税年度支付给在本企业任职或者受雇的员工的所有现金形式或者非现金形式的劳动报酬，包括基本工资、奖金、津贴、补贴、年终加薪、加班工资，以及与员工任职或者受雇有关的其他支出”。可以看出，随着工资薪金范围的扩大，工会经费的扣除基数也一并提高。

扣除须有专用收据。2000年，国家税务总局下发的《关于工会经费税前扣除问题的通知》（国税函〔2000〕678号）中规定，建立工会组织的企业、事业单位、社会团体，按每月全部职工工资总额的2%向工会拨交的经费，凭工会组织开具的《工会经费拨缴款专用收据》在税前扣除。凡不能出具《工会经费拨缴款专用收据》的，其提取的职工工会经费不得在企业所得税前扣除。

2005年，中华全国总工会和国家税务总局联合下发了《关于进一步加强工会经费税前扣除管理的通知》（总工发［2005］9号），对工会经费的税前扣除作了进一步明确：凡依法建立工会组织的企业、事业单位以及其他组织，每月按照全部职工工资总额的2%向工会拨缴工会经费，并凭工会组织开具的工会经费拨缴款专用收据在税前扣除。

《企业所得税法实施条例》中对此问题也明确提出了“拨缴”的概念。

三、怎样规范工会经费的开支

（一）工会经费使用范围

经费开支范围是指工会经费使用的界限，即哪些费用可由工会经费开支。根据中华全国总工会的有关规定以及基层工会工作的任务和活动内容的变化以及有关政策规定，经费开支范围包括以下几个方面：

1. 工会活动费用的支出

此项开支，是我国工会最主要的经费开支项目。因为此项活动几乎包括工会

《工会法》第 42 条规定

维护、建设、参与、教育的所有重要内容。工会主要通过这些活动来代表维护职工利益，并组织职工参加社会主义经济建设事业的。

（1）会员活动方面

用会员缴纳的会费，组织会员开展郊游、参观、联欢、电影、舞会、游园等集体活动和会员特殊困难补助等。

（2）职工活动方面

1）职工教育方面。工会举办的职工教育、业余文化技术、技能教育所需的教材、教学消耗用品，与教育有关的资料、教师酬金；优秀教师、学员（包括自学）的奖励费；工会为职工举办政治、科技、业务、再就业等各种知识培训等费用。

2）文体活动方面。举办职工业余文艺活动、节日联欢、文艺创作、美术、书法、摄影、展览的费用；文体活动所需设备、器材用品购置费与维修费；文体汇演、比赛奖励，以及按规定开支的伙食费、误餐费、夜餐费等。

3）宣传活动方面。工会组织政治、时事、政策、科技讲座、报告会的酬金；工会组织技术交流、职工读书活动以及举办展览、黑板报等所消耗的用品费；重大节日工会组织活动的宣传费；工会举办图书馆、阅览室、读报组所需图书、报刊及工会管理广播站的消耗用品费等。

4）其他活动方面。未列入职工教育、文体、宣传活动而由工会组织的其他活动的费用，如职工集体福利补助等。

（3）工会业务方面

履行工会职能、加强自身建设和开展业务工作等方面的费用，如工会干部和积极分子学习政治、业务所需的费用，培训工会干部和积极分子所需教材、参考资料和讲课酬金，评选、表彰优秀工作干部和工会积极分子的奖励费，工会会员

（代表）大会的费用，建家活动的费用，工会维护职工合法权益开展法律咨询服务、劳动争议协调、再就业、送温暖等工作活动的费用，基层工会办公、差旅、维修等方面的费用。

（4）事业支出方面

工会所属为职工群众服务的非独立核算的文化、体育、教育、生活服务等附属事业的费用以及对独立核算事业单位的补助支出。

（5）其他支出方面

以上开支范围没有包括的开支项目，只要不违反国家财经政策，经过经审会审查同意，基层工会可以根据实际工作需要决定开支。

（6）上解经费支出方面

按规定比例上解上级工会经费（“上解”就是按体制由国库在本级预算收入中直线划解给上级财政的款项，以及按体制结算补解给上级财政款项和各种专项上解款项。“上解”可理解为“上交”）。

2. 工会建设费用的支出

此项开支主要用于工会的思想和组织建设，其中包括训练干部和积极分子的费用、工会印刷业务资料的费用、工会代表大会会议费用以及工会积极分子的费用等。

3. 职工福利与生活补助费用以及公益事业的支出

此项开支主要用于工会组织给职工集体福利事业的一次性补助、对于生活困难的职工和突然变故而需要救济的职工的补助、工会所举办的社会福利事业的费用等。

（二）评价工会经费使用效能基本标准

既然注重工会经费使用效能是由诸多客观因素所决定的，那么，就应当有评价工会经费使用效能好与差的基本标准，只有经常又认真地使用基本标准对其使用效能进行评判，才能及时、实事求是地对其薄弱环节采取对策加以改进。在实践中大致可用如下标准进行判断：

1. 看职工群众的满意程度

工会是职工之家，职工对工会的一言一行、一举一动最清楚，特别是对工会经费的使用效果的评判最有发言权。因此，若有30％左右的职工群众对其工会经费的开支不满意，这就说明其工会经费的使用效能不太好，没有发挥其应有的作用。若一个工会90％以上的职工对工会经费的开支感到满意，就可以说工会经费使用效能是好的或者是比较好的。

2. 看对两个文明建设的促进幅度

如果工会为职工说话，为职工办事，工会开展的活动丰富多彩，并且很有吸引力，职工就会把工会当成自己的家，并且在工作上表现出斗志高、干劲大的热情，增强职工队伍的凝聚力和战斗力，从而促进物质文明和精神文明建设，那么工会经费的开支，一般来说是合理的，是注重效能的。反之，活动贫乏，又没吸引力，就会影响职工工作的主动性和积极性，影响职工队伍的凝聚力和两个文明的建设，那么，工会经费的使用就确实存在一些需要改进的问题。

3. 看经费投入的增值额度

这主要是看用工会经费办实体，而最后工会经费回报率的多少。回报率越高，说明它的投资效能越好，反之则越低。

（三）在挖掘工会经费使用效能的潜力中所要把握的原则

要增强工会经费的使用效能，以取得更大的社会效益和经济效益，就必须注意挖掘这些潜力，并在实践中坚持把握好以下五个原则。

1. 把握好短期效应与长期效应相统一的原则

工会经费虽然有限，但是仍有其短期效应与长期效应的问题。工会经费的投放，既要有短期安排，又要有中长期打算。对增加工会经费的总收入或积累财力很有积极作用。如果工会经费积累不多，便会直接或间接地影响为职工办好事和办实事的物质基础。办的好事实事有限，必然影响职工对工会的信任程度。由此可见，进一步使工会经费短期效应和长期效应相统一，是当前各级工会领导和财务部门应当进一步引起重视的一个重要问题。

2. 把握好经济效益与社会效益相统一的原则

如果工会在经费使用上更多地注重社会效益，而忽视了必要的经济效益，那就等于忽视了市场经济的基本原则（即效益原则）。因此，既要注重工会经费投入的社会效益，也要注重工会经费投入的经济效益，要把两者有机统一起来，这样才能取得最佳的综合效益，形成良性循环，既满足职工现阶段的需求，又为工会日后的发展和职工群众开展更多更好的活动奠定了更坚实的物质基础。

3. 把握好基层需求与机关需求相统一的原则

应当说，各级工会在经费的投入上是把基层作为重点，但是，与基层职工的愿望和要求来看，还是有一定距离。这个距离应当进一步缩小。工会财务工作的重点在基层，基层活跃了，工会经费的效能也就显示出来了。

4. 把握好考虑多数职工与照顾少数职工相统一的原则

工会经费的投入考虑多数职工的愿望和要求是对的，也是应当坚持的，抓住事物的主要矛盾的主要方面。但是，我们应适当照顾少数职工的愿望和要求。这不是“均衡论”。因为任何忽视或冷落少部分职工的利益的做法，最终可能会诱发矛盾甚至导致不安定因素。因此，在工会经费投入上要最大限度地满足更多职工的正当要求。这样，才能获得工会经费投入的更好效能。

5. 把握好管钱和管物相统一的原则

任何财务都是钱直接或间接的转化。工会的钱和物都是工会开展活动的物质载体，物和钱具有同等的重要性，发挥不好物的作用，也就是没有间接地发挥好钱的效能。轻视工会财务的管理，也就是轻视工会钱的管理。所以，在发挥工会经费效能的同时，也要管好用好工会的财务，使两者的管理得到同步加强，把两者的效益都抓住。这样，钱的使用效能才能更突出。

（四）健全保证工会经费使用效能发挥的监督机制

要发挥好工会经费的使用效能，除在使用过程中要把握好以上原则外，还得健全保证监督机制。

1. 健全工会经费投放的民主决策制

这是保证工会经费良好效能首要制约措施。这种民主决策机制应对工会经费的年度预算、重大费用支出、年终决算等作出明确规定，并严格按规定执行，对工会办经济实体要建立一套调研、论证等一系列民主科学的决策程序，防止个人或少数人说了算的现象。这样有利于工会经费使用效能的充分发挥。

2. 规范经营投资责任制

对经营性的资金投放，要明确其主要领导成员所要承担的风险责任，并按投资额，缴纳一定比例的风险抵押金，赢者奖，亏者罚，促使其科学决策、管理与经营，从而保证工会资金的使用效能。

3. 建立工会经费效能审计制

在工会经费审计中要逐步建立健全对工会经费使用效能问题的专项审计制度。其好处有两个：一是能促使各级工会对此问题引起高度重视，不可等闲视之，从而经费使用上始终把工会经费的使用效能问题放在首位。二是有利于促使各级工会采取有效措施保证工会经费的使用效能。

4. 完善工会财务管理竞赛制

把过去财务工作竞赛的重点放在效能上，以获得经费使用上的高效能为最终目的，从而促使整个工会财务管理的完善和加强。进一步建立健全竞赛的检查、考核、奖励等制度。同时，把工会经费使用效能的好坏作为工会及其主要领导“三先三模”评选的重要条件。

5. 强化群众性的约束制

这既要充分发挥工作经审会的作用，也要进一步发挥群众性的监督作用。要建立起群众性的监督制约机制，更要有计划、有意识地组织职工代表或其他有关方面的代表检查和评判工会经费的使用效能问题，以促使基层工会有针对性地加强经费的使用管理，从而更好地发挥其使用效能。

（五）建立科学的经费支出结构

从当前工会财务工作现实来看，有必要对工会经费支出结构进行定量研究，才能保证工会经费支出结构的合理性，从而充分发挥其工会经费的使用效益。

1. 牢牢把握工会经费支出的方向

工会经费的支出必须紧紧围绕工会工作的大局，坚持工会经费“服务大局、服务职工、服务基层”的正确使用方向。也就是要在保证工会组织机构运行经费需要的前提下，统筹兼顾，突出重点，加大工会重点工作的资金投入；加大困难职工帮扶、职工维权、职工建功立业的投入；加大基层工会组建、工会工作宣传、工会干部教育培训等方面的投入；精简各类会议、活动和文件；合理控制行政费用的开支；杜绝不必要的基本建设支出；坚决制止奢侈浪费现象；谨慎进行投资或借款决策等。坚持工会经费正确的使用方向是建立科学合理工会经费支出结构的根本前提。

2. 合理构建工会经费支出结构模型

明确工会经费支出的总体方向，随后应该确定工会支出的总体框架，建立工会经费支出结构的模型。在企业经营管理中，专家学者提出了一个基本的成本利润结构模型，即生产成本不能超过收入额的80%；各项税费支出不能超过收入额的14%；销售净利不能低于收入额的6%。在财政支出管理中，通过划分基本支出和项目支出，辅以绩效评价体系形成财政支出结构基本模型。工会财务工作者在实际工作中也通过长期的经验积累，不断探索建立合理的工会经费支出结构。

3. 科学设计工会经费支出指标体系

从工会组织当前来看，对行政事业费的支出管理基本上仍处于基础加增长的粗放型管理状态，对于各项专项业务支出的控制，也只是局限于财务部门依据完整性、适用性、科学性都不强的工会经费开支范围、标准和业务部门讨价还价。因此工会组织也应充分借鉴财政部门的做法，扩大工会开支范围和开支标准的内容，加强适用性，提升科学性，建立科学的工会财务指标体系以及绩效评价体系，保证基本支出和项目支出的合理安排和经费有效使用，从而实现科学合理地把握工会经费支出结构、充分发挥工会经费的使用效益。

（六）建立工会经费支出结构的运行保障机制

建立了科学合理的工会经费支出结构，并不等于就实现了工会经费的合理、有效支出，必须采取有效措施，来保证工会经费支出结构在具体工作中落实，实现工会经费支出的社会效益、经济效益。

1. 严格预算管理，保证工会经支出结构稳定

工会经费的支出结构归根结底需要通过预算的编制来执行、来体现，在预算编制环节，要切实体现工会经费的使用方向和工会经费支出的总体框架；在预算执行环节，要坚持预算的严肃性和加强预算执行力度。

2. 建立绩效评价机制，不断优化工会经费支出结构

工会经费支出绩效评价机制就是通过建立科学的支出绩效评价指标体系，采用科学的方法，客观、系统地对工会经费利用的经济性、效率性、效果性进行独立的判断和评价。从工会本身来看，应该利用经审部门开展工会经费支出绩效评价，以保证建立科学合理的工会经费支出结构，提高工会经费的使用效益。

3. 加强工会财务专业人员管理，提高工会经费使用效益

以往缺少专业人士参与决策，由民主议事方式进行工会财务管理决策、处理工会重大财务问题的做法，已越来越不能够适应工会财务工作的需要，不当投资决策，大额资金外借损失，草率提供借款担保等情况屡有发生，给工会经费支出结构的稳定，降低了工会经费的使用效益。工会组织经济形势的改变要求必须有专业人才来参与工会财务管理、决策。

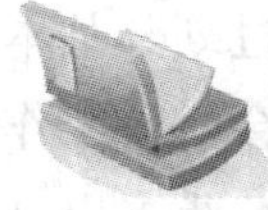

开放专栏

四川试验工会助农民工跨省维权：经费不足陷尴尬

四川已实现820多万出川农民工和所有省外入川农民工的维权对象全覆盖，启动此机制后，2008年全年维权次数同比下降近45%。但新增维权工作量给工会带来经费上的尴尬。苦难与艰辛，在会场上被一遍遍诉说。12月4日，由四川省各地赶来的农民工代表在评判一项制度同时，也不断诉说着作为个体在维护权益时的种种困境。“如果没有工会，我们都不知道该如何去维权。”来自德阳罗江县的农民工刘世全说，为其弟（刘世贵）在昆山打工的工棚内“睡觉”时死亡索取赔偿。与刘世贵一样，四川拥有1 100余万异地外出打工的农民工，其权益如何有效保障地提出，对劳务输出大省四川来说更是一项政治任务。

对于命题破解，四川省总工会依靠各地工会，探索实行省际工会联动维护农民工权益。“一方面，农民工权益受侵害所迸发出来的社会问题日益严重；另一方面，群体流动难以控制且数量巨大。”四川省总工会副主席胥纯说，“只有工会来做。”四川省工会探索此项联动维权机制创新项目，已经入围2009年度第五届中国地方政府创新奖。对于该项目实效，中华全国总工会表示将在中国工会十五大报告和新修订的《工会法律援助办法》中予以确认，以着力推动跨区域农民工联动维权机制建设。

制度建立之初的调研总结发现，农民工维权的成本与收益比例为4∶1。“地方工会优势在于，工会组织从企事业单位到社区，各行业几乎全部覆盖，机构也相对比较完整。”德阳市总工会维权律师团律师唐朗军说，唐也是刘世贵“睡觉死亡”一案的代理律师。机制运行以来，如何合理完善机制的补偿方案，让四川方面颇费思量。“作为劳务输出地，每次维权都要委托输入方工会，虽解决了异地农民工维权主体问题，但这不是对方的义务。”四川省总工会一位人士分析，“而这也是有些省份没有签订协议的原因之一。”“另一方面，新增工会维权工作量也给工会带来维权经费上的尴尬，仅达县、大竹和宣汉三县每年投入农民工维权的经费就高达10万元以上。”

资料来源：宋超. 21世纪经济报，2009-12-16

观点之声：如何解决基层工会财务工作中存在的问题

1. 领导是关键

基层工会领导要重视财务工作。实践证明，基层工会领导在思想上对财务工作的重视，对搞好基层工会经费的收、管、用起着关键性的作用。

2. 下工夫抓好工会经费收缴

工会经费的主要来源是企业、事业等单位依法拨缴的工会经费。目前，一些基层工会经费收缴率低，有两个原因：一是工会自身没有下工夫抓经费收入，二是企业、事业单位行政方面不依法及时、足额拨缴工会经费。因此，必须加强工会经费收缴力度，采取各种有效方式宣传《工会法》及有关政策规定，使企业、事业单位行政方面了解相关的法规、政策，增强法制观念，依法拨缴工会经费。

3. 基层工会应独立建账户

基层工会依法独立建账户，是工会经济权益的要求，也是加强基层工会财务工作的基本条件。上级工会应帮助基层工会做好协调工作，与企业行政沟通，切实解决好这一问题。

4. 加强检查指导

目前，一些基层工会会计核算日常业务的处理方面，如原始凭证、账簿管理、现金管理、经费开支范围、开支标准、会计报表编制、会计档案管理、会计人员职责分工等不规范现象比较普遍。要解决好存在的问题：一是上级工会对所属的基层工会财务工作情况进行定期检查，发现问题及时纠正。二是组织基层会计人员互审互查，对财务工作基础差的基层工会进行指导，帮助建立规章制度。

5. 加强预算管理

对支出预算要根据工作需要，合理安排资金，依据活动项目，尽量做到具体化。基层工会预算提交经审会审查后、报送工会委员会或主席办公会议讨论通过，并报上级工会审批。预算一经批准，就具有法律效力，必须严格执行。若有未能预见的事项需要调整预算的，必须按照审批程序办理。

6. 加强培训工作

工会财务工作专业性、政策性较强。基层工会财务人员要履行好职责，必须努力提高专业知识和政策水平。提高思想和专业素质，增强责任感，才能使基层工会财务工作与工会全局工作发展要求相适应。

延伸思考

1. 关于工会经费和财产的保护有哪些法律规定？
2. 工会经费的管理要注意哪些方面？
3. 如何使工会经费发挥最大效用？
4. 怎样衡量工会经费是否发挥效用？
5. 如何使工会经费的审查与监督工作长期发挥作用？

深度阅读

[1] 范治俊．建立科学的经费支出结构，提高工会经费使用绩益．中国工会财会，2009

[2] 柯中启．浅议工会预算审查与监督．中国工会财会，1999

[3] 李素珍．基层工会财务工作．中国工会财会，2008

第十五章　经济全球化下的工会发展

进入21世纪，全球化已成为社会政治经济领域使用最广泛的一个词汇。人们之所以热衷于讨论全球化问题，不仅由于全球化的影响无处不在，更是因为全球化已经成为不可抗拒的发展趋势，必须认识全球化，制定应对战略，才能抓住机遇，趋利避害，迎接挑战。

一、国际合作论

（一）两个学派的国际合作理论

关于国际合作理论，有两个主要学派提供了不同的观点。

新现实主义学派强调无政府状态的重要性，认为国际关系的实质是无政府条件下为权力的斗争。由于并不存在一个凌驾于国家之上的组织进行强制性的管理，国际社会呈现无政府状态，这就使得国家间的关系近似于“一切人反对一切人”的自然关系。各个国家单位之间的冲突只能自行解决，即各个国家只能依靠自我保护以求生存。

新自由制度主义学派强调国际相互依赖的重要性，认为国际关系的实质是合作而不是冲突。一方面，该学派承认国家是单一的、理性的行为体，但是理性并不必然会导致国际冲突。相反，考虑到各自的比较优势，国家可能会采取互惠性合作的战略。另一方面，他们也从国际体系的无政府状态假设出发考察国际政治，但是他们认为无政府状态并不等于无序，也并不一定会导致冲突和混乱的后果，国际社会可以是一个无政府而有序的社会。

观点之声：中国企业国际化警惕“工会门”

在全球化的今天，中国企业要知道，外国工会与中国工会是完全不同的。是对手不一定要整天打架，也完全可以和平相处，但首先要知道他是你的对手。

劳联—产联一向反对美国制造业的转移，以及其他国家制造业对美国的冲击，而全美汽车工人联合会对于外资和私人资本的进入也不信任。

近年来，美国的工会组织率呈下降趋势，只有16%左右的产业工人加入工会，一方面，因为资本方想尽办法排挤工会成员，降低成本；另一方面，因为美国有些企业没有建立工会，如沃尔玛、麦当劳、肯德基、柯达、戴尔等，这种没有工会的运作方式获得了认可。

20世纪七八十年代美国兴起的人力资源管理理论，有一个基本定位，就是用良好的管理取代工会，这一理念导致大量企业用一个比较人性化的明智管理来抵制工会。

比中国一汽、上汽等汽车企业更早走出国门的其他中国公司已经尝到了“工会门”的苦果。

1992年，首钢集团公司曾斥资1.2亿美元收购了秘鲁铁矿公司，成为成功并购外国公司的第一家中国国有企业。项目不仅以4倍于政府底价的价格完成交易，从而开始了长达14年的噩梦之旅。噩梦肇始于首钢工会对社会主义工会模式的宣传。收购秘鲁铁矿后的第二年，首钢工会邀请矿区工会的领袖到北京首钢总部参观，不仅向他们展示了社会主义官办工会的运作模式，而且展示了总部工人良好的工资收入和完善的福利保障。这些秘鲁工会成员在北京吃饱喝足、高高兴兴返回秘鲁后，立刻提出按照中国社会主义企业的模式给秘方员工增加福利，并一口气提出35项福利条款。

但付出巨大成本后，当地工会的要求并没有就此打住，过早地释放诸多激励政策让随后首钢的运作缺少回旋余地。之后，在首钢秘鲁公司经营不景气的状况下，秘鲁铁矿工人罢工接连不断，而首钢派去的中方管理层也缺乏应对经验，处理方式从一开始的“非常开明”转向了另一个极端：“特别强硬”，与工会水火不容，以至在当地陷入恶性循环。

资料来源：袭祥德．中国企业国际化警惕“工会门”．商务周刊，2007-04-20

（二）国际经济合作

由于各国要素差异，通过要素国际流动，输出本国优势要素，与他国优势要素结合，或利用外国先进的技术和管理方法、自然资源、市场和劳动力资源，或绕开贸易保护主义壁垒等，实现强强联合，实现要素劳动力、技术、资本、信息的优化组合过程，提高竞争力。

跨国公司是国际经济合作的媒介。那么跨国公司究竟是什么？

先来看一下列宁对跨国公司的定义：“跨国公司就是从事对外直接投资、并在一个以上国家拥有或控制从事增值企业的机构。”

跨国公司主要是指发达资本主义国家的垄断企业，以本国为基地，通过对外直接投资，在世界各地设立分支机构或子公司，从事国际化生产和经营活动的垄断企业。

随着经济全球化的发展，跨国公司面对“消费经济”带来的巨大市场，资本解决“过度积累”危机、实现利润最大化的活动逐渐由生产领域扩展到市场领域。为资本在生产领域降低劳动力成本、提高劳动生产率、追求利润最大化提供另一种可能性。资本主义原始积累时期资本榨取剩余价值的种种手段又被重新利用，即通过延长劳动时间和加大劳动强度来提高产能，通过无报酬加班、克扣工资和福利、弹性用工制度来降低劳动力成本，等等。

小资料：苹果手机的生产分工及产业链价值

苹果系列是“全球代工”的经典产品。乔布斯的公司只负责设计、技术监控和市场销售，而所有的生产加工环节都以“委托生产”方式，外包给遍布世界各地的下游制造商。秉持“我们动脑，他们流汗；我们出思想，他们卖体力”的想法，这些年来，越来越多的以高技术专利和创意能力见长的跨国公司，都把廉价的加工环节和生产基地像包袱一样甩给“打工国家”。1997年乔布斯“归来”之后，苹果公司成为其中的佼佼者。

苹果手机 iPhone 的生产是在全球范围内进行的。它的闪存和屏幕是在日本生产的，信息处理器和相关零部件是在韩国制造的，全球定位系统、微电脑、摄像机、WiFi 无线产品等是在德国制造的，蓝牙、录音零件和3G技术产品是在美国制造的，手机机身组装是在中国完成的。

据调查，从美国进口一部在中国组装的苹果手机是178.96美元（实际零售价格要在两倍以上），其中闪存24美元和屏幕35美元，这部分价值被日本获取了；信息处理器和相关零部件23美元，这部分价值被韩国获取了；全球定位系统、微电脑、摄像机 WiFi 无线产品等共30美元，这部分价值被德国获取了；蓝牙、录音零件和3G技术产品12美元，这部分价值被美国获取了。除此之外，材料费用、各种软件许可证和专利费用，合起来近48美元。

最后算下来，在中国组装环节的费用只有6.5美元。这意味着富士康一类的公司以及成千上万的中国劳工，从时尚而尖端的苹果手机里，只能分享3.6%的价值。

（三）经济全球化对劳工权益和劳工运动带来了哪些影响

新自由主义的经济全球化对劳动体制、劳工权益和劳工运动都产生了巨大冲击。资本的全球性流动以及全球性生产体系的形成不仅加剧了劳动力对资本的依赖性，强化了资本对劳工的控制，导致劳工利益受损，而且加剧了全球工人阶级身份认同的危机和传统劳工运动的衰落。

首先，经济全球化加速了商品和资本的流动，但劳动力的自由流动却受到国家移民政策以及政府对国内劳动力市场的规范性政策的种种阻隔。劳资双方在流动自由上的不对等性也加剧了劳动力对资本的依赖、资本对劳工的控制。

其次，资本在全球流动追求利润最大化的活动造成了工作条件和劳工利益的“向下竞争”“血汗工厂”在欧美发达国家大量雇佣移民工的行业和在发展中国家的出口加工区中的重现集中反映了这一趋势。强迫性劳动、使用童工、工作时间过长、无报酬加班、职业伤害和职业病、体罚、性骚扰、工资过低等问题成为新闻媒体和研究者广泛关注的“血汗工厂”问题。

最后，以劳工为动员基础、以工会为组织主体的传统劳工运动陷入困境。就集体意识而言，全球的劳工难以形成对工人阶级共同利益的认同。资本的全球流动性加剧了不同国家劳工对于有限工作机会的竞争，而劳动力市场、生产过程、产业关系的多元化致使工人阶级对资本主义的反抗和替代性制度的理解很难统一。同时，工会作为传统劳工运动的组织主体，面临急剧锐减。工会的衰落不仅表现为会员数量萎缩，而且表现为意识形态危机，即认为现有的社会制度是无法改变的。

资本主义全球化导致以国家为边界的工会组织和劳工运动的衰落。如何在全球范围内维护劳工的权益，推动跨国性、国际性劳工运动的发展成为重要的现实问题。传统的“国际工会主义”是建立在国家性工会组织和产业关系体制之上的，而国际性工会组织的主要作用限于信息沟通、外交和政策层面。20 世纪 70 年代以来的全球化不仅动摇了传统的“国际工会主义”的组织基础，而且暴露了以往国际劳工运动中“官僚主义的、外交性的精英主义组织模式”的局限性。

（四）如何应对经济全球化给劳工运动带来的不利影响

随着经济全球化，特别是跨国公司的日益国际化，单靠一国工会无法更有效地维护工人的权利，突出表现在对外商投资企业和劳务跨国输出工人权利维护问题上。为了应对这一各国工会面临的共同课题，工会应面向国际，加强相互联系与合作。由于维护工人权利的全球化，要求各国工会比以往任何时候都要注重加强相互间的联系、协调与合作。比如，在解决外商投资企业工人权利的维护和劳务跨国输出人员的权利维护等问题上，就可以通过与资本输出国、劳务输入国工会组织间的联系，以取得他们的支持和帮助；或者通过和利用国际劳工组织及本国已批准的有关国际公约、框架协议、国际规则等渠道和途径，来维护好工人的权利。

各国都应特别注重加强对经济、贸易和社会政策的参与工作。在应对经济全球化的过程中，世界工会运动采用了不同的策略去影响全球化进程，它包括：给定期召开的八国峰会和类似经济峰会的关键政府施加压力；强力将劳工问题和社会问题纳入区域经贸会议的议程；通过覆盖诸如童工劳动、债役劳动、用工歧视等基本问题的框架协议的谈判，努力直接与多国企业交锋。工会运动对全球化和主要国际组织政策的影响，主要取决于他们对决策过程的影响。如在国际劳工组织，工会是该组织中的一个重要组成部分，对该组织的政策有重要影响。

切实维护好工人基本的合法权益。维护工人权利，是世界各国工会普遍的基本职责，也是工会的安身立命之本。在世界工会运动的历史进程中，围绕维护工人权利制定了一系列国际公约，形成了限制童工、取缔强迫劳动、消除就业歧视等的基本劳动标准，力求保证人人都享有体面的工作。

小资料：沃尔玛柯达等部分外企无视中国法律拒建工会

2004年下半年，全国人大常委会曾就工会法执法情况进行了一次全国大检查。之后，《法制日报》报道说：“部分跨国公司在我国的企业无视我国法律，公开抵制组建工会。”在这篇报道中，沃尔玛、柯达、戴尔、三星等知名跨国公司被点名，其中沃尔玛和柯达因“长期抵制建立工会”而被重点提及。之后，全国总工会表示将把长期不按中国法律建工会的企业列入“黑名单”，并敦促劳动行政部门和司法部门介入解决。

据了解，沃尔玛中国分公司在华企业约有1.9万名中国员工，在深圳、大连、昆明、北京、厦门、福州等18个城市建立了37家商店，均未建立工会组织（此材料为2004年材料，沃尔玛于2006年在中国成立了第一家工会）。据反映，深圳、大连、昆明等市总工会工作人员曾分别与沃尔玛进行接触，但各地沃尔玛均摆出不合作的态度，抵制组建工会。理由是：沃尔玛在全球都没有组建工会的惯例，在中国也不例外。据深圳市总工会反映，与沃尔玛中国总部接触困难更大，沃尔玛总部经常以经理不在内地为由推脱。

美国柯达（厦门）有限公司长期抵制建工会。柯达公司提出：建立工会组织是工会内部的事，与企业无关；柯达是公司的品牌，任何组织不能随便使用，工会组织不能称为柯达公司工会；公司不为工会组织提供办公、活动场所，办公、活动场所也不能设立在公司内；公司管理人员不能参加工会活动。目前该公司一直未建立工会组织。

类似的企业还有厦门的美国戴尔计算机（中国）有限公司、天津三星集团的8个子公司、多数省的麦当劳、肯德基等快餐业以及一些外资、知名私营企业，如深圳富士康集团公司、广州的镇泰集团公司、中达电子（苏州）有限公司、希捷国际科技（无锡）有限公司等，企业成立多年至今未建立工会组织。

资料来源：王新玲．法制日报，2004-10-20

二、如何对待国际劳工标准的机遇和挑战

经济全球化是当今时代的重要特征之一，世界银行发展报告指出，经济一体化及商品、劳务、资本和人员的国际流动给绝大多数劳动者带来新的机会，增加了他们的福利。但是，由于发达国家和发展中国家之间经济发展水平的悬殊，在劳动权利保障和劳工标准方面存在较大差异，而不同的劳动权利和劳工标准意味着不同的劳动力成本，进而影响各国的竞争力。有些发达国家开始实施降低工资和社会福利的阶段性措施，放松劳工标准以降低本国劳工成本，而有些发展中国家为吸引外资和扩大出口，也竞相标榜、维持低廉劳动力成本的优势。由于自由贸易对发达国家和发展中国家影响的重点不同以及南北国家在劳工状况上的差异，使得发达国家工会和发展中国家的工会在对待劳工标准的态度上差异甚大。

（一）什么是国际劳工标准

国际劳工标准又称国际劳动立法，一般是指由国际劳工大会通过的国际劳工公约和建议书，以及其他达成国际协议的、具有完备系统的关于处理劳动关系和与之相关的一些关系的原则、规则。国际劳工大会通过协议并宣告的形式见表15—1。

国际劳工标准是一定社会发展条件下对工人保护水平和要求的集中反映，因此，国际劳工标准和标准工作必须随着情况的变化而不断改进和完善，才能适应时代的需要。

表 15—1　国际劳工大会通过协议并宣告的形式

	公约	建议书
特点	需要得到成员国的批准，具有国际条约的性质。成员国一旦批准某项公约，就承担了执行公约条款的法律义务	不需要成员国批准，对成员国不具有法律约束力，只是为成员国制定国内政策提供指导

（二）国际劳工标准究竟会带来怎样的影响

若国际劳工标准不统一，世界经济会出现以下情况：全球化使劳动力市场世界化，破坏了发达国家的工会和劳工标准。在纺织、制鞋、玩具等一些劳动密集型的传统产业，由于发展中国家廉价商品的大量进入，在这些行业工作的发达国家劳工工资下降甚至失业，他们沦为贸易自由化政策的受害者。于是发达国家的工人和工会就片面地认为把生产转移到发展中国家，会使发展中国家凭借廉价劳动力的优势在国际上倾销产品，导致他们本国工作岗位的减少和产品竞争力的减弱。

发展中国家在劳工待遇以及劳动条件方面的落后降低了产品成本，进而提高了产品在国际市场上的竞争力，这是一种不公平的竞争，威胁了发达国家工人的正常就业以及工资待遇，因此他们主张在国际贸易中加入劳工标准，甚至对不能达到劳工标准的产品生产进行贸易制裁，其主要目的是为了保护本国的生产和就业。

若国际劳工标准统一：一般而言，发达国家所推行的劳工标准一般都要比发展中国家的劳工保护条件高，理应受到发展中国家工会的欢迎，因为工会就是工人利益的保护者。但是，由于推行的较高的劳工标准脱离了发展中国家的实际，不符合发展中国家的战略利益，有的甚至增加了发展中国家劳动密集型产品的成本，直至工厂无法正常运转，工人的就业得不到保障。

（三）发达国家与发展中国家对劳动标准问题的分歧

发达国家与发展中国家对劳工标准问题争议的焦点是劳工标准是否与国际贸易挂钩。

发达国家支持国际贸易—劳工标准挂钩，他们认为：

国际贸易—劳工标准挂钩可以弥补逐低标准。因为国家间的劳动力供求状况不同，因而各国有不同的劳工标准。例如，发展中国家劳动力供给远大于需求，劳工标准相对宽松，这些国家依靠廉价劳动力获得劳动密集型产品在国际市场上的比较优势。当国际市场竞争激烈时，这些国家通过低劳动标准获得价格优势来争夺国际市场份额。这对发达国家同行业造成严重冲击。

为了弥补国际劳工组织的脆弱性。由于国际劳工组织是以自愿主义为基础的，所以批准的公约是自愿的，这导致在执行劳工标准的公约方面的约束力不是很强，因此即便是批准公约的国家，并不意味着依靠这种方式能改善劳工状况。因此将其与国际贸易挂钩可以在一定程度上约束发展中国家有效实施国际劳工标准，改善劳工状况，维护人权。

发展中国家反对国际贸易与劳工标准挂钩。他们认为：

因为各国的劳动密集程度不同，各自的比较优势不同，造成经济发展状况不同。因此，不应该将社会责任标准强加给经济发展状况不同的国家。

国际劳工标准低是与国家经济发展状况紧密联系的，发达国家要想改变发展中国家的人权状况应该帮助发展中国家发展经济而不是通过贸易制裁来解决。此外，“社会条款将扰乱国际贸易，因此将限制由于国际贸易带来的积极成果”。目的是削弱一些欠发达国家在劳动力成本方面的比较优势。发达国家利用国际劳工标准隐蔽性、复杂性、随意性的特点，将劳工标准变成一种新的隐蔽性的非关税壁垒，来攻击发展中国家的劳动力方面的比较优势，以达到抑制发展中国家经济发展的目的。

表 15—2 能更加清晰地表现经济发展状况有差异国家对国际贸易—劳工标准挂钩的态度以及原因。

表 15—2　　不同国家对国际贸易—劳工标准挂钩的态度分类表

发达国家	发展中国家
赞成国际贸易—劳工标准挂钩	反对国际贸易—劳工标准挂钩
弥补逐低标准	经济发展状况不同。不应将社会责任标准强加给经济发展状况不同的国家
劳工标准的公约执行约束力不强，将劳工标准与国际贸易挂钩可以在一定程度上改善发展中国家劳工状况，维护人权	社会条款将扰乱国际贸易，削弱发展中国家的劳动力比较优势，抑制发展中国家的经济发展

开放专栏

世界贸易组织促进劳工标准全球化

世界贸易组织的成立对劳工标准全球化起到催化作用。1996 年首届 WTO 新加坡会议经过激烈辩论，将“核心劳工标准”列入会后宣言。宣言对劳工标准问题作了如下声明：第一，成员遵守国际劳工组织制定的国际公认的核心劳工标准，并支持国际劳工组织提高劳工标准的工作。第二，成员相信由贸易增长带来的经济增长与发展和进一步的贸易自由化将会对核心劳工标准的提高作出贡献。第三，成员反对将劳工标准应用于贸易保护主义的目的，并且同意，各国，尤其是低收入发展中国家所具有的比较优势是不容置疑的。第四，承诺在贸易自由化与劳工标准问题上 WTO 和国际劳工组织秘书处将继续现有的合作。

中国、印度、巴基斯坦、埃及、古巴、墨西哥等亚非拉发展中国家的工会为了维护发展中国家工人的根本利益，在国际劳工大会及其产业委员会上与原国际自由工联及发达国家工会进行了针锋相对的斗争。在以亚洲国家为主体的发展中国家的坚持下，经过长时间的辩论，国际劳工组织在 1998 年召开的第 86 届国际劳工大会上通过了《关于工作中的基本原则和权利宣言及其后续措施》文件，指出：“不得将劳工标准用于贸易保护的目的，并且本宣言及其后续措施中的任何内容不得援引或被其他方式用于此种目的。此外，无论如何不得因本宣言及其后续措施而对任何国家的比较利益提出异议。”

（四）国际劳动标准的统一给中国带来哪些影响

从长远来看，国际劳工标准统一化是大势所趋，这对我国经济发展带来了挑战。

劳动密集型产品成本提高，削弱了我国劳动密集型产品在国际市场上的竞争优势。中国是劳动力丰富的大国，劳动力价格低廉，这就形成了我国劳动密集型产品的比较优势。长期以来我国出口产品主要是劳动密集型的初级产品及制成品，在这些行业，劳动力优势明显。我国实行出口导向型战略，以促进国民经济的发展，但是社会保障水平低下，制度不健全。当发达国家强制我国实行国际劳工标准时，企业必须改善工人的福利水平，完善职工的保障制度。这必然会增加企业生产成本，降低产品的价格优势，造成出口量减少，企业利润空间减小。

对我国多数出口相关企业来说，国际劳工标准的要求一般很难达到，即使是发达国家的许多企业一般也很难完全达到。企业如果通不过劳工标准认证，产品就不能进入进口国市场或者本国供应商资格被取消，这会对我国的贸易产生重大影响。此外，劳工标准认证时间一般比较长。在认证期间，企业的出口也会受阻，会使企业的利润降低，对我国外贸出口规模也会产生重大的负面影响。

过高的劳工标准对我国就业产生重大影响。劳动密集型产业的发展对我国国民经济的发展和解决就业问题具有重要意义。若企业被强制实行较高的国际劳工标准时，将不得不改善个人的工作环境，提高工人工资，使劳动力优势变为劣势，企业成本增加，从而减小生产规模，利润萎缩，这时企业不断解雇部分职工，以缩减开支，进而造成部分劳动力失业。总的来说，过高的劳工标准削弱了我国劳动密集型企业吸收剩余劳动力的能力，使我国的就业问题雪上加霜。

劳工标准对我国吸引外资和经济发展带来负面影响。近年来，中国吸引外资的步伐较快，廉价的劳动力是吸引外资的主要原因。当劳工标准提高后，劳动力价格也会随之提高，中国廉价劳动力的优势可能会丧失或变成劣势。因此，对外资的吸引力降低，一些合资企业达不到劳工标准，产品出口受阻。同时跨国公司也会担心部分承包商达不到标准而不愿来中国投资，这对中国吸引外资将会产生消极作用。另外，外资在我国投资的不仅是资本，更重要的是先进的专利技术和设备，对提高生产效率、扩大生产规模、获得规模经济有积极的推动作用，带动我国经济持续增长。随着劳工标准的提高，外商投资规模缩减甚至可能撤资，我国将无法获得上述优势，使我国经济增长产生重大的负面影响。

劳工标准会加大我国不同阶层和地区之间的贫富两极分化等问题。劳工标准的提高，削弱了劳动密集型出口企业缓解就业压力的能力，造成部分劳动力失业。这些劳动力一般都是素质比较低的基层工人，使他们的生活得不到保障；而素质较高的高层管理人员一般不会面临失业危险，这就加大了不同社会阶层的收入差距。另外，我国出口外贸企业主要集中于沿海城市，劳工标准对沿海城市的就业影响较大，进而会影响这些地区的收入分配格局，对内陆地区的影响不十分明显，这样就造成收入分配的地区性不平衡。

（五）国际劳工标准的统一化后的机遇

有助于企业的长远发展。虽然国际劳工标准一般很难获取认证。但如果获取认证，企业可以突破国外壁垒，产品可以被更多的国家认可。虽然短期内产品价格会有所提高，长期内随着出口量增加，生产规模扩大，企业仍可获取规模经济，成本会有所下降，价格也会有一定幅度下降。另外，当企业适应新的劳工标准后，工人的社会福利改善从而促进企业经济整体环境改善，这必将为企业吸引外资提供有利条件，保证企业的可持续发展。

企业的社会责任受到社会的广泛关注，使劳工的人权得到保护。劳工标准提高后，企业的社会责任受到广泛关注，企业为了保持已有的市场份额，树立良好的公众形象。不得不改善工人工作环境，提高工资报酬和福利待遇以及重新安排合理的工作时间表，以适应较高的劳工标准。这既使工人的整体福利得到提高，也使工人的基本权利得到了保障。同时维护了人类道义。

提高劳工标准有利于企业加速创新，推动产业的升级换代。劳工标准实施后，我国劳动密集型产业的市场进入壁垒提高，劳动力成本低的优势很难保持。因此，劳工标准的提高促进企业改变原有的生产要素组合，加大资本和技术投入，提高劳动边际生产率，使企业实现从劳动密集型产业向技术密集型产业转变，优化我国的产业结构。

有利于维护国际竞争秩序，避免企业利用价格优势进行恶性竞争。中国劳动力成本低的优势，使厂商利用生产要素成本低来获得价格方面的优势。我国劳动密集型出口企业利用低劳工标准压低劳动力成本，使产品价格低于世界市场的平均价格，引发了不少发达国家反倾销的职责，破坏了正常的国际竞争秩序。劳工标准提高后，工人工资提高，我国的出口产品价格上升，最终将接近世界市场的平均价格，降低了我国出口产品遭遇反倾销指责的概率，也避免了企业利用低价格进行恶性竞争。

（六）如何应对国际劳工标准所带来的机遇与挑战

1. 中国对 WTO 劳工标准应持有正确的态度

劳工标准既有有利的一面，又有有害的一面。必须审时度势，具体问题具体分析。从与国际贸易挂钩的角度看，劳工标准是发达国家的贸易保护的工具，因此很多人对此持反对态度，反对劳工标准作为一种社会壁垒纳入多边谈判体制。但是从劳工标准本身来看，其实质是维护工人的基本利益，是为工人阶级服务的。此外，随着经济全球化的发展，劳工标准与国际接轨是必然趋势。

2. 完善我国劳工法律法规，不断改善劳工条件

目前我国劳工立法尚不完善。存在着许多问题，这些问题尚未上升到法律高度，企业的社会责任受到全世界广泛关注。鉴于我国在劳工立法方面存在的种种缺陷，应该认真研究国际劳工标准的新动态，完善劳工立法。改善劳工状况，结合我国国情逐步建立与国际劳工标准相一致的国内劳工标准。同时要把《劳动法》落到实处，强化其执行机制，改善本国劳工状况，使劳动者合法权益受到法律保护。

3. 加强与广大发展中国家交流与合作

首先，应与广大发展中国家联合起来，积极反对劳工标准与国际贸易挂钩，以维护发展中国家的贸易利益，采取共同措施，制止发达国家把劳工标准当成贸

易保护的工具，争取在与发达国家的谈判中处于有利地位。另外，与其他发展中国家团结一致，在标准的内容与实施方式上达成一致，争取有利于自己的制度安排；允许不同发展阶段的国家采取逐步标准化的安排。增进交往，缓解矛盾，促进劳工标准发挥有利的作用，提高发展中国家的整体竞争力。

4. 企业应积极应对并改革创新

中国的劳工状况归根到底是企业自身的问题，加入 WTO 后，企业应调整现有的产业结构，加速产业的升级换代，提高出口产品的附加值。摆脱低档的劳动密集型产品在出口上过度竞争、贸易摩擦增多的局面，从而在国际市场上获取优势。此外，实施主动灵活的谈判策略，加快制定国际劳工标准预警机制，避免企业在国际竞争中处于被动地位。

5. 政府行业协会应发挥重要作用

政府一方面鼓励外贸企业积极参与国际竞争和必要的责任认证，另一方面加强对企业的监管，取缔不符合安全标准的企业，严惩违反劳工标准的行为，加大现有劳动法律法规的执行力度。行业协会应积极协助企业理解劳工标准，并参照 SA8000 标准及其他国家的劳工标准，根据我国国情制定符合我国国情的劳工标准，争取在国际谈判中有更多的发言权。

三、国际视野下怎样发展工会

（一）经济全球化下工会发展状况

经济全球化趋势的进一步发展，给国际工会运动带来了深刻影响，主要表现在劳动者的就业、保障、工会权利受到冲击。加强工会在世界范围内的团结与合作，正成为各国工会组织的共识。

中国的劳动关系和西方成熟市场经济国家的劳动关系处于完全不同的发展阶段。中西方劳动关系的运行也表现出不同的特征。20 世纪七八十年代以来，西方成熟市场经济国家的工会开始衰落，集体谈判覆盖率也大幅下降，呈现出较为明显的、个别化的发展趋势。与此相反，近年来中国的劳动关系却开始从个别劳动关系向集体劳动关系转型。

我国自加入 WTO 以后，劳动关系日益国际化，比以往任何时候都更直接地感受和面对经济全球化给劳动者和工会带来的冲击与影响。因此，站在国际视野上，审视工会运动的发展走势，吸取经验，从而促进中国工会以及国际工会运动的健康发展，成为中国工会的必然选择。

（二）国际视野下中国特色社会主义工会发展道路

随着我国市场经济的确立和不断完善，我国社会结构和利益结构发生了深刻变化，劳动关系的市场化、契约化、多元化，已经演变成为现代社会的基本经济特征。

冲向国际

当前，中国工会要有与时俱进的理论勇气和社会责任感，要有宽广的科学发展视野和战略全局思维，找准新形势下组织性质和社会职能定位，以促进社会和谐发展与改善民生质量为念，准确把握时代跳动脉搏和社会主流心态，更好地服务和维护职工群众的利益诉求，充分体现自身独特的历史使命和组织作为，优化和营造劳动法制环境和社会舆论氛围，完善工作绩效考核和社会客观评价体系，这是摆在各级工会面前亟待破解的严肃社会课题。

观点之声：发展中国特色社会主义工会发展道路

坚持以中国特色社会主义理论体系为指导，不断丰富和发展中国特色社会主义工会发展道路理论。

中国特色社会主义工会发展道路是在中国特色社会主义理论体系指导下形成和发展起来的，是中国特色社会主义道路在工会工作中的具体体现。我们党历来高度重视工人阶级和工会工作。党的十六大以来，以胡锦涛同志为总书记的党中央在继承发展中作出了许多新概括、新论断，强调坚持全心全意依靠工人阶级方针，充分发挥工人阶级的主力军作用；牢牢把握新世纪、新阶段我国工人运动的主题，坚持工人运动的正确方向；正确认识我国工会的性质地位，充分发挥工会组织、引导、服务职工和维护职工合法权益的作用；进一步加强和改善党对工会工作的领导，支持工会依照法律和章程创造性地开展工作，等等，进一步发展了我们党关于坚持走中国特色社会主义工会发展道路的理论，为中国工运事业的发展进一步指明了前进方向。

不断丰富和发展工会发展道路理论，必须继续坚持以中国特色社会主义理论体系为指导。中国工会是中国共产党领导下的工会，是社会主义的工会，是以马克思主义为指导的工会，这就决定了中国工会必须坚持马克思主义的指导地位。在新的历史条件下，丰富、发展和完善中国工会理论，必须坚持邓小平理论、“三个代表”重要思想，深入贯彻落实科学发展观，深入分析国际工运和中国工会的发展趋势，正确分析当今工会工作面临的新形势、新任务，全面提高运用马克思主义立场、观点、方法解决工会工作面临的实际问题的能力，确保工会工作始终朝着正确的方向健康发展。

资料来源：梁志忠．“坚定不移走中国特色社会主义工会发展道路理论与实践研讨会高层论坛发言”，2009 年 10 月 28 日

国际视野下中国特色社会主义工会发展道路主要途径有经济职能首要化和维权功能主导化；政治职能制度化和保障人权具体化；组织形式多样化和工作机构社会化；决策模式民主化和管理制度效能化；理论研究长效化和实践探索常态化；经验交流全面化和工作借鉴国际化。

1. 经济职能首要化和维权功能主导化

随着经济全球化和世界多极化的深刻影响，社会民主化进程的加快，改善民生成为促进社会文明进步的晴雨表，也是各级工会实现职工利益诉求的风向标。在现代市场经济条件下，工会的职能形态已由服务社会政治职能，逐步回归到工会本质的经济职能和天然属性，由传统单一的工作格局回归到多维、互动的多元工作格局。新形势下工会工作更加贴近经济社会实际，更加贴近职工群众的物质和文化生活，采取的工作举措更加务实，富有人性化，积极履行维权职责成为工会经济职能的首选，成为工会工作中最具实质性意义的内容，成为最能争取职工会员信赖的工作手段。工会干部日益看重其自身的经济职能，看重社会意义的价值取向和工作取舍的变化，是与社会经济发生的深刻变革相适应，预示着工会发展战略的成功转型，标志着工作思路和政策策略的深刻改变，这是做好工会工作的必然选择和最终归宿。

2. 政治职能制度化和保障人权具体化

工会是有强烈阶级归属的社会群众组织，要坚持“有所为有所不为”的工作

策略，一方面，在社会公共管理和劳动关系领域，鲜明地提出工会的社会理想和行动纲领，提出切合社会发展要求的政策主张，积极代表和维护职工的合法权益，才能将职工凝聚在工会组织的周围。另一方面，有效履行工会服务社会政治的重要职能，这项职能应当是务实的政策原则和行为准则，与工会战略发展和工作目标相融合，物化为科学计量的发展指标体系和目标管理成果。工会组织要依照宪法的民主自由法制原则，努力把维护社会稳定的政治职能制度化，把保障人的体面劳动和尊严具体化，保证公民社会民主权利在基层的贯彻落实，要把职代会、集体合同和厂务公开制度，融入到现代企业的科学管理制度之中，融入到规范的法人治理结构之中，形成可控制的社会经济关系和可协调的劳动关系。工会组织在企业履行的基本政治职能，侧重于保障企业职工享有人格的尊严，公民的基本人权与自由，公平劳动就业、签订劳动合同，获取劳动报酬、从事安全生产、参加社会保障等，企业职工有逐步融入企业文化的意愿，享有依法加入工会组织的权利，自由表达思想情感、愿意和要求，改善职工的精神文化和业余生活。

3. 组织形式多样化和工作机构社会化

在灵活、多变的市场经济体制面前，作为社会多元化中的非政府组织，各级工会要认真思考多元与一元的关系，正确处理集权与分权、民主与集中的关系。在现代管理理念上，要加大以市场为取向的改革力度，主动贴近社会政治经济和精神文化生活，主动贴近职工的思想和生活的实际，创新工会理论研究、组织体制和工作机制，形成清晰的工作思路、理论体系和政策措施，形成现代民主的组织体制和工作制度。面对多元化的社会生活，要打破“平行化”的机构设置和工作布局，多从公众视野和职工角度来审视工会工作。推动工会开门办会、民主办会的步伐，根据工作职责、机能效能和社会需求，积极统筹规划和调整工作机构设置，现阶段要强化宏观政策研究和劳动立法参与，强化工会互助互济与劳动与社会保障的对接，强化职工法律援助和劳动生产保护在企业的落实，同时健全保障工会内部有效管理运行的机制，加强各级工会特别是产业工会的组织建设，建立科学合理的组织体制和工作架构。各级工会干部要认清新形势和新任务，深刻领会党和国家的路线、方针、政策，掌握劳动经济法律和社会公共管理知识，提高工会依体制运行和依法律维权的能力，努力成为协调劳动关系的社会活动家，成为经济管理和履行维权事务的行家里手，提高各级工会的综合素质和工作能力。

4. 决策模式民主化和管理制度效能化

推进组织决策的民主和管理上的分权，有助于凝聚各级工会的集体智慧，保证决策信息质量和提高管理效率；同时增强工会的公信力和组织活力，帮助工会赢得社会和职工的信赖与支持。要积极试行市和乡镇工会代表大会常任制，增大了基层代表的实际作用和工作权重，增强职工代表的集体话语权和协商参与权；积极推行基层工会主席直选制，拉近工会组织与职工之间的心理距离；提高工会工作的针对性和实效性；也推进工会组织的民主化进程，增强工会组织的凝聚力和战斗力。可以预见，随着社会政治民主化的发展，社会管理和公共服务的日益透明与公开，工会主席普选制将成为增强社会民意基础的基石，成为提高工会合法性和权威性的理由。建立合理分权、代表职工民意的工会组织架构，形成科学民主、富有效率的决策管理体制，是提高工会决策能力和管理效能的基本方法。在时机与条件成熟时，各级工会要推进以组织形式产业化、机构设置效能化、干部管理职业化、素质要求专业化为内容的工会组织管理体制改革，只有这样，才能提高工会抵御社会系统风险的能力，保持工人阶级和工会组织的团结和统一，为工会持续生存与永久发展赢得先机和填充动力。

5. 理论研究长效化和实践探索常态化

随着市场经济体制的确立与不断完善，经济结构调整和经济增长方式的转变，企业的所有制结构和组织形式的深刻变化，企业劳动关系的市场化、契约化和多元化，传统工人、农民阶级结构在加快分化，利益群体阶层化的趋势在明显扩大，职工队伍构成发生了重要变化，与全方位、宽领域、多层次改革开放相适应，经济与社会总体发展目标的均衡化，政策、决策与管理措施的人性化，社会阶级、阶层与群体利益的层次化，经济利益诉求和社会矛盾的显性化，成为当代中国社会结构和利益结构的显著特征。工会理论研究要有整体战略和工作思路，突破相对滞后、闭塞、孤立的生存环境，体现时代特点、组织特性和工作特质，实现宏观与微观、辩证与实证的有机结合，敏捷地反映社会生活和职工群众的利益需求。新形势下要推进工会理论研究的长效化，促进实践经验和研究成果的及时转化，成为改进工作的实际能力和有效手段，要通过实证分析、科学总结和理性思考，从中找出工会工作的规律性，从中破解工会工作的热点和难点问题，更加深刻了解和把握职工的思想脉搏，提高工会基础建设和重点工作的实效。

6. 经验交流全面化和工作借鉴国际化

随着经济全球化、政治民主化、社会多元化、文化多极化，发达国家已经进入“后工业文明”社会。面对信息传播网络化、精神需求层次化的新世界，面对日趋复杂的国际环境和工作任务，中国工会要围绕总体战略和工作部署，既要发挥民间外交的独特优势，又要加强与国际工人运动的联系和交流与真诚合作，求同存异，趋利避害，在国际工运中保持平等的话语权和协商权。首先要加强中国工会的对外宣传工作，理直气壮地表达对国际事务的主张；其次要加强对外实质性的国际交流与合作。本着灵活应对、兴利除弊、为我所用的原则，积极借鉴国际工运中的成功经验和做法，同时抵制其中不符合中国国情的东西；最后要积极开展与各国工会的政治对话。面对国家利益的冲突和社会价值观的差距，坚持高举中国工会维护、团结和合作的大旗，加强与发展中国家工会的传统友谊与合作，坚持与发达国家和国际工会组织的平等对话，用中国工会对职工高度负责的精神和作为说话，努力扩大中国工会在国际事务中的正面影响。

当前，中国工会应高举维护和团结的大旗，积极顺应社会民意基础的深刻变化，充分发挥组织引导服务维护职工权益的作用，坚定不移走中国特色工会发展道路，要以创新实践为检验工会工作唯一标准，以职工群众满意不满意、喜欢不喜欢、拥护不拥护为检查新形势下工会工作成败得失的试金石，不断推进工会的民主化、群众化、法制化进程，以准确的组织性质定位，充分展示崭新的工作姿态和精神风貌，赢得社会各界对工会工作的理解、信赖和支持。要全面提升工会干部的政策理论和业务素质，加深对工会发展战略和工运发展规律的认识，加强对国际工运趋势和中国工会独特性的把握，逐步培养全球化的国际眼光和战略性的视野，才能开创科学与理性相结合的工会理论与实践创新体系，才能开创具有时代特征和中国特色的工会工作新局面。

延伸思考

1. 面临经济全球化，劳动者在就业上有哪些新问题？
2. 经济全球化为工会发展带来了怎样的挑战？
3. 在我国跨国企业如何发挥工会的功能作用？

深度阅读

[1] [美] 罗伯特·基欧汉. 霸权之后：世界政治经济中的合作与纷争 [M]. 苏长和译. 上海：上海人民出版社，2006

[2] [美] 大卫·A. 鲍德温. 新现实主义与新自由主义 [M]. 肖欢荣译. 杭州：浙江人民出版社，2001

［3］宋秀琚．国际合作理论：批判与建构［M］．北京：世界知识出版社，2006

［4］刘旭．国际劳工标准概述［M］．北京：中国劳动社会保障出版社，2004

［5］石美遐．全球化背景下的国际劳工标准与劳动法研究［M］．北京：中国劳动社会保障出版社，2005

［6］吴宏洛．劳资关系新论［M］．北京：社会科学文献出版社，2011

参 考 文 献

[1] Contemporary Labor Economics 7th edition，by Campbell R. McConnell，Stanley L. Brue and David A. Macpherson，McGraw-Hill，2003

[2] Labor Economics 3rd edition，by George J. Borjas，McGraw-Hill，2005. Fundamentals of Labor Economics，by Hyclak，Johnes and Thornton，Houghton Mifflin，2005

[3] [美] 哈里·C. 卡茨，托马斯·A. 科钱，亚历山大·J. 科尔文. 集体谈判与产业关系概论. 李丽林，吴清军，译. 大连：东北财经大学出版社，2010

[4] [美] 理查德·B. 弗里曼，詹姆斯·L. 梅多夫（Richard B. Freeman，James L. Medoff）. 工会是做什么的：美国的经验. 陈耀波，译. 北京：北京大学出版社，2011

[5] [美] 罗伯特·基欧汉（Robert. O. Keohane）. 霸权之后：世界政治经济中的合作与纷争. 苏长和，译. 上海：上海人民出版社，2006

[6] [美] 坎贝尔·R. 麦克南，斯坦利·L. 布鲁，大卫·A. 麦克菲逊. 当代劳动经济学（第七版）. 北京：人民邮电出版社，2006

[7] [美] 大卫·A. 鲍德温（David A. Baldwin）. 新现实主义与新自由主义. 肖欢荣译. 杭州：浙江人民出版社，2001

[8] 图加林诺夫. 马克思主义中的价值论. 北京：中国人民大学出版社，1989

[9] 贝弗里·J. 西尔弗. 劳工的力量：1870年以来的工人运动与全球化. 张璐，刘建洲译. 北京：社会科学文献出版社，2012

[10] 曾湘泉. 劳动经济学. 上海：复旦大学出版社，2010

[11] 曾煜. 社会保障战略目标下的工会参与. 北京：中国社会出版社，2008

[12] 常凯，乔健. 中国劳动关系报告——当代中国劳动关系的特点和趋向.

北京：中国劳动社会保障出版社，2009
［13］常凯，张德荣．工会法通论．北京：中共中央党校出版社，1993
［14］常凯．劳动关系学．北京：中国劳动社会保障出版社，2005
［15］陈秉权．中国工会的改革与建设：1984—1993．北京：中国工人出版社，1996
［16］陈骥．改革中的工会和工会的改革．北京：中国工人出版社，1999
［17］陈建安．日本的经济发展与劳动问题．上海：上海财经大学出版社，1999
［18］陈民，等．农民工维权论．北京：中国工人出版社，2003
［19］陈恕祥，杨培雷．当代西方发达国家劳资关系研究．武汉：武汉大学出版社，1998
［20］陈宇，王家宠，钱大东．刘少奇对国际工运和中国工会国际活动的历史性贡献．中国工运，1998（12）
［21］程延园．劳动关系学（第1版）．北京：中国人民大学出版社，2002
［22］程延园．劳动关系学（第3版）．北京：中国人民大学出版社，2011
［23］董蕴琦，郑万军．工会工作手册．长春：吉林人民出版社，1985
［24］范治俊．建立科学的经费支出结构，提高工会经费使用绩益．中国工会财会，2009
［25］高维义，刘福元．中国工会学．济南：山东人民出版社，1989
［26］何承金主编．劳动经济学．大连：东北财经大学出版社，2002
［27］黄锟．中国农民工市民化制度分析．北京：中国人民大学出版社，2011
［28］黄孟复，胡德平．中国民营经济发展报告No. 3（2005—2006）．北京：社会科学文献出版社，2006—2009
［29］冀时中，张安顺．工会法简明读本．北京：中国物价出版社，2002
［30］柯中启．浅议工会预算审查与监督．中国工会财会，1999
［31］李德齐．政府、企业、工会．北京：华文出版社，1998
［32］李培荣．工会学．北京：北京航空航天大学出版社，2003
［33］李培荣．社会主义时期工会理论探索．北京：中国计划出版社，1988
［34］李素珍．基层工会财务工作．中国工会财会，2008
［35］李中斌．劳动经济学．北京：中国社会科学出版社，2007
［36］廉夙．评述美国工会的历史、现状与借鉴意义

[37] 刘旭. 国际劳工标准概述. 北京：中国劳动社会保障出版社，2004

[38] 刘元文. 工会工作理论与实践. 北京：中国劳动社会保障出版社，2008

[39] 柳可白，王玫，阎春枝. 当代工人市场化的演变和趋势. 长沙：湖南人民出版社，2005

[40] 吕楠. 撒切尔政府劳资政策研究. 社会科学文献. 2009，2. 61-65

[41] 马克思恩格斯选集（第4卷）. 北京：人民出版社，1972

[42] 马培生. 劳动经济学. 北京：中国劳动社会保障出版社，2002

[43] 宁光杰. 劳动经济学. 北京：经济管理出版社，2007

[44] 邱小平. 劳动关系. 北京：中国劳动社会保障出版社，2004

[45] 石美遐. 全球化背景下的国际劳工标准与劳动法研究. 北京：中国劳动社会保障出版社，2005

[46] 宋秀琚. 国际合作理论：批判与建构. 北京：世界知识出版社，2006

[47] 孙春兰. 自觉坚持党对工会工作的领导保持工会工作的正确政治方向. 工人日报，2006-07-20

[48] 汪明元. 关于市场经济条件下工会经费使用效能问题的探讨. 中国工会财会. 1996

[49] 王浦劬. 政治学基础. 北京：北京大学出版社，2005

[50] 王永玺. 中国工会史. 北京：中共党史出版社，1992

[51] 王兆国. 高度重视和切实加强企业工会工作——在全总十四届九次主席团（扩大）会议上的讲话. 工人日报，2006-07-19

[52] 卫民. 工会洋葱说. 台湾：丽文文化事业股份有限公司，2004

[53] 吴宏洛. 劳资关系新论. 北京：社会科学文献出版社，2011

[54] 夏康裕，刘兴榜. 工会财务会计百问百答. 武汉：华中理工大学出版社，1994

[55] 中华全国总工会组织部. 新时期基层工会组织建设问答. 北京：光明日报出版社，1991

[56] 杨体仁. 市场经济国家劳动关系. 北京：中国劳动社会保障出版社，2000

[57] 伊兰伯格，史密斯. 现代劳动经济学（第六版）. 北京：中国人民大学出版社，1999

[58] 张德远. 西方劳动经济学. 上海：上海财经大学出版社，1999

[59] 赵履宽等. 劳动经济学. 北京：中国劳动出版社，1998

[60] 郑万通. 工会工作手册新编. 北京：中国工人出版社，1992

[61] 政治学概论编写组. 政治学概论. 北京：北京大学出版社，1982

[62] 中华全国总工会研究室. 2005 年中国工会组织和工会工作发展状况统计公报. 2006

[63] 中华全国总工会中国职工运动史研究室. 中国历次全国劳动大会文献. 北京：工人出版社，1957

[64] 中华全国总工会组织部. 工会组织工作手册. 北京：中国工人出版社，2000